As Alianças Inconscientes

René Kaës

As Alianças Inconscientes

DIREÇÃO EDITORIAL
Edvaldo M. Araújo

CONSELHO EDITORIAL
Fábio E. R. Silva
Jonas Luiz de Pádua
Márcio Fabri dos Anjos
Marco Lucas Tomaz
Orlando Augusto Silva Cassiano

TRADUÇÃO
José Luis Cazarotto

PREPARAÇÃO E REVISÃO
Ana Aline Guedes da Fonseca de Brito Batista
Thiago Figueiredo Tacconi

DIAGRAMAÇÃO E CAPA
Danielly de Jesus Teles

Título original: *Les Alliances Inconscientes*
©Dunod, Paris, 2009.
ISBN: 978-2-10-052754-0

Todos os direitos em língua portuguesa, para o Brasil, reservados à Editora Ideias & Letras, 2023.
3ª impressão

Avenida São Gabriel , 495
Conjunto 42 - 4º andar
Jardim Paulista – São Paulo/SP
Cep: 01435-001
Editorial: (11) 3862-4531
Televendas: 0800 777 6004
vendas@ideiaseletras.com.br
www.ideiaseletras.com.br

Dados Internacionais de Catalogação na Publicação (CIP) de acordo com o ISBD

Kaës, René
As alianças inconscientes / René Kaës; [tradução José Luis Cazarotto]
São Paulo : Ideias & Letras, 2014.
328 p. ; 16cm x 23cm. – (Psicologia no viver)

Inclui bibliografia.
Título original: Les alliances inconscientes.
ISBN: 978-85-65893-25-1

1. Alianças (Psicanálise). 2. Inconsciente. 3. Intersubjetividade. 4. Psicanálise. 5. Relações humanas. I. Título.

13-03883   CDD 150.195

Índices para catálogo sistemático:
1. Alianças inconscientes : Psicanálise:
Psicologia 150.195

Sumário

Prefácio..07

Introdução...09

1ª Parte
AS ALIANÇAS E A RELAÇÃO

Capítulo 1. Uma invariante antropológica............................23

Capítulo 2. As alianças inconscientes:..................................49
uma problemática para a psicanálise

2ª Parte
AS ALIANÇAS ESTRUTURANTES

Capítulo 3. As alianças estruturantes primárias: 75
o contrato e o pacto narcísicos

Capítulo 4. O pacto dos Irmãos: a aliança com o Pai.........103
e o contrato de renúncia à satisfação imediata dos
objetivos pulsionais destrutivos

3ª Parte
AS ALIANÇAS DEFENSIVAS E AS ALIANÇAS PATÓGENAS

Capítulo 5. Figuras e modalidades do negativo.................135
nas alianças inconscientes: o pacto denegativo

Capítulo 6. As alianças alienantes:.....................................163
negações em comum, pactos de rejeição, contratos perversos

4ª Parte
AS ALIANÇAS INCONSCIENTES E AS CONFIGURAÇÕES DA RELAÇÃO

Capítulo 7. As alianças inconscientes nas famílias e nos casais......189

Capítulo 8. As alianças inconscientes..225
nos grupos e nas instituições

Capítulo 9. As alianças inconscientes e o campo social..................247

5ª Parte
AS ALIANÇAS INCONSCIENTES NO ESPAÇO PSICANALÍTICO

Capítulo 10. As alianças estruturantes, as alianças........................267
defensivas e as alianças alienantes na situação psicanalítica

Capítulo 11. Desembaraçar as alianças inconscientes...................283

Referências...297

Referências de Obras Culturais..311

Índice dos Conceitos..313

Índice dos Exemplos Clínicos...321

Índice dos Nomes...323

Prefácio

As alianças inconscientes, que é o tema desta obra, são essencialmente aquelas que se estabelecem entre dois ou mais sujeitos: elas são a matéria e a própria organização da realidade psíquica que especificam a sua relação. Essas alianças estão presentes em todos os casais ou duplas, em todas as famílias, em todos os grupos e em todas as instituições.

As alianças estão, também, presentes no espaço intrapsíquico de cada sujeito: nas alianças inconscientes *internas* enovelam-se as pulsões da vida e as da morte, os desejos e as proibições, o Ego e o Superego, os objetos internos e seus imagos. Nessas duplas e grupos internos (em termos psíquicos), elas tentam superar as divisões e as desvinculações; negociam os conflitos e elaboram soluções de compromisso, criam sinergias a serviço da singularidade de cada sujeito, da realização ou satisfação de seus desejos e dos mecanismos de defesa que ele deve pôr para funcionar.

Uma questão retomada sob ângulos diversos ordena minhas pesquisas já há muitos anos: como essas alianças internas em alguém se aliam com as que estão presentes numa outra pessoa, ou até em mais de uma pessoa, e são capazes assim de colocar-se em correspondência entre elas? Como através desse emparelhamento entre as alianças inconscientes internas e as alianças inconscientes das relações, criam-se vínculos complexos, não raro indecifráveis, mas portadores de uma surpreendente eficácia?

Não se trata aqui do caso de lidar com essas alianças separadamente, mas de compreender suas articulações e reciprocidades. Daqui emerge uma nova metapsicologia do sujeito e da intersubjetividade

- do sujeito na intersubjetividade – cujo traço específico é, precisamente, o de tornar inteligível em cada um dos espaços psíquicos, o pertencente ao sujeito singular e o pertencente às suas relações, o que é devido a seu *proprium* e o que é devido às suas relações.

Introdução

A relação e a aliança, universais antropológicos

Para relacionarem-se uns com os outros, desde a origem de sua vida psíquica e posteriormente para formar um casal, viver em família, associarem-se em grupo, viver em comunidade com outros seres humanos, os sujeitos identificam-se entre si e com um objeto comum. Eles põem-se de acordo entre si através de trocas prévias ou paralelas a essas identificações, com concordâncias que se produzem ao mesmo tempo ou à margem da palavra, com ressonâncias fantasmáticas e através das diversas modalidades de identificação: especulares, narcísicas, adesivas, projetivas e interjetivas. Através de todos esses processos eles se vinculam uns com os outros. E pode até chegar ao caso em que esses enovelamentos podem pôr em ação meios arcaicos: as incorporações e as inclusões de objetos psíquicos depositados nas próprias pessoas ou que são depositados em outras pessoas. Relacionamo-nos uns com os outros através desses acordos psíquicos, mas também através da palavra e da cultura.

Entretanto, para entrar na relação, os sujeitos devem ainda instituir e selar entre si alianças: não somente para estabelecer, manter e reassegurar sua relação, mas especialmente, para preservar os conteúdos e os empenhos de cada um deles e da própria relação. Vinculamo-nos assim uns com os outros através de alianças, algumas secretas e em parte até inconscientes, mas que uma palavra, um gesto e mesmo um ato pode revelar.

Uma vez assumida em sua finalidade, a aliança – consciente ou inconscientemente – é criadora de um acordo e de um consenso. Mas deve-se também avaliar a contrapartida e o custo, o que ela deixa de lado exatamente para evitar o conflito, a confrontação, a discórdia, o confronto nas diferenças e entre a aliança corre então o risco de amputar a pluralidade irredutível sem a qual o pensamento não pode formar-se e nem ser transmitido.

Assim, a aliança tanto une como exclui. Ela exclui de início no espaço interno: para se estabelecer alianças, algumas representações, alguns pensamentos, devem ser recalcados, outros negados e outros ainda, rejeitados ou escondidos, ou enquistados nas profundezas do ser, ou ainda – e nesse caso mais radicalmente – colocados num depósito ou exportados num espaço psíquico fora do próprio eu. Alguns afetos e satisfações pulsionais também deverão ser reprimidos e devem-se admitir também algumas renúncias e mesmo sacrifícios consentidos. Para que a relação constitua-se e mantenha-se, ninguém deveria vir a ter consciência *disso tudo*.

As alianças são conservadoras, elas mantêm as relações seja evitando os conflitos, seja procurando superá-los: nesse último caso, elas seriam então uma das saídas do conflito e nisso elas realizam uma função estruturante no psiquismo.

A aliança une aqueles que ela vincula, ela exclui aqueles que ela rejeita. Ela permite que sejam identificados os excluídos: eles estão fora da aliança, da comunidade, do grupo. Ela é então um princípio de discriminação. Lidando com o narcisismo das pequenas diferenças, Freud escreve em *O mal-estar na civilização*: "Sempre é possível reunir um considerável número de pessoas no amor, enquanto sobrar outras pessoas para receberem as manifestações de sua agressividade".[1]

Segundo esse ponto de vista, a aliança é construída contra um inimigo, contra o estrangeiro, contra terceiros (dois contra um, que é o modelo exemplar do complexo organizador da relação) ou em face a terceiros, para desafiá-los, como no caso do contrato perverso em que o

---

1 Freud, S. *O mal-estar na civilização*. Edição Standard brasileira das obras psicológicas completas. Rio de Janeiro: Imago, (1930) 1974, vol. 21, p. 136.

gozo compartilhado e exibido pelos parceiros é ao mesmo tempo o da inclusão e o da exclusão.

Os sujeitos de uma relação podem esperar dessas alianças outras espécies de contrapartidas e de benefícios: a continuidade de sua relação e a segurança que se vincula a isso, algumas realizações pessoais que não podem ser alcançadas senão dentro da relação por meio da aliança, por exemplo, um investimento narcísico recíproco, uma relação amorosa bastante estável, uma proteção contra perigos – reais ou fantasiados –, um gozo que não pode ser adquirido a não ser através de um acordo inconsciente com o outro. Sob esse aspecto, as alianças inconscientes têm uma estrutura de um sintoma compartilhado, com o qual cada sujeito contribui e do qual obtém algum benefício para seus próprios interesses, contanto que se mantenha a condição de que aqueles com quem ele se relaciona, tenham, se não exatamente o mesmo interesse, pelo menos o de fundamentar sua relação nessa aliança.

Dentre essas alianças, algumas têm a função de ser estruturantes para a vida psíquica, enquanto que outras são essencialmente defensivas e, entre essas, existem algumas que são alienantes, destrutivas e mesmo patológicas.

Para definir mais precisamente o aporte do inconsciente nas alianças, é importante diferenciar o quadro problemático no qual elas se inscrevem daquele das alianças em geral, ali onde elas se manifestam como uma construção antropológica universal. A aliança é, com efeito, uma experiência fundamental para a vida humana, uma instituição necessária para sua manutenção. Ela está no coração da vida em sociedade, ela a fundamenta, do mesmo modo como ela é a fundadora da política, do religioso e do jurídico, especialmente sob a forma de um contrato. Todas as alianças são *estendidas* entre a ordem e o caos, entre a desordem e o regulamento.

O que acabo de expor permite qualificar o caráter mais amplo de uma aliança e ele reside no ato segundo o qual duas ou mais pessoas se vinculam entre elas para realizar uma meta precisa, o que implica na existência de um interesse comum e um envolvimento mútuo entre os parceiros. Esse envolvimento é selado por um sinal de reconhecimento (um ato, uma marca distintiva, uma assinatura, um sinal) que tem um grande valor sintomático ou simbólico.[2] A aliança estabiliza uma relação que se instala na duração do tempo e ao mesmo tempo, fixa os termos da mesma. Ela faz com que fiquem juntos os sujeitos nas relações que eles estabeleceram, ela *amarra* homens e mulheres e as gerações, ela é estabelecida como contrato entre os grupos humanos e todo o conjunto da sociedade, entre os seres humanos e as potências divinas ou diabólicas.

Em todos os casos, a aliança fundamenta-se sobre a necessidade de um intercâmbio, do qual ela garante os benefícios mútuos, às vezes desiguais, para os que se envolvem com alguma participação, segundo uma palavra dada; as vantagens são de todos os parceiros associados numa aliança que eles contratualmente estabelecem. Podemos dizer que a aliança atrai e seduz ao mesmo tempo (o que significa o verbo latino *contrahere*), que ela reúne, "contrata" os *fios de uma relação* cuja porta de acesso é imposta por diferentes tipos de necessidades, algumas das quais brotam de uma exigência vital. Assim, a noção de aliança abrange níveis bastante variados da vida das relações, e seus objetos são múltiplos. As formas e as modalidades de alianças são também bastante diversas e algumas noções bem particulares as especificam, em função de seu objeto e meta: contrato ou pacto, liga ou coalizão, acordo, convenção e união.

Para que tenha eficácia, a aliança deve, por sua vez, ser reconhecida e garantida por instituições sociais, religiosas, políticas e jurídicas. Pelo fato de que ela engendra uma série de intercâmbios simbólicos, em que a palavra é ao mesmo tempo condição e expressão, a aliança institui uma ordem fundamentalmente humana. Essa tese é uma constante nos

---

2 A aliança (joia), o anel de casamento, exprime por metonímia, a aliança selada entre os cônjuges e o seu grupo de pertença.

grandes textos dos monoteísmos, nos da filosofia e ciências sociais, de Hobbes a Rousseau, de Freud a Lévi-Strauss.

O conceito psicanalítico de aliança inconsciente

O conceito psicanalítico de aliança inconsciente inscreve-se no quadro antropológico geral que vou resumir brevemente: qualquer que seja seu fundamento, função e finalidade, as alianças inconscientes estabelecem relações, todas essas intersubjetivas, transubjetivas e sociais, tanto as que vinculam as gerações entre elas como as que vinculam os contemporâneos entre si. Mas elas se efetivam por *apostas* e segundo modalidades específicas, diversamente daqueles que organizam alianças pelas quais se interessam a antropologia social, a religião, a filosofia política e o direito.

O conceito de aliança inconsciente especifica-se pelo seu campo próprio: ele descreve como e segundo que processos as alianças internas e as alianças nas relações se entrelaçam de tal modo que alguns de seus conteúdos, seus objetos, algumas de suas metas e *entradas* tornam-se e permanecem inconscientes aos sujeitos vinculados nessa aliança.

Eis um exemplo. Completando sua análise do contágio do esquecimento de nomes, Freud retoma numa edição tardia da *Sobre a psicologia da vida cotidiana,* uma observação clínica de um caso de esquecimento coletivo inicialmente publicado por Reik em 1920. Num pequeno grupo de universitários, surge uma discussão sobre questões que são postas à civilização pela origem do cristianismo. Uma das duas jovens que participava da conversa lembrava então de ter lido recentemente um romance em inglês que descrevia a vida de Cristo e as correntes religiosas daquela época. Mas ela não se lembrava mais do título, ainda que estivesse bem claros em sua mente a capa e seu modelo tipográfico de impressão. Três homens declararam conhecer esse romance, mas como a moça, disseram que não mais se lembram do título. Somente à jovem consente fazer uma associação livre para descobrir a explicação de seu esquecimento do título do romance de Wallace, *Ben Hur.* Para ela esse título continha uma expressão que mulher alguma teria a coragem de empregar diante de homens: com efeito, para uma audição em língua alemã encontramos aqui *Hure* (prostituta). Reik concluiu sua análise com uma explicação que Freud julga particularmente interessante:

> *O enunciado do título esquecido equivale para a jovem um convite sexual e seu esquecimento a uma tentação inconsciente do mesmo gênero. Temos razões para crer que processos inconscientes análogos determinaram o esquecimento nos rapazes. Seu inconsciente controlou a verdadeira significação esquecida na jovem... ele, por assim dizer, a interpretou.*
>
> *Mais adiante Freud assinala que esse esquecimento coletivo é "um dos fenômenos pelos quais se manifesta a psicologia das massas, e que isso não fora ainda objeto de suas pesquisas psicanalíticas".*[3]

O que vem descrito por Reik e que chama a atenção de Freud no momento em que ele está para escrever o *Psicologia do grupo e análise do ego*[4] é o efeito de uma aliança inconsciente que caracterizamos como pacto denegativo. O exemplo é instrutivo por mais de um motivo. Ele mostra que tais alianças podem ser *compactuadas* mesmo em relações efêmeras, na situação imediata de um encontro em sua fase inicial. Ele leva a pensar que para se formar são necessárias duas condições: que sejam mobilizados fantasmas e identificações inconscientes em cada uma das pessoas que constituem o encontro. O inconsciente dos jovens percebeu claramente a verdadeira significação do que fora esquecido na jovem, e eles também esqueceram o título do livro. Podemos supor que numa aliança inconsciente interna entre a percepção da natureza sexual do objeto, e sem dúvida, o fato de que ele tenha sido evocado pela jovem e a repressão que cada um *opera* por sua própria conta, encontram um apoio e uma metadefesa na aliança inconsciente que, naquele momento, os mantinha juntos. É a segunda condição para que uma aliança se

---

3 FREUD, S. *A psicopatologia da vida cotidiana*. Edição Standard brasileira das obras psicológicas completas. Rio de Janeiro: Imago, (1901) 1979, vol. 6, p. 64.

4 FREUD, S. *Psicologia do grupo e a análise do ego*. Edição Standard brasileira das obras psicológicas completas. Rio de Janeiro: Imago (1921) 1979, vol. 18, p. 91ss.

estabeleça entre eles: ela requer uma realidade psíquica *comum e compartilhada*[5] que esteja suficientemente constituída, mesmo que seus investidores não se envolvam no sentido da instalação de uma relação durável.

Se, como suponho, as alianças inconscientes estão na base de todas as relações, e se elas constituem a partir desse fato, uma das bases da formação do inconsciente de cada sujeito, devemos então admitir que não conhecemos muito ainda o como elas se formam, quais são seus modos próprios de existência e por quais funções elas são postas em ação. Sabemos somente que nas fibras de uma faixa de tecido na própria matéria da relação ou o que recobre, um branco se impõe e não importa o fluxo, mas que secretamente o ordena.

Por que pôr em ação o conceito de aliança inconsciente?

Por diversas razões. Se as alianças inconscientes produzem o inconsciente e em parte permanecem inconscientes, se elas realizam no âmbito do inconsciente, funções estruturantes e defensivas, se o sujeito do inconsciente é construído nas alianças inconscientes, temos já razões suficientes para lidar com esse conceito. Mas não para aqui o interesse que o psicanalista possa vir a ter por essas questões.

Esse interesse é verificado quando tiramos todas as consequências daquilo que as alianças inconscientes são no fundamento das relações intersubjetivas. Nas diversas obras precedentes, a partir da clínica levada

---

5 Como já lembrei diversas vezes, especialmente no La Polyphonie du Rêve e no Un Singulier Pluriel, "comum e compartilhado" não significa "idêntico". Os membros de um par, de uma família, de um grupo compartilham de um espaço comum, o que não significa que esteja, cada um deles, numa mesma relação com o espaço. Nas formas psicóticas ou indiferenciadas de relação, observamos uma isomorfia entre cada um dos espaços singulares e o espaço comum e compartilhado, mas existe, entretanto, também ali variações individuais no âmbito dessa relação. A reticência às vezes apresentada por essa noção exprime-se essencialmente entre os colegas que não têm uma prática de trabalho psicanalítico com grupos plurissubjetivos. Eles relacionam esse espaço a uma colusão incompatível com a dissimetria da transferência e a função analisante. Sustento a ideia de que essa colisão existe como o mostrei já diversas vezes a propósito de clínicas terapêutica das alianças no espaço psicanalítico. Mas uma assimilação de um espaço psíquico comum e compartilhado com a colusão é um erro: como imaginar que o analista possa permanecer fora desse espaço? R. KAËS La Polyphonie du Rêve. Paris: Dunod, 2002; KAËS, R. Un Singulier Pluriel. La Psychanalyse à L'épreuve du Groupe. Paris: Dunod, 2007.

adiante com diversos tipos de *instrumentos* psicanalíticos, sustentei duas posições principais: que a relação é um espaço da realidade psíquica específica e que ela é umas das principais condições para a formação do sujeito do inconsciente. Sublinhei diversas vezes que aquilo que se transmite nas alianças e por elas, através de alguém e até através de mais de um alguém, através dos grupos e das formações sociais, é uma dimensão fundamental no quadro metapsíquico da vida psíquica do sujeito singular.

Eis então um problema para a psicanálise. Um problema que diz respeito ao sujeito do inconsciente, ao sujeito singular em suas relações com os contextos onde ele é ao mesmo tempo membro e ator. Esse problema e as repostas que começam a vir à tona requerem uma nova formulação da metapsicologia, uma terceira "tópica", mas uma "tópica" em acordo com concepções ampliadas de espaço da realidade psíquica e com as formas de subjetividade que ali são construídas.[6] Devemos, de qualquer modo, imaginar diversas tópicas, a de cada sujeito e a do espaço psíquico comum e compartilhado: como essas tópicas se constituem e articulam-se, sob o efeito do recalcamento, da negação ou rejeição, alguns conteúdos psíquicos dos sujeitos das relações que são exportados ou depositados num espaço da relação?

Mas o campo de interesse psicanalítico para as alianças inconscientes é ainda mais amplo. Com as alianças inconscientes não tocamos apenas essa articulação entre o espaço intrapsíquico do "sujeito na relação" e o da relação e das configurações das relações em suas dimensões geracionais e sincrônicas. As alianças inconscientes são também úteis para a captação de movimentos profundos da sociedade, e ainda mais agora com suas rupturas brutais. As grandes cismas da história, o impensável das catástrofes coletivas, sempre nos lembram de processos psíquicos próprios e aptos para garantir defesas coletivamente agenciadas sobre as quais se apoiam as defesas individuais e as instituições são mantidas. Essas metadefesas são muitas vezes construídas e geradas ao custo de amputações psíquicas

---

6 Comecei a falar dessa necessidade já em 1976.

consideráveis contra o pensamento, contra a concepção da realidade. Temos agora um conhecimento bastante preciso do modo como as negações coletivas servem de berço aos negativismos, e os efeitos psíquicos que eles geram. Os negativismos são alianças inconscientes cujo jogo permanece inconsciente, para além das formulações manifestas e racionalizadas que impedem seu surgimento e sua expressão. Quando levamos a sério essa ancoragem das alianças inconscientes no social, estamos lidando com uma formação psíquica que toca o mal-estar estrutural da civilização. Tal é o campo amplo das questões abertas por esta obra.

Percurso

Minhas primeiras pesquisas sobre as alianças inconscientes[7] tiveram por base clínica os instrumentos de trabalho psicanalíticos na situação de grupo e os acompanhamentos psicanalíticos de equipes que trabalhavam em instituições de tratamentos psiquiátricos. Nesse quadro, logo de início me interessei pela posição da formação ideológica nesse tipo de configuração da relação. A comunidade de fé e de adesão à uma *ideia* onipotente, a um *ideal* absoluto e a um *ídolo* que preserve da morte – que no fundo é o em que consiste essa posição da ideologia – aparece como um pré-requisito e como uma exigência para a defesa de si mesmo e, de um modo mais intrincado nesse objetivo individual, para defender o grupo contra a dúvida e a incerteza, e para rejeitar a prova de realidade. As pesquisas dessa época me levaram a compreender que a posição ideológica não pode constituir-se e manter-se senão pelo sustento de uma crença num outro, que mais que ser um simples outro, sustenta a cada um, a todos e a tudo.

A posição ideológica exige também dos sujeitos que eles pactuem uma aliança que deve permanecer inconsciente para que possa cumprir suas

---

7 KAËS, R. *Processus et Fonctions de L'Idéologie dans les Groupes. Perspectives Psychiatriques*, 1971, 33, pp. 21-48; KAËS, R. *Le Fantasme du Groupe Embroché et le Conte des Sept Souables. Bulletin de Psychologie*, 1974, pp. 273-282, número especial sobre grupos; KAËS, R. *L'Appareil Psychique Groupal. Constructions du Groupe*. Paris:Dunod, 1976; KAËS, R. *L'Idéologie, Études Psychanalytiques. Mentalité de L'Ideal et Esprit du Corps*. Paris: Dunod, 1980.

principais funções: estabelecer e manter, por identificações narcísicas fundamentadas sobre a negação e sobre a clivagem, a coesão imaginária do conjunto do *Eu* dos sujeitos da ideologia e o todo que eles formam. O *corpus* ideológico mantém em sua unidade de *esprit de corps* que relaciona cada um a outro, e cada um a todos. Desse modo, sua aliança pode ser assegurada pela capacidade de *não pensar nisso*. A ideologia não é só uma organização defensiva contra a dúvida e a incerteza, o saber inaceitável ou à falta de saber. Ela é ao mesmo tempo, uma construção de certezas elementares requeridas para ensejar uma ação, assegurar a coesão do grupo e a integridade de um pensamento coletivo que deve permanecer imutável.

Prestei muita atenção na existência e nos efeitos de tais alianças no espaço intrapsíquico: a noção de grupo subjacente e os conceitos de grupo interno e de grupalidade psíquica[8] sustentam essa ideia de alianças inconscientes internas.

Pude observar como no instrumental de cuidado psicanalítico individual acontece que o campo *tranferencial contra transferencial* pode ser organizado por alianças inconscientes defensivas entre o analista e o analisando: o que se vincula entre os dois, num recalcamento ou numa negação em comum, reforça em cada um deles suas alianças inconscientes internas. A força dessas alianças, seus efeitos sobre o processo analítico levaram-me a estender minha pesquisa a dois momentos históricos da invenção da cura psicanalítica,[9] e depois, a certos episódios da história do movimento psicanalítico.[10]

---

8 KAËS, R. *Le Fantasme du Groupe Embroché et le Conte des Sept Souables*. Bulletin de Psychologie, 1974, pp. 273-282, número especial sobre grupos; KAËS, R. *L'Appareil Psychique Groupal. Constructions du Groupe*. Paris: Dunod, 1976; KAËS, R. *Le Groupe et le Sujet du Groupe. Éléments Pour une Théorie Psychanalytique des Groupes*. Paris: Dunod, 1993; KAËS, R. *La Polyphonie du Rêve*. Paris:Dunod, 2002.

9 KAËS, R. Le Pacte Dénégatif Dans les Ensembles Intersubjectifs. In MISENARD, A., ROSOLATO, G. (Ed.), *Le Négatif. Figures et Modalités*. Paris: Dunod, 1989; R. KAËS, Alliances Inconscientes et Pacte Dénégatif dans les Instituitions. *Revue de Psychothérapie Psychanalytique de Groupe*. 1989, 13, pp. 27-38; KAËS, R. *Un Singulier Pluriel. La Psychanalyse à L'Èprouve du Groupe*. Paris: Dunod, 2007.

10 KAËS, R. La Matrice Groupal de l'Invention de la Psychanalyse. Esquisse pour une analyse du premier circle autour de Freud. In KAËS, R. (Ed.), *Les Voies de la Psyche. Hommage à Didier*

A partir do momento em que me interessei pelos processos de transmissão da vida e da morte psíquica entre as gerações, foi mais uma vez conduzido a recomeçar o estudo das alianças inconscientes.[11] A pesquisa me levou a considerar como as alianças inconscientes, entre e através das gerações, garantem a transmissão de conteúdos e de processos que permanecem inconscientes para os sujeitos; a pesquisa me indicava também como o espaço atual fixa ou transforma os conteúdos inconscientes transmitidos pelas alianças inconscientes. Um duplo eixo de construção e de transmissão das alianças estava sendo esquematizado, e no cruzamento dos quais o sujeito do inconsciente encontraria uma parte de sua formação e história: o eixo sincrônico das alianças horizontais que agem nas relações de casais, de grupo, de instituições; o eixo diacrônico das alianças verticais ou genealógicas tecido nas relações dos pais (ancestrais, tradição) com seus filhos (seus descendentes).

Expus assim, parcialmente, os conteúdos, as modalidades e os processos de algumas alianças inconscientes nos trabalhos que acabo de retomar. Proponho-me nesta obra a examiná-los de uma forma nova, em suas relações de assemelhamento de diferenças e, especialmente, em sua consistência em vista da psicanálise.

Ao longo dos anos, minha concepção de alianças inconscientes foi assumindo uma abrangência mais ampla. Sua importância deve-se ao fato de que elas estariam nos fundamentos de todas as relações

---

Anzieu. Paris: Dunod, 1994; KAËS, R. Travail de la Mort et Théorisation. Le Groupe Autour de Freud entre 1910 et 1921. In GUILLAUMIN, J. et al. (Ed.), *L'Invention de la Pulsion de Mort*. Paris: Dunod, 2000; KAËS, R. *Aspetti del complesso fraterno del gruppo dei primi psicoanalisti*. *Quaderni di Psicoterapia Infantile*. 2003, 47, pp. 13-30; KAËS, R. Tyrannie de L'Idée, de L'Idéal e de L'Idole. La Position Idéologique. In CICCONE, A. et al (Ed.), *Psychanalyse du Lien Tyrannique*. Paris: Dunod, 2003; R. KAËS. Le Deuil des Fondateurs dans les Instituitions: Travail de L'Originaire et Passage de Génération. In NICOLE, O. – KAËS, R. (Ed.), *L'Instituition en Héritage. Mythes de Foundation, Transmissions, Transformations*. Paris: Dunod, 2008; KAËS, R. *Le Complexe Fraternel*. Paris: Dunod, 2008; KAËS, R. Reconnaissance et Méconnaissance dans les Liens Intersubjectifs. Une Introduction. *Le Divan Familial*, 2008, 20, pp. 29-46; KAËS, R. Pour une Troisième Topique de L'Intersubjectivité et du Sujet dans L'Espace Psychique Comun et Partagé. *Funzione Gama*, 2008, 21 (on line).

11 KAËS, R. Le Groupe et le Sujet du Groupe. Éléments pour une Theorie Psychanalytique des Groupes. Paris: Dunod, 1993.

intersubjetivas e transubjetivas, imbricadas nos espaços sociais, políticos e religiosos, nas articulações entre o intrapsíquico, o intersubjetivo e o transindividual. Nessas condições, pareceu-me necessário inventar uma metapsicologia apropriada para dar conta de suas tópicas, de suas economias e de suas dinâmicas psíquicas em cada um de seus espaços. É o que justifica essa tentativa de fornecer uma visão de conjunto dessas formações do inconsciente, tão ativas em nossa vida psíquica e em nossos contatos com os outros.

1ª Parte
A ALIANÇA E A RELAÇÃO

As alianças são uma invariante antropológica: suas formas, palavras que as designam, e suas finalidades podem declinar-se diversamente dependendo das civilizações, da história, das sociedades e das configurações das relações. Mas todas têm em comum — estejam elas no cerne do religioso, político ou social, de um casal, de um grupo ou de uma família — a capacidade de produzir zonas do desconhecido, da incerteza, da obscuridade para além das formulações manifestas.

Entre as alianças, algumas são totalmente inconscientes enquanto que outras não o são, ou pelo menos em parte, mas todas *produzem* o inconsciente e passam assim a fazer parte da formação do inconsciente de cada sujeito. Seus efeitos sobre o dom e o endividamento são de grande potência, especialmente quando da falta para com a palavra, elas se voltam sobre o corpo, ou se absolvem pela traição.

As resistências a ser exploradas e compreendidas para se aclarar o que está em jogo no inconsciente das alianças são também intensas, senão até mesmo, que elas já estão em jogo ou ação na própria exploração do inconsciente individual. O mais íntimo estaria ele na relação?

Essa problemática nova e essencial para a psicanálise requer um primeiro trabalho de decifração, definição e diferenciação dentro das próprias alianças; a seguir, uma orientação quanto à sua consistência inconsciente.

Capítulo 1.
Uma invariante antropológica

Uma invariante antropológica

A aliança é uma invariante antropológica, mas suas formas são diversas, e suas funções e modalidades numerosas. As alianças estão submetidas a transmissões que a história social e cultural lhes impõe. A aliança matrimonial não comporta as mesmas características em todas as sociedades e os momentos da história. As estruturas e as funções da família evoluíram bem como as garantias jurídicas que regem os contratos. Do mesmo modo, as sanções de juramentos não sustentadas não se revestiriam da mesma forma e nem da mesma intensidade, inclusive numa mesma área cultural hoje em dia até a alguns decênios no sul da Europa, por exemplo. Elas são explícitas e eficazes; os "códigos de honra" regiam as normas sociais e psíquicas, asseguravam a confiança recíproca, o reconhecimento pelo grupo daqueles que se submetem à lei, e a exclusão em caso de traição. Atualmente existem sociedades em que prevalece as alianças fundamentadas sobre o "código de honra", elas continuam a justificar assassinatos, abusos e massacres. Mas novas formas de alianças foram inventadas assim que essas antigas se desorganizaram. O que motivava e regia um "código de honra" não tem mais o poder de constrangimento sobre os indivíduos das sociedades modernas: eles se emanciparam onde a afirmação de sua independência individual passou a ser sustentada pela "sociedade de indivíduos" ainda que seus esforços de desvencilhamento das limitações sociais andem *pari passu* com a submissão a outros códigos também constrangedores.

As palavras relacionadas à aliança e à relação

Todas as línguas dispõem de muitas palavras para designar a qualidade de uma relação, as nuances de suas formas. Nas línguas românicas, "aliança" e "relação" têm a mesma raiz etimológica, o verbo latino *ligare*, amarrar.[1] A palavra "aliança" forma-se a partir do verbo "aliar", a partir do verbo latino *aligare* (*ad-ligare*): ligar a, vincular a. A língua italiana apresenta *alleanza* para "aliança" e *legamo* para "relação" e esses dois substantivos são formados a partir do verbo *legare* (ligar). Outra palavra, em italiano, designa "relação": *vincolo* que qualifica uma relação de constrangimento, de aprisionamento,[2] ou de exigências de um segredo ou de um juramento. A língua espanhola[3] utiliza *lazo* (do verbo ligar, amarrar) para qualificar a relação (de amizade, por exemplo) ou *vincular*, com uma conotação de envolvimento, compromisso mais forte nas relações (*configuraciones vinculares*).[4]

As línguas anglo-saxônicas dispõe também de palavras diferentes para quando designam uma dimensão mais ampla da relação (assim em inglês *link, bond,* e em alemão *bindung*) ou uma qualidade mais afetiva da relação (em inglês, *tie* se aplica, por exemplo, à relação entre os pais e os filhos).

Muitas dessas palavras e verbos têm uma raiz comum com as línguas românicas, na série que associa "bande", "bander", *banda, bandiera,*

---

[1] Tenha-se em mente que o termo usado pelo autor no original não é *rélation*, mas *lien*, de qualquer modo, permanece a mesma raiz etimológica, no caso do termo em português "relação" e "laço" e mesmo indiretamente, "vínculo". CUNHA, A. G. Dicionário etimológico da Língua Portuguesa. Rio de Janeiro: Nova Fronteira, 1982, p. 474 (NT).

[2] Veja-se a famosa igreja em Roma: San Pietro in vincoli: São Pedro acorrentado.

[3] Provavelmente refira-se ao castelhano (NT).

[4] O termo "vínculo" evidentemente, em português, relaciona-se com esses significados. Entretanto, no campo da psicologia, ele acabou sendo associado à tradução de attachment – Bowlby – e passou a ter uma semântica própria. Kaës não menciona esse termo ao lidar com a sinonímia inglesa de "lien". Tendo isso em vista, preferimos, para evitar a confusão dos conceitos, o uso de "relação" em vez de vínculo (NT).

bond, bonding, binden, Bindung etc. A relação aproxima e seu emblema (bandeira) une, agrega, junta e unifica.

No hebraico a palavra "aliança" – *berith* – em seu sentido primeiro significa "fatiar", "separar". A palavra inscreve o rito que separa, que fatia em duas partes o animal sacrificado: dois homens selam uma aliança passando entre as duas partes ou metades do animal sacrificado.[5] A Bíblia nos diz que a aliança sela uma união sobre uma separação. Quando Deus conclui a Aliança com Israel circunciso, ele pratica uma sucessão de rupturas: depois de ter criado o mundo ele separa o céu das águas (Gênesis 1,6), ele separa seu povo dos vizinhos incircuncisos ao mesmo tempo em que todo filho de Israel é separado de seu prepúcio. O termo hebreu para circuncisão – *moul* – significa também "cortar", separar. Pela circuncisão o circuncidado entra na Aliança.

Os léxicos árabes distinguem também diversos sentidos da palavra aliança. O sentido mais geral é dado pelo verbo *rabaTa* (vincular, colar), *ribaaT* designa a qualidade da relação entre duas coisas ou pessoas: relação de amor, de casamento, de associação (*rrabiTa l-fazransiya:* aliança francesa).

Quando a aliança assume o sentido de um aliado na guerra, de uma reflexão ou doutrina, as palavras *Hilf, moHaallafatan, taHaalufan* são utilizadas: elas derivam dos verbos *Haalafa* ou *taHaalafa* (aliar-se).

Diversas palavras designam a relação matrimonial. *MoSaahara* significa aliar-se em casamento. É interessante notar que o verbo *nSahara* e a palavra *iSihaar* nomeiam o amálgama e a fusão de duas coisas para a constituição de uma terceira. A palavra *Sihr* designa uma pessoa com a qual estamos em relação de aliança familiar através do vínculo do matrimônio: sogro, sogra, nora... O verbo *qarana* (aliar-se em casamento) é também utilizado, *qarnan* e *qiraan* disignam a relação matrimonial.

Para nomear a aliança como *anel de casamento* (aliança) usa-se a palavra *khaatam* que tem sua raiz no verbo *kha-ta-ma* que significa

---
5 VALLET, O. Petite Grammaire de L'Érotisme Divin. Paris: Albin Michel, 2005, pp. 68-69.

"concluir", fechar, terminar, selar.[6] O substantivo *khaatam* tem um traço comum com prepúcio da circuncisão (*Khitaan*) que remete, na tradição semítica, à mãe, que o levara em seu dedo como sinal da afiliação.[7] A noção de "corte" ou de ruptura está assim presente como no caso do hebreu uma vez que se diz nessa língua "fatiar uma aliança".

As alianças e os conceitos que as designam: acordo, pacto, juramento, contrato

As alianças assumem diversas formas às quais correspondem conceitos distintos.

O *acordo* corresponde ao mesmo tempo a grau zero de aliança e ao seu resultado. O pôr-se de acordo ancora-se naquilo que é comum ou sobre o que seja o resultado: estar de acordo implica, consentimento.

O *pacto* contém em si a ideia de uma convenção submetida a uma obrigação diante de uma situação podendo comportar riscos de conflitos violentos e de divisões. O *pacto* assim é o resultado de um arranjo ou de um compromisso (pactuar), que é obtido por transação e concessão mútuas ou por imposição unilateral. O pacto está ordenado para manter a paz (*pactum*, do verbo latino *paciscor*: concluir um acordo). Esse é o sentido do pacto social e do pacto político: o pacto republicano à francesa é invocado quando o ideal republicado estiver ameaçado. Quando o termo tem um emprego jurídico, ele designa uma convenção ou um acordo que exclui a disposição geral da lei. O pacto tem também um sentido religioso, metafísico: o pacto com o diabo consiste em fazer as pazes com ele ao preço da alienação da alma ou da vida.[8]

---

6 Em italiano, anello (anel) e em espanhol (!) se diz *alianza*, mas também anillo de boda.

7 Agradeço meus colegas A. Gonegaï, R. Chamcham e M. Hamzat da Universidade de Casablanca, por essas informações.

8 Uma obra de P. Boudhol estuda as raízes antigas do tema do pacto. Os gregos e os romanos recorriam a ritos propiciatórios para apaziguar as divindades infernais ou os espíritos dos mortos, ou para obter dos controladores do "mundo inferior" certos favores, sob certas condições. "Pode-

O estudo de Freud sobre *Uma neurose diabólica no século XVII* (1922) nos interessa por mais de um motivo, dois em particular. Ele mostra que o pacto pode comportar uma dimensão recíproca, que é o caso na maioria das vezes, mas também pode ser unilateral e assimétrico; ele mostra que o estudo de um objeto ao qual se dedicar, está ancorado sobre a necessidade de encontrar, ainda que sejam inventadas, imagos com os quais sustentar aquilo que chamei de alianças internas.

O estudo de Freud tem por objeto a história do pintor Christoph Haitzmann tal como ela foi apresentada num manuscrito que relata a salvação milagrosa que rompeu, pela graça da Virgem Maria, o pacto que ele havia feito com o diabo (*der Teufelspackt*). Freud aclara o motivo desse pacto cuja particularidade é que ele não comporta *aparentemente* as obrigações habituais às quais o diabo deve assumir como contrapartida da disponibilização da alma de quem se alia a ele. O insólito se resolve quando descobrimos que o pintor ter-se-ia comprometido unilateralmente "a ser seu filho, com toda a autoridade sobre o meu corpo e, ao nono ano, pertencer-lhe de corpo e alma".[9] No fim de uma análise atenta do manuscrito, Freud conclui que o diabo é para o pintor um substituto do pai perdido, a figura ou representação malvada do pai das

---

mos, em alguns casos, falar de pacto ainda que não haja nada que se assemelhe ao dom da alma", assinala Boudhol. O rito romano da devotio consiste em sacrificar alguém (ou a si mesmo) para apaziguar as divindades rônicas e afastar assim da comunidade um flagelo ou uma catástrofe. A forma que prevaleceu nas lendas mitológicas é a do compromisso oral. No sistema religioso da antiguidade cristã, o tema do pacto com o diabo permite uma crítica aos erros demoníacos do politeísmo, uma condenação das práticas pagãs e especialmente da magia. Esta crítica continha também uma mensagem teológica: a infinita misericórdia de Deus perdoa todos os pecados e um arrependimento sincero pode salvar os piores criminosos. O tema convida, portanto, à penitência, sugere Boudhol. Sobre o pacto de Fausto e de Mefistófeles, existem diferentes versões para dar conta do mesmo. A obra clássica de A. Dabezies é uma referência segura para o estudo do mito de Fausto e do pacto com o diabo. BOUDHOL, P. De Cyprien le magicien au docteur Faust: la légend du pacte diabolique. Site: <www.univ-provence.fr/wagap/faust/htm>; DABEZIES, A., Le Mythe de Faust. Paris: Armand Colin, 1972.

9 Na realidade, temos dois pactos bastante semelhantes em termos de conteúdo. Mas o considerado por Freud foi o segundo: *Anno 1669. Christoph Haizmann. Ich verschreibe mich diesen Satan ich sein leibeigner Sohn zu sein, und in 9. Jahr ihm mein Leib und Seel zuzugeheren.* FREUD, S. Uma neurose demoníaca do século XVII. Edição Standard brasileira das obras psicológicas completas. Rio de Janeiro: (1922) 1979, vol. 19, p. 103 (NT).

origens e a representação do conflito que o opõe em sua ambivalência e no seu mal-estar ao pai amado e desejado.[10]

Conclui-se que o pacto pode ter sido usado de um modo equivalente tanto para contrato como para aliança: isso parece ser assim naquilo que Ph. Lejeune descreveu em 1975 como o pacto autobiográfico, isto é, "o compromisso que assume o autor de contar a sua vida ou um aspecto de sua vida dentro de um espírito de verdade". Lejeune opõe a esse pacto o pacto da ficção na qual o autor encena de tal modo que o leitor possa acreditar em seu romance. J. M. Talpin propôs a noção fecunda de pacto de leitura que se estabelece entre o texto e o leitor. Ele mostra, assim, que o pacto dá ao texto, separado da psique de seu criador, uma nova fonte pulsional do mesmo modo que um pré-consciente permitiria colocar em relação afetos e representações relacionados a palavras e coisas, de tal modo que esses afetos e essas representações "passam" para o texto. O pacto permite ao leitor, na criação dessa "quimera", constituir-se num conjunto só leitor-texto, de gozar os conteúdos depositados no texto, ainda que com pleno desconhecimento daquilo de que ele goza, e permite, assim, atribuí-lo ao texto, e com isso, desconhecer sua própria participação psíquica.[11]

Lidando com os jogos psíquicos dos testemunhos dos sobreviventes da *Shoah*, R. Waintrater pôs em ação a noção de pacto testemunhal. Esse pacto afirma que a testemunha detém uma experiência que ele confia a

---

10 O excelente estudo de S. Prokhoris nos esclarece as raízes do duplo no contrato diabólico e sobre as relações de Freud com o pacto e com a "cozinha de bruxas" da metapsicologia. PROKHORIS, S. La Cuisine de la Sorcière. Paris: Aubier, 1988.

11 Analisando *Alice no país das maravilhas* J. M. Talpin mostra que um pacto denegativo está presente desde o início do texto: quanto L. Caroll nos apresenta Alice que quer *apresentar* o coelho de olhos cor-de-rosa que fala, ele assinala que "não havia ali nada de especialmente espantoso". Talpin sugere que se trata de um pacto que "indica ao leitor o registro dentro do qual ele deverá permanecer a fim de entrar na economia do recalcamento...", mas ele assinala ao mesmo tempo que "o texto não consegue os seus efeitos de surpreender o seu leitor ao mesmo tempo que Alice", efeito de "sedução que precipita o leitor no texto e o texto no leitor". TALPIN, T. M. *Alice au Pays des Merveilles: Métaphore ou Modèle Psychanalytique de la Lecture?* Proceedings of the 12th International Conference on Literature and Psychoanalysis. Instituto Superior de Psicologia Aplicada, Lisboa, pp. 36-37.

outrem, mas que a deposita nele com a condição de que este não metacomunique sobre seu relato. O pacto testemunhal *manda* a quem recebe o testemunho a não interpretar nada que possa levar a algum prejuízo, do ponto de vista do testemunho, e que perverteria o processo testemunhal. O pacto testemunhal é a garantia da testemunha. Tal pacto seria necessário para fazer face ao violento *retorno* do horror que alienou o "eu" para reduzi-lo a um "me" no campo de concentração.

O *juramento* tem já de início um caráter sagrado (ele é formado a partir da palavra latina *sacramentum*),[12] é uma promessa ou uma afirmação feita sob a invocação de Deus, um ser ou objeto sagrado. Ele está sujeito a sanções divinas quando por algum motivo venha a ser perjurado. Ele implica diretamente um referente ou um avalista. No sentido leigo o juramento é um compromisso diante dos demais seres humanos: trata-se de uma promessa firme, de um compromisso solene, de uma afirmação insistente. Para a lei romana, somente o homem livre poderia prestar juramento, e as instituições públicas da Idade Média ignoravam a "palavra" do servo.

As ordens da cavalaria eram por excelência *soldados* pela fé e pelo juramento, como o fora o rei Arthur e os Cavaleiros da Távola Redonda, como viriam a ser as confrarias, tanto uns como os outros, sustentados por ritos e liturgias.[13] O objeto do juramento é bastante variável: juramento de amantes, de fidelidade, de título ou compromisso de nobreza, de lealdade, de honra – tal como o dos Horácios.[14]

O *juramento do Jogo da Pela* é, sem dúvida, um dos grandes momentos míticos da consciência política francesa: ele foi precedido por

---

12 Tenha-se em mente que o mesmo não ocorre em português. Em francês, serment deriva do termo medieval sagrament facilmente relacionável com sacramentum (NT).

13 Veja-se as obras de G. Duby sobre as ordens da cavalaria e sobre os juramentos comunitários; o mesmo vale para as de J. le Goff. DUBY, G. Le Chevalier, la Femme et le Prêtre. Paris: Hachette, 1981; GOFF, J. LE. SCHMITT, J. C. (Ed.), Dictionnaire Raisoné de L'Occident Médiéval. Paris: Payard, 1999.

14 O juramento dos Horácios, celebrado pela tragédia de Corneille e pela pintura de J. L. David (1784) ilustra esse comprometimento solene diante de terceiros.

um lance de força dos representantes do Terceiro Estado que, depois de suas reivindicações terem sido rejeitadas por Luis XVI, reuniram-se no dia 20 de junho de 1790 na sala do Jogo da Pela, onde eles juraram de "nunca se separarem e de se reunirem em todos os lugares onde as circunstâncias o exigisse até que fosse estabelecida e confirmada sobre fundamentos sólidos, a Constituição do Reino".[15] Outro juramento ficou célebre: aquele que exigia dos clérigos eleitos para a Assembleia Nacional Constituinte de prestarem juramento de fidelidade, devoção e submissão à Constituição.[16]

O *contrato* é um termo de origem jurídica. Ele designa o acordo entre duas ou mais vontades de estabelecer a criação ou extinção de uma obrigação, por exemplo, contrato de venda, edição ou casamento. Os contratos podem obrigar unilateralmente ou bilateralmente; eles podem definir as vantagens de todas as partes ou somente de uma delas. Podem ser também comutativos. Assinar um contrato significa estabelecer uma relação, contratar (conforme *contrahere*), mas também forçar. O contrato qualifica uma relação estabelecida por sujeitos a fim de assegurar por uma ação comum, um interesse comum e atingir um objetivo preciso. Se, para sua realização, o contrato exige de seus parceiros um compromisso que os obriga, entendemos que a traição (*tradere, traditor*) seria o maior risco que está associado ao contrato.

---

[15] A tela do atelier de David *O juramento do Jogo da Pela*, (em torno de 1791-1792) gravou esse momento solene.

[16] A lei de 27 de maio de 1792 permite colocar na cadeia os padres refratários. Os massacres de junho de 1792 tinham como objeto aqueles que se recusavam prestar juramento. Existe até uma história de juramentos para conquistar o poder, para fazer atos de fidelidade ao poder e, correlativamente, uma história de recusa do juramento, principalmente o Juramento de Strasburgo (842), o juramento helvético do Prado de Grütl (1307), o juramento anglicano (1532), precedendo o juramento à Constituição de 1790, o primeiro juramento de fidelidade a Hitler (1923) que criou o corpo de guardas para a proteção do Führer, depois de 1934, o da obediência incondicional ao exército e ao seu chefe.

As formas antropológicas e sociais das alianças
Aliança matrimonial, filiação e proibição do incesto

A antropologia social qualifica dois tipos fundamentais de aliança entre os seres humanos: o da dupla necessidade da aliança matrimonial e o da filiação para se estabelecer a continuidade e a diversidade social e cultural; a proibição do incesto como condição de intercâmbio e de transmissão.

A teoria da aliança desenvolvida por Claude Lévi-Strauss em *As estruturas elementares de parentesco*, sustenta que é o casamento que vincula e torna solidários os diversos grupos elementares que compõem a sociedade global.[17] O intercâmbio de mulheres (e o de riquezas) consolida um sistema de comunicação que assegura a coesão da sociedade. O princípio e o avalista da aliança é a proibição universal do incesto: é necessário manter as mulheres fora do círculo familiar, e estabelecer alianças com grupos de onde elas provêm.

No pensamento de Lévi-Strauss, a teoria da filiação se opõe à essa da aliança: ele considera como primário a relação de parentesco entre as gerações, uma vez que isso assegura a perenidade dos grupos e a transmissão da vida e da cultura. Nota-se, entretanto, que filiação que também inscreve-se numa aliança, não pode ser estabelecida dentro dessa dupla função, senão com a condição da proibição do incesto (pai-filha, mãe-filho), e o anel ou aliança de casamento expressa por metonímia, a aliança assim selada entre os cônjuges.

Em sua obra sobre as *Metamorfoses do parentesco*, M. Godelier sustenta que as relações de filiação se transformam com as mudanças que afetam as relações de casal e as relações de parentesco. As relações de filiação se afastam das relações biológicas e tornam-se relações culturais.[18]

---

17 LÉVI-STRAUSS, C. Les Structures Élémentaires de la Parenté. Paris: PUF, 1940; As estruturas elementares de parentesco. São Paulo-Petrópolis: Edusp-Vozes, 1976.

18 GODELIER, M. Métamorphoses de la Parenté. Paris: Fayard, 2004.

Devemos ainda, considerar a distinção, e mesmo a oposição, entre a relação de filiação e as relações de afiliação, sob o aspecto de seus contatos com as alianças que as regem. Por exemplo, aquilo que faz parte do regime e dos conteúdos das alianças nas adoções ou nas famílias assim chamadas de "recompostas".[19] Um debate mostraria, sem dúvida, que em todas as afiliações, por exemplo, na passagem da família ao grupo ou de um grupo a outro, as alianças iniciais são postas em questão, elas podem ser reconduzidas ou renovadas.

A aliança no âmbito religioso

Enquanto a antropologia social descreve a aliança como uma condição da relação social, os textos religiosos a descrevem como uma condição da relação dos seres humanos com Deus. Ainda que a noção de aliança tenha se desenvolvido especialmente com o monoteísmo, o politeísmo e o animismo não a desconhecem, uma vez que se trata de estabelecer, com as potências divinas ou as da natureza, relações propícias que são seladas com uma oferenda ou com um sacrifício.

A aliança na Bíblia está no cerne das alianças estabelecidas entre Deus e a humanidade, entre Deus e Abraão, entre Deus e Israel, entre Deus e alguns indivíduos.[20] Já assinalamos que na Bíblia a aliança (*berith*) sela uma união a partir de uma separação. Uma aliança inaugural vincula o primeiro casal humano com Deus (Gênesis 1,3). Essa primeira

---

19 Para uma distinção entre filiação e afiliação, veja-se R. KAËS, Filiation et affiliation. Quelques aspects de réélaboration du roman familial dans les familles adoptives, les grupes et les institutions. Gruppo, 1985, 1, pp. 23-46; também publicado com algumas alterações em: KAËS, R. Filiation et affiliation. Quelques aspects de réélaboration du roman familial dans les familles adoptives, les grupes et les institutions. Le Divan Famillial, 2000, 5, pp. 61-78.

20 A Bíblia relata diversas modalidades e diversos tipos de parcerias de alianças. Estas são contratos ou pactos estabelecidos entre indivíduos e entre povos para colocar fim conflitos, para propor tratados entre nações ou acordo entre chefes de tribos ou reis para manter uma ordem política, econômica ou social.

Estas alianças são sancionadas por um juramento: por exemplo, o acordo pactuado entre Abraão e o rei filisteu Abilelek (Gn. 21), a respeito das águas de Bersabeia e foi garantido ou selado com o dom de sete ovelhas.

A aliança foi celebrada em Bersheba, isto é, no poço dos Sete ou no poço do Juramento. Ele foi renovado entre Isaac e Abimelek (Gn. 26).

aliança fundamenta-se na promessa divina inicial e na relação que Deus havia estabelecido com o ser humano por ocasião de sua criação. A promessa tinha em si duas cláusulas: a bênção para o homem e a mulher, de fecundidade e de crescimento (crescei e multiplicai-vos), de dominação sobre a natureza e a posse da Terra. A outra seria aquela de um reconhecimento mútuo, isto é, a de uma diferença entre Deus e o ser humano. Ela vem expressa por um interdito, ou seja, a de não comer da árvore do conhecimento do bem e do mal: seu *jogo* ou segredo revelado por Satã é o desejo do ser humano de vir a ser "como um deus". A aliança fundamentada sobre a promessa inicial supõe a confiança na palavra de Deus, a submissão ao interdito. A transgressão do interdito rompe a aliança inaugural, ela condena o ser humano ao sofrimento e ao trabalho penoso, o expõe ao assassinato e o destina à morte.

A aliança de Deus com os seres humanos se renova com Noé (Gênesis 7,9). A transgressão de interditos importantes enseja uma dupla sanção: a impossibilidade de crescer, multiplicar, dominar, possuir, desejar e a destruição de seu povo rebelde por Deus. Mas ela continha ainda assim uma promessa: aquela que fez Deus, depois do sacrifício ofertado a ele por Noé no fim do Dilúvio, de não mais destruir a Terra pela água. Deus concede assim aos seres humanos um privilégio: eles podem comer a carne dos animais que tiverem matado e dos quais tiverem retirado o sangue para assim se alimentarem. Essa nova bênção de fecundidade, que retoma os termos da primeira aliança, é *enriquecida* com um interdito, o de derramar sem necessidade o sangue dos seres vivos e de matar seus semelhantes, que são criados à imagem de Deus.

Na aliança estabelecida com Abraão (Gênesis 12,17), Deus faz com este uma promessa dupla: ele virá a ser pai de uma posteridade numerosa e de uma descendência fecunda e ele possuirá para sempre a terra de Canaã. Mas antes disso, Abraão deverá deixar sua terra de origem, exilar-se, separar-se de seu irmão, mudar seu nome,[21] e depois da promessa, praticar

---

21 De Abrão (grande pai) passa a ser Abraão (pai de uma multidão).

a circuncisão "fareis circuncidar a carne de vosso prepúcio" como sinal da aliança e chegar, como prova de sua obediência, até ao sacrifício de seu filho Isaque, o qual Deus substitui por um cordeiro (Gênesis 22).

A aliança fundamental foi aquela que Deus outorgou a Israel através de Moisés no Monte Sinai (Êxodo 20,24). A aliança contém a promessa de libertação de Israel e sua saída do Egito para a terra de Canaã, terra prometida a Abraão, Isaque e Jacó. Ela obriga Israel a não reconhecer senão a Deus como seu Deus, e adotar e a cumprir as leis editadas no Decálogo (Êxodo 20). A aliança foi selada pelo sangue do sacrifício que Moisés asperge sobre o povo (Êxodo 24). A Arca (em hebreu *Aron* - cofre) é o símbolo da aliança: ela conservava "um vaso de ouro contendo maná, a vara de Aarão que florira e as tábuas da aliança" (Hebreus 9-4).

Depois que a aliança foi rompida, como com Salomão (I Reis 11), Deus *castiga* o faltoso, mas renova sua aliança com Israel através da promessa de um Messias, filho de Davi. É sobre esse compromisso e com base nas *narrativas* dos profetas relativas à Nova Aliança com a casa de Israel e de Judá (Jeremias 31) e com uma lei fundamental já gravada no coração, que os escritores dos Evangelhos constroem a ideia de que essa nova aliança já teria sido concluída por Jesus na Última Ceia, antes de ser posto na cruz, antes de sua morte e ressurreição.

Para entrar em aliança (com Deus, mas também entre eles) os seres humanos devem admitir que alguma coisa eles vão perder em seu gozo e que o dom vem *acrescido* de uma renúncia. Uma restrição é necessária, portanto o sacrifício é a forma religiosa por excelência.[22] Abraão deve deixar sua terra de origem, ser confrontado com o fato de não ter descendência depois da *prova* de ter que sacrificar seu próprio filho a praticar o rito da circuncisão (*dividir* a aliança). Deus, mesmo para restabelecer a aliança com Noé, renuncia à destruição, reconhecendo por esse fato o caráter universal da violência e apresenta assim a razão da aliança. Por meio disso, a violência assume uma dimensão simbólica e a

---

22 Veja-se as pesquisas de G. Rosolato em: Le Sacrifice. Repères Psychanalytiques. Paris: PUF, 1987.

simbolização remete a um *jogo* de substituição que é também como que um memorial da violência destrutiva inicial.

A aliança passa assim a ser marcada por uma ruptura, por um traço, por um selo que participam nisso tudo com a função de uma orientação identificadora: o arco-íris torna-se o símbolo da aliança com Noé, a circuncisão marca todos os machos neonatos, "sinal da aliança" com Abraão e com o povo eleito.

Figuras das alianças sociais, políticas e jurídicas

A aliança está no coração da estrutura social e da relação religiosa e é também um dos instrumentos da política e do mundo jurídico. No campo da política, a aliança se estabelece em situações diversas e através de modalidades diferentes: nos tratados de interesse comum e de apoio mútuo entre potências (que selam as Santas Alianças, a Tríplice Aliança) ou entre partidos em vista da realização de uma causa comum: acesso ao poder, realização de obras para a cidade, para os pactos de paz, para a formação de ligas e de coalizões contra um inimigo comum.

As formas sociais das alianças: conjuração, liga, coalizão, seita

As formas sociais de alianças são variadas. As que o vocabulário distingue são as que organizam uma delimitação bastante clara: já mencionamos a confraria e a ordem. A *conjuração* foi inicialmente uma forma de magia cujo objetivo seria o de acalmar os espíritos negativos e assegurar a proteção do indivíduo, do espaço ou mesmo da coletividade. Na forma social, que não deixa de ter relação com esse primeiro sentido, a conjuração ancora-se sobre um juramento feito, um segredo, sobre o devotamento absoluto à causa no mais das vezes defendida para sublevar o estado das coisas pela violência.[23]

---

23 Apresento aqui três conjurações, entre as mais célebres: a de Catilina, na época de Pompeu, contra a República Romana. Salústio conta como Catilina comprou seus cúmplices e, para amarrá-los, ele os vinculou por um juramento e um rito iniciático: "Ele fez circular um grande

A *liga* é uma forma estável e permanente de aliança. A conotação é a de uma relação (*ligare*, vincular) mútua estabelecida por meio de um juramento para assegurar uma aliança, geralmente contra outros interesses comumente contrários. Bem próxima dessa noção temos a *coalizão* (*coalescere*, soldar) que é também uma reunião de partidários que buscam, geralmente de um modo temporário, um interesse comum contra interesses de outros. Os interesses são divergentes, mas foi buscado um compromisso que permite a ultrapassagem dos limites e a criação de uma aliança.

As *seitas* e as sociedades secretas são também fundadas por alianças cujo grau de comprometimento é bastante elevado e exige uma ruptura (*secare*) com a sociedade global.

Em todos os casos, os membros da conjuração, da liga, da coalizão ou da seita são recrutados sobre a base de um intercâmbio: o investimento num objetivo irrealizável por alguém só ante a promessa de sua realização, de proteção em favor do devotamento ao seu objetivo. Em todas essas formas típicas, um traço comum a todas essas alianças apresenta-se bem visível: a confiança que elas exigem tem por correlato a traição e a exclusão ou a morte do traidor.

Uma forma política de aliança: o contrato social

Todas essas formas de alianças descrevem *ligações* ou razões que regulam as relações entre o poder do Estado e a soberania, a legitimidade e a autoridade.

A noção platônica de justiça, o pacto de Hobbes e o contrato social de Rousseau são testemunhas do esforço para assegurar um projeto de

---

vaso, cheio de vinho misturado com sangue humano, todos molharam os lábios nele e lançaram imprecações, como seria o costume nos sacrifícios solenes; depois disso ele apresentou o seu projeto, repetindo que ele teria querido vinculá-los primeiro amarrando uns aos outros com este execrável pacote" (Conjuração de Catilina, XXII). A Conjuração de Ambrósio foi organizada em 1590 por nobres protestantes para se proteger da pessoa do rei. Ela foi reprimida em massacres feitos em forma de espetáculo: os enforcados ligados a Ambrósio balançavam nos topos do castelo. A Conjuração dos iguais liderado por Gracchus Babeuf na primavera de 1796 teve por objetivo derrubar o Diretório e restabelecer a Constituição de 1793.

racionalidade do Estado em suas relações com o poder. "A entrada do ser humano no contrato, comenta P. Ricoeur é o momento crítico da filosofia política: é ao mesmo tempo o momento do sentido, propício a uma retomada reflexiva". Esse ato fundador "apresenta-se nas três filosofias – de Platão, Hobbes e Rousseau – ao mesmo tempo como um sacrifício, um abandono, uma renúncia e uma instauração do homem racional, civil e livre".[24]

Rousseau sustentou que a ordem social repousa sobre um contrato social passado ou proposto por um cidadão para todos os seus semelhantes e com o Estado. No enquadre desse contrato, cada um se compromete em respeitar a lei comum em troca de proteção de sua pessoa e de seus bens. Entretanto, isso não é suficiente pra afirmar ou estabelecer a necessidade do contrato como elemento essencial para a política. Durkheim refuta uma concepção voluntarista do contrato social quando ele escreve em seu estudo sobre o suicídio que "tudo é contratual no contrato, menos o contrato mesmo", o que significa que as relações contratuais são incapazes de fazer nascer o contrato; este não pode estabelecer-se senão numa situação que o torna necessário.[25]

A dupla face positiva e negativa das alianças

Todas essas formas de alianças comportam dois componentes, um positivo e outro negativo. Sob sua face positiva, todas as alianças visam estabelecer e selar um acordo, manter um compromisso na relação sejam quais forem os objetivos: a paz, a coesão, a eficácia, o intercâmbio entre partes iguais e desiguais. Falar da positividade das alianças não deve mascarar que elas designam, demarcam o negativo: desacordo, desligamento, conflito, cisão, recusa da relação, franqueza crítica ante as leis que as fundamentam e que ancoram em parte cada sujeito na comunidade.

---

24 RICOEUR, P. Préface à Ph. Secretan. Autorité, Pouvoir, Puissance. Lausanne: Éditions L'Âge d'Homme, 1969, p. 11.
25 DURKHEIM, É. Le Suicide. Paris: PUF, 1960.

Podemos, então, nos perguntar quando as alianças são concluídas, o que passa a ser o negativo, o desacordo, a recusa da aliança, o pacto, o contrato e o juramento imposto. Como se desfazem as alianças quando elas oscilam entre o imperativo da exigência de seu *Um* e o risco do esfacelamento? Quando elas passam a ser traição?

Aliança e confiança, dom, dívida e traição

Numa pesquisa sobre a fé, E. Ortigues, partindo de trabalhos de G. Dumézil e de G. Freyburger sustenta que as palavras latinas *fides* (fé) e *fœdus* (pacto, acordo, aliança) provêm da mesma raiz indo-europeia *beidh* – que derivou assim em grego *pistis* e que sugere de um modo geral a ideia de confiança. "Em circunstâncias particulares, afirma ele, o *fœdus* é compreendido como compromisso recíproco de confiança." Diversas formas sociais implicam ou pressupõem fé e confiança nas alianças, nos pactos e nos acordos, mas de todas essas, o juramento é a relação mais sólida.

A aliança e o símbolo: os avalistas simbólicos

A confiança na aliança estabelecida entre dois parceiros não pode ser assegurada senão pela intervenção de um terceiro ao qual a divindade – ou qualquer outra instância equivalente – confere um valor sagrado. Desde a antiguidade romana, essa garantia religiosa funcionava como um princípio de governo. Ela pode ser concebida como uma expressão simbólica necessária a toda e qualquer aliança.

Em seu trabalho de 1962, *O discurso e o símbolo*, E. Ortigues caracterizou o problema central da função simbólica, "isto é, que não pode existir relação entre um ser humano e outro ser humano sem a intervenção de um terceiro termo que, para a linguagem, é o conceito, mas que para o desejo do ser vivo é a referência ao puro absoluto, ao *outro* absoluto, a Morte. Sociedade alguma pode existir se não ter como mediador entre os seres vivos, o signo vazio de uma presença pura: o ancestral,

Deus, a Causa sagrada etc".[26] É "em nome deste" terceiro que a aliança é estabelecida: um terceiro que faz a relação de identificação entre os parceiros da aliança que, de separados que eles eram, se reconhecem vinculados entre si.

O símbolo é aquilo que torna possível que possamos nos dirigir a outrem. Quando ele precisa a consistência e a função do símbolo, Ortigues escreve:

> *Na linguagem, o símbolo é um fenômeno de expressão indireta (ou de comunicação indireta) que não é significante senão através da intermediação de uma estrutura social, de uma totalidade da qual se participa e que tem sempre a forma geral de um pacto, de um juramento, de um interdito, de uma fé juramentada, de uma fidelidade, de uma tradição, de uma relação de pertença espiritual que fundamenta as possibilidades alocutivas*[27] *da palavra.*[28]

M. de Montaigne dizia que "somente pela palavra é que somos seres humanos e nos entendemos".[29] É a palavra que nos liga uns aos outros na humanidade. Mas qual palavra e em que tipo de relação? Sabemos da necessidade e da dificuldade dessa palavra. A palavra que compromete é também a palavra que trai, a palavra que diz a verdade é também a da

---

26 ORTIGUES, E. Le Discours et le Symbole. Paris: Aubier-Montaigne, 1962, p. 210.

27 Locutivo seria a pessoa que se refere àquela que fala, isto é, a primeira pessoa; alocutivo seria a pessoa que se refere a quem se fala, isto é, a segunda pessoa; temos ainda o delocutivo que seria a pessoa que se refere àquela de quem se fala ou seja, a terceira pessoa. Entretanto, Pottier é da opinião que locutivo deva ser usado para designar as formas usadas numa situação de comunicação. DUBOIS, J. et aliança (Ed.) Dicionário de linguística. São Paulo: Cultrix, 2006, pp. 396, 468 (NT).

28 ORTIGUES, E. Le Discours et le Symbole. Paris: Aubier-Montaigne, 1962, p. 67. Ortigues continua citando esta passagem de C. Lévi-Strauss em sua introdução à obra de M. Mauss – Sociologie et anthropologie (1950): "É da natureza da sociedade que ela se expresse simbolicamente em seus costumes e em suas instituições; do contrário, as condutas individuais não são jamais simbólicas em si mesmas: elas seriam os elementos a partir dos quais um sistema simbólico, que não pode existir senão como coletivo, se constrói. LÉVI-STRAUSS, C. *Introduction*. In MAUSS, M. Sociologie et Anthropologie. Paris: PUF, 1950, p. 16.

29 MONTAIGNE, de M. Essais. Livre I, chapitre IX, 'Des menteurs'. Usamos aqui a tradução de Sérgio Milliet. MONTAIGNE, de M. Ensaios. São Paulo: Abril, 1984, p. 23 (NT).

duplicidade, a palavra que ilumina também oculta, ela interdita e convida à transgressão.

Se fizermos a experiência de que a palavra não é senão um avalista simbólico da aliança na medida em que ela tem aquilo que promete, toda a aliança não é constituída senão na e pela palavra. É especialmente o caso das alianças defensivas e patogênicas.

A aliança, o dom e a contrapartida do dom

A referência de E. Ortigues a Lévi-Strauss retoma o grande tema da antropologia de Marcel Mauss: o do intercâmbio. Em todos os casos, as alianças se inscrevem no processo de intercâmbio, elas implicam em si um dom, a dívida e a contrapartida do dom, ou pelo menos algo nesse sentido, algum benefício pelo menos. Do mesmo modo, tanto em sua consistência psíquica como na social, a economia da aliança está ancorada sobre benefícios que são tidos como óbvios. É por isso que algumas garantias são necessárias para que haja a possibilidade de realização da função simbólica do terceiro e para assegurar, pela confiança na relação, as realizações pessoais dos sujeitos vinculados entre si.

A relação de atribuição estabelecida pela aliança – qualquer que sejam suas estruturas e finalidades – não implica sempre o reconhecimento da alteridade. Mas a contrapartida dessa relação é sempre aquela em que cada um estará potencialmente em dívida ante o outro ou os outros; uma dívida que se anula no caso da manutenção dos benefícios mantidos para cada um, mas que será alardeada quando os termos de uma aliança não forem efetivados. Existe portanto, uma constante entre aliança, obrigação mútua e endividamento.

Se examinarmos mais de perto essa dimensão, devemos trazer presente um outro processo associado, que consiste no sacrifício de certos objetos psíquicos ou a renúncia de alguns benefícios para que se possa entrar numa aliança e obter outros benefícios. Por exemplo, na relação com Fliess, depois da operação cirúrgica mal sucedida de seu amigo, nas cavidades nasais de Emma Eckstein, Freud renuncia à sua teoria da psicogênese do traumatismo por acreditar nas teorias bem fundamentadas de Fliess e, desculpando-se de seu erro, por manter sua relação de amizade homossexual com ele, com o custo de uma pacto denegativo.

Um pacto de endividamento sobre o corpo: o mercador de Veneza

Sem o dom da contrapartida, a aliança coloca um dos parceiros em dívida até ao ponto do drama da insolvência. É esse endividamento sobre o corpo ou que implicava pagar com parte do corpo que trata Shakespeare no *Mercador de Veneza*. Antônio, mercador de Veneza está numa situação de ter que emprestar dinheiro de um judeu chamado Shylock. Este não cobra juros, mas lhe propõe o seguinte contrato: se no dia fixado, o mercador não reembolsar sua dívida, será de seu próprio corpo que o Shylock retirará uma libra de carne. O mercador perde sua frota e não pode reembolsar seu empréstimo junto ao usurário.

Esse contrato sobre o corpo é um contrato assimétrico, imposto por Shylock, mas aceito pelo mercador, que não pode recusar. Podemos assinalar que o propósito de Shakespeare não seria senão o de fazer uma aliança com as posições antissemitas de parte da plateia, mas esse tipo de aliança é bem especial, de aliança requerida entre o dramaturgo e o espectador para que a emoção seja compartilhada. Para além do que foi solicitado, o jogo econômico (financeiro e psíquico) e a relação de endividamento que se realiza de modo previsto por um contrato, existem também outros aspectos que chamam a atenção. Esse contrato em que o corpo é ao mesmo tempo contrapartida e pseudogarantia (pseudoavalista) é um contrato *dessimbolizado*. O contrato aqui não se refere a lei alguma senão a que impôs Shylock ao mercador que consente, mas que não pode recusar. Um contrato *diabólico*, complementar ao pacto faustiano: aqui a alma como penhor, lá o corpo e portanto, a vida. A dívida que não pode deixar quites nem o mercador, nem Fausto é uma dívida insolúvel. Os termos do contrato sobre o corpo (e sobre a alma) e a dívida encarnada não são tais, isto é, dívidas, uma vez que repousam sobre a ausência de um mediador simbólico e sobre os efeitos alienantes dessa ausência.

O mesmo ocorre, *mutatis mutandis*, no caso do pacto inconsciente que vincula Freud e Fliess e entre eles e Emma Eckstein: o corpo assume o lugar do representado simbólico e a dívida decorrente do contrato sobre o corpo não pode ser paga a não ser pela morte ou por uma ruptura brutal, depois do que ela se tornaria passível de ser paga.

Aliança e traição

A traição é o estilhaçamento da confiança e da fé que a aliança requer para ser estabelecida. A traição é o risco da aliança ao mesmo tempo em que ela é o correlato de toda relação, a outra face da aliança, o reverso escondido, mas ativo e participante do jogo.

A traição é uma das maneiras de sair de um endividamento psíquico que se tornou insolúvel, mas é também um movimento de ruptura de relações estabelecidas para buscar alhures uma realização do desejo.[30] A traição atesta a existência de uma relação – uma relação íntima da qual o traidor retira seu investimento por temor de perder ou porque ele quer destruir ou pelo cuidado de continuar *colado* àquela relação ou ainda, por desespero. Mas a traição comporta esse paradoxo de manter uma relação na ruptura incompleta da aliança.

Por essa última razão, a traição é uma das *figuras* da dificuldade da separação, mas é também uma figura de mudança na pertença a um grupo quando alguém deseja tornar-se autônomo.

---

[30] Sobre a relação estrutural entre tradução e traição, temos o excelente artigo de A. Nouss e sobre as relações entre traição e consistência da relação intersubjetiva veja-se o texto de R. Kaës. NOUSS, A. Éloge de la Trahison. *TTR – traduction, terminologia, rédaction*. 2001, 14, 2, pp. 167-179. KAËS, R. *Notes sur la Trahison. Une Approche de la Consistance du Lien Intersubjetive* In HERIQUEZ, E. (Éd.), *Le Goût de L'Alterité*. Paris: Desclée de Bouwer, 1999.

As mudanças nas orientações identificadoras com relação aos modelos de origem são muitas vezes vividos como uma traição às alianças que selam as relações de atribuição e como uma recusa de não se submeter às obrigações de endividamento. Tal situação contempla, com variações apreciáveis, situação do adolescente mantido rigorosamente dentro dos termos de um contrato narcísico imperativo, a de um sujeito comprometido no processo de mudança social ou cultural, a de um migrante, a de uma pessoa de fé que coloca sua crença em questão. A transmissão da vida psíquica entre as gerações é também geradora de endividamentos, de conflitos de fidelidade e por consequência disso, de traições.[31]

Se, por acaso, tratar-se de uma acusação de traição, o que é diferente da própria traição, o risco de exclusão está sempre planando sobre os sujeitos. A culpabilidade da traição comporta seguramente uma dimensão neurótica, mas ela é também inerente a toda ruptura de uma aliança, salvo nos casos de alianças perversas: Don Juan não se sente jamais culpado por suas traições, uma vez que ele fez sua própria lei.

A traição é esse *contra o que* a aliança faz o apelo ou recorre pela exigência de uma garantia supraindividual. A figura da aliança e da traição mais representativa nesse sentido é do juramento: se ele enseja um compromisso de parceiros diante dos seres humanos, o juramento não tem seu valor imprescritível a não ser avalizado por uma sanção divina se ele for perjurado ou traído. O juramento da cavalaria é um dos exemplos mais completos de relações entre aliança e traição: um juramento é sustentado por uma ética, ela mesma fundamentada por regras estritamente codificadas que desde o século XIV organizam ao mesmo tempo a consciência aristocrática europeia e mantém a supremacia do cristianismo. A ordem social da cavalaria cujo modelo nos é apresentado pela lenda arturiana dos Cavaleiros da Távola Redonda, reúne homens

---

31 Podemos mostrar que o verbo latino tradere que gera traditio, contém a ideia de transmissão e de tradição (fazer passar alguma coisa a alguém) e também a raiz de traditor – traidor. Toda transmissão seria ela uma traição?

capazes de encarnar um ideal de virtude e de lealdade no que diz respeito ao soberano e de combater pela glória de Deus. Um código de honra regulamenta as relações rigorosas entre a manutenção da fidelidade ao ideal e as tentações ou ocasiões de faltar com essa fidelidade. Ele *solda* o social, o divino e o ideal. A traição do juramento é simultaneamente um desafio diante do grupo. Ela tem como decorrência a exclusão do traidor do grupo, como aconteceu com Ganelon na Canção de Rolando.

Os enquadres e as garantias metafísicas e metassociais das alianças

A solidariedade entre os elementos de um sistema é garantido por um sistema metafísico. Essa definição fria não dá conta dos jogos sociais e psíquicos envolvidos na garantia. Todas as alianças sociais, políticas ou religiosas necessitam de avalistas cuja função é assegurar um sólido fundamento para seu objeto, para seus objetivos e para seus termos, mas também, as sanções que acompanham a falta de respeito de sua manutenção, a ruptura ou a traição da aliança. A garantia é antes de tudo, com efeito, um compromisso; ela aporta um crédito, uma credibilidade, um voto de confiança. Toda e qualquer aliança, todo o contrato, coloca em tensão os termos da garantia e, especialmente, os da confiança que os sustenta.[32]

Retomo aqui o termo das garantias metassociais proposto por A. Touraine para dar conta dos enquadres que legitimam, em última instância, os pactos, os contratos, os juramentos e alianças pelos quais são mantidas e legitimadas as relações sociais e suas organizações.[33] Nas sociedades teocráticas o avalista é Deus. Esse terceiro último fundamenta

---

[32] A crise financeira e bancária mundial recente mostrou como os avalistas metassociais são necessários para que o processo social e econômico continue a funcionar. Nessa falha do capitalismo financeiro, a recorrência ao Estado, instaura o avalista pelo qual a "confiança" dos atores pode ser de novo restabelecida.

[33] TOURAINE, A. Sociologie de L'Action. Paris: Le Seuil, 1965.

a autoridade da aliança. No regime totalitário, o equivalente pleno dessa função última deve ser buscado no âmbito da causa última que encarna a trilogia suprema: Ideia, Ideal e Ídolo.

Esses avalistas têm um correlato na vida psíquica. As garantias metapsíquicas são os enquadres sobre os quais se funda a vida psíquica de cada sujeito e, num primeiro plano desses enquadres, as alianças inconscientes. Essas têm uma parte de suas funções conservadoras e autoconservadoras com qualidades típicas desses avalistas. Elas asseguram a estabilidade das alianças seja evitando as desorganizações e os conflitos, seja naquilo em que eles se constituem numa saída.

As catástrofes coletivas e as grandes perturbações sociais e políticas precipitam a formação ou a renovação das alianças inconscientes, na medida em que os avalistas metassociais e metapsíquicos são desafiados ou aniquilados. As pesquisas que já conduzi no passado e mais recentemente sobre as funções psíquicas da ideologia chamaram minha atenção sobre a maneira com que se enovelam as alianças inconscientes quando o recalque estiver inoperante diante dos efeitos mortíferos do triunfo de ideais alienantes e de ídolos cruéis, nos grandes massacres genocidas, diante da perda das certezas e da onipotência das ideias. As grandes negações que balizaram a história dos séculos passados alimentam os negacionismos contemporâneos.

Da determinação psíquica das alianças à sua função social e histórica: o negacionismo

As alianças descritas pela antropologia social, política ou religiosa são alianças conscientes, voluntaristas, mas das quais pode-se pensar que seus conteúdos inconscientes e suas funções inconscientes são recobertas por um discurso secundarizado, racionalizado, são justificados de diversas maneiras. Os juramentos são também alianças conscientes na medida em que eles são movidos por fantasmas, identificações a *serviço* de ideais, de mecanismos de defesa contra a perseguição e outros processos mais. Uma aliança conscientemente selada pode esconder uma outra cujas dimensões são de outra ordem.

Essa *outra* ordem é aquela de que os imperativos devem manter inconsciente em cada sujeito, para evitar a emergência de uma realidade insustentável, inaceitável, irrepresentável no espaço do ego consciente. Esses imperativos são de ordem psíquica. Mas eles são também sustentados por uma exigência *de não saber* que impõe a relação social para manter ideais comuns e compartilhados por uma parte da comunidade ou pelos interesses que devem ser preservados ao custo de uma negação. A ideologia e a influência da ortodoxia são, com as diversas formas de negacionismo que elas engendram, expressões de alianças inconscientes defensivas, alienantes e patogênicas. Elas têm como característica comum ser uma resposta a uma situação catastrófica que fixa e congela sem transformações, os componentes traumáticos associados à catástrofe. Teremos a oportunidade de desenvolver essa questão no capítulo 10, mas um exemplo aqui poderá nos ajudar a dimensionar a medida de sua complexidade:

> *Em 410 os godos de Alarico saqueiam Roma. Naquele momento, Santo Agostinho e São Jerônimo estão desolados diante da notícia da situação de Roma em ruínas. Paulo Orose escreve alguns poucos anos mais tarde, entre 416 e 417: "Por mais recentes que sejam as lembranças desses fatos, se entretanto, alguém observa a multidão do povo romano e entende sua voz, ele pensará, como os romanos o reconhecem eles mesmos, que não teria acontecido nada a menos que, por azar, ele não seja advertido por algumas ruínas que subsistem ainda do incêndio".*[34]

Esse afastamento das ruínas não seria o efeito da reconstrução de Roma? Provavelmente, não. O que Orose adianta é que para os próprios romanos, "não aconteceu nada". Essa maneira de apresentar as consequências da catástrofe tem por objetivo minimizá-la: os traços *mal e*

---

34 OROSE, P. Histoire Contre les Païens. Paris: Les belles lettres, 1990, pp. 7, 40-41.

mal perceptíveis, quase "detalhes". O argumento de Orose, padre[35] e apologista romano, sustenta, de fato, a demonstração de que o saque de Roma pelos bárbaros não foi causado – ou tornada factível – pelo abandono do culto cívico romano. Em suas "histórias contra os pagãos" ele apresenta a tese segundo a qual as desgraças da humanidade diminuem em frequência e intensidade *pari passu* com o progresso da Igreja. Para Orose, a existência do mal no mundo é consequência dos pecados dos homens, e as invasões bárbaras devem ser compreendidas no enquadre dessa escatologia milenarista. Sem dúvida ali está uma das primeiras expressões conhecidas para instaurar um pacto de negacionismo.

Sustentei já diversas vezes que o negacionismo tem sua eficácia por ser uma aliança inconsciente, cujos conteúdos e tramas permanecem inconscientes para os sujeitos, e que requer, o negacionismo, como toda e qualquer crença, a adesão dos demais a essa crença. É claro que o negacionismo não se reduz a processos psíquicos, ele conta também com lógicas políticas e sociais e até mesmo religiosas como a que foi demonstrado recentemente, por exemplo, pelas reações do Vaticano a um bispo negacionista. É, entretanto, necessário compreender quais são entre os processos psíquicos aqueles que organizam a ancoragem dessa ideologia nas alianças inconscientes. Veremos então, que as formulações manifestas e racionalizadas que encobrindo seu surgimento e expressão, protegem o negacionismo contra uma dupla identificação insustentável para a vítima e para o carrasco. Essa proteção não é individual, ela é assegurada pela função metadefensiva da aliança inconsciente.

Os negacionistas da *Shoah* sustentam sua posição pela vontade de restaurar o ideal nazista mas, desse fato, eles devem justificar sua "máquina de destruição" de judeus, de ciganos, de homossexuais. Eles devem ao mesmo tempo negar essa identificação insuportável, minimizar a destruição impensável e fazer recair sobre as vítimas a responsabilidade

---

35 "Padre" não designa necessariamente uma figura sacerdotal, mas os pais-fundadores da teologia cristã e a impressionante literatura elaborada desde a Antiguidade até a Idade Média (NT).

da falsificação da história. É o argumento *de caldeirão* que organiza seu discurso.[36] Esse discurso lhe presta em correlação ao serviço de os exonerar de seu ódio; qualquer um pode dizer: "não, não posso odiar até esse ponto, são outros que odeiam e que por isso merecem seu castigo". Reconhecemos aqui a projeção paranoica. Os negacionistas são confrontados, como todas as pessoas humanas, com uma catástrofe insuperável: como identificar-se com o que é comum à humanidade quando acontece um desastre e como justificar isso? Sua resposta é o negacionismo. A amplitude desses *jogos* mostra que não basta de forma alguma, exortar os negacionistas a renunciar às suas ideias, uma vez que os conteúdos das alianças que as sustentam não são reconhecidos. Confesso que não sei muito como chegar até isso.

---

36 Argumento do caldeirão – da retórica – usado por Freud para exemplificar um processo de negação em sequência: alguém empresta um caldeirão ao vizinho que o devolve furado. Mas este argumenta: o caldeirão não está furado, não fui eu que furei, você jamais emprestou o caldeirão (NT).

Capítulo 2.
As alianças inconscientes:
uma problemática para a psicanálise

A característica principal das alianças inconscientes pelas quais nos interessamos é a sua qualidade inconsciente. Freud associou a qualidade do inconsciente dinâmico a todas as formações psíquicas fundamentais: pulsões, fantasmas, conservação de traços mnésicos, pensamento do sonho, sintomas, identificações etc. Mas essa qualidade pode também vincular-se a processos inconscientes que digam respeito às relações entre diversas pessoas. O exemplo do esquecimento coletivo relatado por Reik e retomado por ele, Freud, ilustra essa proposição mostrando como funciona uma aliança inconsciente transitória.[1]

O campo de nossa pesquisa não tem em vista somente a qualidade inconsciente das alianças. De um modo mais geral, interrogamos as relações que elas estabelecem com o inconsciente considerado dessa vez como uma instância tópica ou como sistema do aparelho psíquico, e buscaremos compreender seu papel no processo tanto na formação do inconsciente como nas manifestações de seus efeitos. A observação de Reik pode se desenvolver numa direção que não interessa somente à "psicologia coletiva": temos boas razões para supor que os "esquecimentos" desse tipo poderiam outrora preceder o sujeito, na vinda ao mundo da vida psíquica e contribuir para a estruturação dos processos e conteúdos do inconsciente, juntamente com as determinações propriamente intrapsíquicas dessa estruturação.

---
1 Veja-se acima, na Introdução.

É no enquadre dessa hipótese que sustentei que o inconsciente de cada sujeito traz traços, em sua estruturação e em seus conteúdos, do inconsciente de outrem, e até de mais de um outro.[2] Adotei o corolário dessa proposição: o inconsciente inscreve-se e produz seus efeitos em numerosos espaços psíquicos, em numerosos registros e em diversas linguagens, de cada sujeito e da própria relação.

Supomos assim que as alianças inconscientes agem em diversos *canteiros* de pesquisa. O primeiro diz respeito à consistência *inconsciente* das alianças inconscientes.

A noção de aliança inconsciente – alianças

Retomo aqui minha proposição segundo a qual as alianças inconscientes se inscrevem em dois espaços psíquicos, o do inconsciente do sujeito e o do inconsciente na relação com um outro ou com mais de um outro. Dando um enfoque especial nas alianças inconscientes nas relações intersubjetivas e transobjetivas, espero tornar inteligível a passagem entre a realidade psíquica individual e a que sustenta a consistência dessas relações, tanto no eixo sincrônico como no da transmissão da vida e da morte psíquica entre as gerações.

As alianças inconscientes internas

Apresentei já diversos exemplos de alianças inconscientes intrapsíquicas: na observação de Reik, nos estudos de Freud sobre o motivo do pacto com o diabo. Voltarei a isso diversas vezes a propósito de outros exemplos retirados da clínica relacionados a esta ou àquela configuração de relações.

---

2 Essa expressão "mais de um outro" deve ser compreendida ao longo da obra como a ampliação da relação binária e com isso, instituindo as relações intersubjetivas e mesmo transobjetivas das relações múltiplas; ainda que se trate de mais de um sujeito, não se trata de um grupo (NT).

Um conto de Stefan Zweig[3]

O narrador encontra Paris num clima de grande exaltação: ele está à espera de "alguma coisa que sirva de presa, não importa qual". Sentado no terraço de um café de uma das grandes *boulevards* um homem o intriga: ele observa o estranho num carrossel, que poderia ser um policial ou um detetive. Ele tem de repente uma revelação de que esse homem seja um batedor de carteira. Ele o admira e até se aproxima dele, o espia, identifica-se com ele, com seus gestos e com os riscos que ele assume. O narrador faz um retrato preciso dele como somente S. Zweig sabe fazer de tão vívido, e sentimos a afeição que ele experimenta por esse ladrão: é ele mesmo esse batedor de carteira, por procuração, por delegação. E depois que ele presencia ao furto de uma pobre dona de casa, estupefato pelo seu talento, mas, enfim, acalmado por participar de seu ato, ele o segue e busca encontrá-lo para prendê-lo ou protegê-lo, tal era a experiência ambivalente do narrador a seu respeito. Ele o segue até o Hotel Druot onde, na algazarra, no meio da tensão, do silêncio e dos gritos dos vendedores ele o encontra, em busca de sua nova presa e finalmente se volta para ele até o momento em que descobre que ele está a ponto de ser roubado pelo seu homem. Ele o segura e agarra sua mão e não pode desvencilhar-se - enquanto apregoam o leilão. Depois ele deixa-o partir, colocando fim a essa intensa mas breve aliança.

Assinalaria duas coisas aqui: trata-se de uma aliança assimétrica até o momento em que o ladrão vincula-se ao narrador. Conhecemos a aliança de tal modo que o narrador nos deixa adivinhar o processo, o que está em jogo: fazer a experiência por identificação de ser um predador e de vir a ser uma presa. A essa aliança interna entre essas duas posições (ativo-passiva – tantas vezes colocadas em cena por Zweig) a essa "confusão de sentimentos", corresponde a cumplicidade entre os dois homens na cena final.

---

3 ZWEIG, S. *Révélation Inattendue d'un Métier*. In Zweig, S. *La Peur*. Paris: Grasset, 1934-1935.

As alianças inconscientes na relação

Propus chamar de alianças inconscientes os fenômenos psíquicos comuns e compartilhados que se confundem na conjunção de relações inconscientes que envolvem sujeitos de uma relação entre eles e com um grupo ao qual eles estão vinculados enquanto tomam parte e enquanto são partes constituintes. Uma de suas características gerais é a de assegurar por uma ação comum e atingir por esse meio um objetivo preciso que não poderia ser atingido por cada um dos sujeitos considerados isoladamente. Dizemos, portanto, que a aliança seria ao mesmo tempo um processo e um meio de realização de objetivos inconscientes.

O objetivo das alianças inconscientes é tanto assegurar os investimentos vitais pela manutenção da relação e da existência de seus membros – elas exigem então, uma reciprocidade e uma comunidade de investimentos narcísicos e objetais – como constituir uma reciprocidade e uma comunidade de mecanismos de defesa para lidar com as diversas modalidades do negativo na vida psíquica individual e coletiva.[4] A maior parte das alianças é estabelecida com o objetivo de lidar com essa questão.

Esses objetivos podem ser comuns a todos os membros ou bastante diferentes para cada sujeito das alianças. Em todas as configurações das relações – os grupos e as famílias, os casais e as instituições – as alianças inconscientes são estabelecidas pela *vedação* dos inconscientes dos sujeitos que entram em acordo para estabelecer essas alianças. É sobre essas alianças que são *confeccionadas* as realidades psíquicas na relação por um lado, e a realidade psíquica inconsciente dos sujeitos e relação.

Essa definição não fala nada ainda daquilo que seja inconsciente na aliança ou em que a aliança é inconsciente. Ela diz que as alianças inconscientes são produzidas por diferentes modos de produção do inconsciente, que elas produzem o inconsciente e que eles permanecem

---

4 Sobre as diversas figuras e modalidades do negativo e sua relação com as alianças inconscientes veja-se o capítulo 5 desta obra.

inconscientes. Mas não fala nada ainda da não representação das alianças no sujeito e no conjunto de sujeitos, nem do retorno do não-representado, nem daquilo que sendo inconsciente pode vir a ser consciente, nem daquilo que permanece inconsciente ou não consciente.[5] Isso tudo não é senão do mesmo modo que depois de termos descrito as principais formas e as diversas figuras das alianças, nós já pudéssemos formular proposições bem precisas.

O trabalho do inconsciente nas alianças inconscientes

As alianças são inconscientes na medida em que elas estão submetidas aos processos constitutivos do inconsciente. Elas estariam sob o efeito de dois grandes tipos de operações de defesa constitutivas do inconsciente: as operações de defesa por recalcamento em suas formas originárias ou secundárias e as que procedem da negação – solicitada ou rejeitada – forclusiva.

As operações de defesa por meio do recalcamento

Se Freud nem sempre foi constante na extensão a ser dada ao conceito de recalcamento, ele mesmo assim o considera como um dos métodos de que se serve o ego para resolver seus conflitos.[6] O recalcamento em sua forma originária e secundária (ou em retrospectiva) está na origem da constituição do inconsciente.[7] Para Freud a qualidade do inconsciente dinâmico estará sempre associada a todas as formações psíquicas

---

[5] O não-consciente é um conceito do cognitivismo, mas funciona também no campo da psicanálise ainda que isso não seja claramente definido. O que é o "não-consciente" é constituído por traços mnésicos imperceptíveis e não acessíveis à consciência. Não é nem recalcado e nem negado. Ele é composto de uma reserva de automatismos, como as aquisições da memória de procedimento.

[6] FREUD, S. *Inibições, sintomas e ansiedade*. Edição Standard brasileira as obras psicológicas completas. Rio de Janeiro: Imago, (1926) 1979, vol. 20, pp. 89-200.

[7] O recalcamento originário (*die Urverdrägung*) é incognoscível, não memorizável. S. Freud, *Moisés e o monoteísmo: três ensaios*. Edição Standard brasileira as obras psicológicas completas. Rio de Janeiro: Imago, (1926) 1979, vol. 23. Mantivemos aqui certa fidelidade com o termo francês – originário – mas encontramos para o "recalcamento originário" termos como "primário", "primitivo" mas todos se referindo ao mesmo termo original alemão (NT).

fundamentais: pulsões, fantasmas, conservação de traços mnêmicos, identificações etc., isto é, às formações intrapsíquicas. Entretanto, pode-se supor que essa qualidade se aplique do mesmo modo às formações psíquicas comuns a muitos sujeitos, como o sujeito comunitário, do exemplo de Reik, o deixa entrever.

Diria então que o recalcamento efetua-se sob o efeito de duas exigências. Segundo a primeira, classicamente direcionada sob o ângulo estritamente intrapsíquico, o recalcamento está associado às experiências de desprazer ou de excesso de prazer, de transbordamento pulsional e de representações intoleráveis para o ego. É um mecanismo de defesa intrapsíquico: sua especificidade consiste na operação pela qual o sujeito (o ego da segunda tópica) reprime e mantém no inconsciente, representações vinculadas a pulsões inaceitáveis para sua integridade e constância. As representações inadmissíveis são atraídas por núcleos de recalcamentos originários (representantes das pulsões) e reprimidos no inconsciente porque eles correm o risco de provocar desprazer em relação a outras exigências e, portanto, aquela da conservação da relação com objetos protetores ou dispensadores do prazer e do amor.

Os conteúdos reprimidos regem-se pelos mecanismos dos processos primários (condensação, deslocamento, multiplicação de elemento idêntico, difração). Eles buscam fazê-los voltar à consciência, à ação ou formação de compromisso (sintomas, sonhos...).

Uma segunda exigência do recalcamento inscreve-se por sua origem e por seus efeitos nas necessidades que impõe a vida comum. Introduzir essa segunda exigência não é só constatar que os recalcamentos são produzidos em comum (com os demais), como Freud o demonstrou pelo exemplo da "comunidade dos sintomas". Tal como entendo essa exigência, fundamenta a intersubjetividade e as relações intersubjetivas. Ela caracteriza a necessidade do recalque como condição da aliança, por ocasião da primeira, com a qual se combina, e depende das relações internas entre pulsões e representações.

Devemos admitir que todas as experiências psíquicas formam-se no encontro entre o espaço psíquico e subjetivo de um sujeito e o de um outro sujeito. Esse encontro está representado na psique e provavelmente já na formação da pulsão, segundo as diferentes modalidades e segundo os diversos traços, e podemos supor que uma parte dessa experiência equivalha à qualidade desse encontro. O recalcamento inscreve-se na relação criança e mãe, agente da função de correpressora e representante diante dele da função terceira do pai. Dessa segunda exigência, formam-se por introjeção, as "instâncias psíquicas superiores" do superego e dos ideais.

Os efeitos desses encontros são, por consequência, decisivos para a formação do recalcamento, para a função repressora e para os conteúdos recalcados, mas organizam também o espaço psíquico – e eu iria até mais longe, o espaço *metapsíquico* – das relações intersubjetivas. Se o recalcamento se produz cada vez que a satisfação de uma pulsão poderia ensejar o risco do desprazer em vista de outras exigências, a de conservar o amor materno é uma das mais imperativas. O recalcamento não é, portanto, somente uma tomada de distância do consciente: o recalcamento *no* inconsciente instaura o mesmo. E nesse processo, a aliança inconsciente desempenha um papel decisivo.

As operações de defesa fora do recalcamento: a negação-desaprovação e a rejeição-forclusão

A negação (ou desaprovação) e a rejeição (ou forclusão) são operações defensivas igualmente constitutivas dos conteúdos inconscientes. Elas estão na origem dos processos e das organizações inconscientes extratópicas: exportação, depósito, criptas. Aqui temos, de novo, a dupla exigência intrapsíquica e interpsíquica, que dá base a essas operações.

Para Freud, *die Verleugnung* designa a recusa da percepção de um fato que se impondo no mundo exterior, é percebido como muito perigoso pelo sujeito.[8] A tradução francesa desse conceito leva ao aparecimento de algumas divergências. Laplanche e Pontalis traduzem esse termo por *recusa* (*déni*).[9] Rosolato propõe *desaprovação* (*désaveu*) para insistir no fato de não querer admitir o que foi percebido (especificamente o sexo diverso do seu) e o que a realidade dessa percepção implica (a diferença dos sexos). A recusa consiste, assim, na negação de uma percepção da realidade externa. Mas ela implica também numa interpretação dessa percepção através do fantasma da castração pelo pai: uma construção imaginária a substitui, o fantasma ou o fetiche a reconstroem. O ego faz frente a essa angústia pela clivagem que de um lado recusa a percepção perigosa e por outro a torna presente. A percepção insustentável e a realidade inadmissível são assim por sua vez negadas (ou desaprovadas) e afirmadas.

Esse modo de defesa é diferente da repressão que caracteriza globalmente a neurose e que repousa sobre o conflito entre o Ego, o Id e as "instâncias superiores". A recusa ou a rejeição são os mecanismos prevalentes na psicose, mas são também mobilizados nos estados não psicóticos, por exemplo, nas situações não patológicas, nos sujeitos que as utilizam funcionalmente, ou ainda para afrontar uma situação catastrófica.

Quanto à rejeição (ou forclusão) ele traduz o conceito freudiano *die Verwerfung*, isto é, a expulsão de conteúdos psíquicos para fora do sujeito.[10] Esse conceito dá conta, inicialmente, em Ferenczi, do processo que consiste em se desembaraçar de afetos desagradáveis excluindo os

---

8 FREUD, S. *Algumas consequências psíquicas da distinção anatômica entre os sexos*. Edição Standard brasileira das obras psicológicas completas. Rio de Janeiro: Imago, (1925) 1979, vol. 19, pp. 303-330. FREUD, S. *O futuro de uma ilusão*. Edição Standard brasileira das obras psicológicas completas. Rio de Janeiro: Imago, (1927) 1979, vol. 21, pp. 15-71. FREUD, S. Fetichismo. Edição Standard brasileira das obras psicológicas completas. Rio de Janeiro: Imago, (1925) 1979, vol. 21, pp. 179-188. FREUD, S. *Esboço de psicanálise*. Edição Standard das obras psicológicas completas. Rio de Janeiro: Imago, (1938-1940) 1979, vol. 23, pp. 168-246.

9 LAPLANCHE, J.; PONTALIS, J. B., Vocabulário de Psicanálise. Santos: Martins Fontes, (1967) 1970, p. 562ss. (NT).

10 A Verwerfung foi também chamada de extrajeção (E. Weiss), rejeição ou forclusão (Lacan), excorporação (A. Green) ou ainda negação primeira da realidade psíquica (M. Klein, W. R. Bion).

objetos de suas percepções por meio de uma projeção. Não foi senão secundariamente que o conceito assumiu o sentido e o valor de um padrão de recalcamento originário, de uma "recusa primeira, pelo contrainvestimento daquilo que não satisfaz o desejo de sustentar um prazer vital";[11] essa rejeição daquilo que é mau para fora do corpo torna-se só um meio para dar uma consistência significante a uma realidade construída pela identificação projetiva delirante.[12] Para Lacan, a forclusão define aquilo que fica fora da simbolização. O que é recusado – rejeitado como mau não mantém traço no psiquismo, mas volta no real.

A exigência de tratar por meio desse processo as percepções inaceitáveis chega até a colocá-las num depósito ou conservá-las nos espaços interpsíquicos da relação intersubjetiva. O estatuto tópico desses lugares psíquicos, receptáculos das negações e das rejeições é, portanto, diferente daquele dos espaços intrapsíquicos. Mas o que importa realçar é que suas operações fora da repressão organizam a matéria dos pactos denegativos do tipo que a comunidade de negação, os pactos perversos ou as alianças denegativas sejam fundamentadas em alucinações. Diferentemente das alianças fundamentadas sobre o recalque, essas são alianças patológicas e alienantes.

Todas as alianças inconscientes são uma combinação desses diversos componentes. Alguns entre eles são simétricos e homogêneos, outros são assimétricos e heterogêneos, por exemplo, quando a negação de um implica o recalque do outro, essas duas operações são necessárias para a manutenção de sua relação. Todas são efetuadas conjuntamente por uns e por outros, ou somente por uns, mas com o acordo dos outros, num mesmo sentido e para o benefício de cada um (todos): isso é assim para os sujeitos de uma dupla, família, grupo ou instituição. O recalque, a negação ou a

---

11 Rosolato, G. *Le Négatif et son Lexique*. In MISSENARD, A., ROSOLATO, G. *et al* (Ed.) *Le Négatif. Figures et Modalités*. Paris: Dunod, 1989, p. 17.

12 Rosolato, G. *Le Négatif et son Lexique*. In MISSENARD, A., ROSOLATO, G. *et al* (Ed.) *Le Négatif. Figures et modalités*. Paris: Dunod, 1989, p. 17.

forclusão são exigidas de cada sujeito para servir seus próprios interesses e os de conjunto de pessoas ao qual eles estiverem vinculados.

O critério principal a ser levado a sério é o seu caráter inconsciente: elas mesmas são inconscientes. Suponho que as alianças sejam tanto mais eficazes em sua capacidade de se manter inconscientes e a produzir o inconsciente uma vez que os interesses mais profundos de cada um dos sujeitos envolvidos na relação devam permanecer para eles inconscientes, para preservar ao mesmo tempo a relação, seu objeto e os sujeitos que a constituem. As alianças adquirem seu caráter inconsciente pela estrutura e pelas funções que elas realizam ou pactuam; elas permanecem inconscientes uma vez que o exige o interesse de seus sujeitos e os membros de sua relação.

Os demais operadores psíquicos das alianças inconscientes

Alguns outros operadores psíquicos constroem as alianças inconscientes. Eles ligam-se aos operadores defensivos que acabo de descrever.

Os investimentos pulsionais e o acordo fantasmático

Todas as alianças são sustentadas por investimentos pulsionais e por fantasmas inconscientes que funcionam como organizadores dinâmicos e estruturais da relação e que, para realizar essa função, são mobilizados por algumas de suas propriedades. Se retomarmos o exemplo de Reik citado anteriormente, os investimentos pulsionais manifestam-se quando a discussão teórica sobre o papel do cristianismo no processo da civilização *tropeça* com a lembrança literária da moça e com o esquecimento de um elemento decisivo: o significante associado ao título do romance. O esquecimento coletivo (isto é, a aliança inconsciente para esquecer) funda-se sobre o recalque da representação da pulsão sexual.

As identificações

Para se formar as alianças inconscientes deve-se mobilizar os processos identificatórios comuns, mútuos e compartilhados. Os sujeitos pactuam uma aliança segundo um duplo movimento: eles identificam nos outros aquilo que pode servir para seus próprios interesses e os de outrem. O que eles percebem está *antes* da palavra; a sua percepção e o que eles identificam quanto aos movimentos psíquicos do outro permanecem inconscientes. Sobre essa base, eles se identificam entre si por um traço comum, ou seja, por um empréstimo mútuo de um traço diferente, mas capaz de ter um valor de prazer em seus respectivos espaços psíquicos. O exemplo citado pode ilustrar essa proposição.

Ao lado dos traços psíquicos que cada um dos sujeitos têm de próprio e de comum, outras formações *tornam-se* comuns e compartilhadas sob o efeito da identificação. Desde seus primeiros trabalhos, Freud colocou em evidência as identificações comuns e compartilhadas entre diversos sujeitos que uma relação libidinal reúne numa família, numa dupla de amigos[13] ou num grupo de familiares. Na análise de Dora mostra-se toda a complexidade dos desafios no tratamento, ela mostra também como a aliança inconsciente que se instaura entre Dora e seus familiares, mas também entre Freud e Dora, tem como ponto de ancoragem essas identificações e que ela se atualiza a partir de um sintoma do qual Dora é a encarnação. Sua função e seu lugar de suporte de sintoma inscrevem-se nessa aliança uma vez como sujeito do inconsciente e outra como sujeito da relação.

Esses fenômenos são especialmente considerados e analisados na *Psicologia de grupo e análise do ego*. Um exemplo famoso é o do pensionato de moças onde a identificação se desloca, sob a influência de uma situação patógena, para um sintoma que um dos Egos produziu: "A identificação pelo sintoma torna-se assim o índice de uma relação de coincidência entre dois Egos, relação essa que deve ser mantida recalcada".[14]

Essas transformações da singularidade não ensejam por si a abolição de traços que constituem a realidade psíquica de cada sujeito em particular. Esses traços são "imbricados" na relação e tornaram-se inconscientes e não cognoscíveis pelos sujeitos da relação.

---

13 Cf. O sonho "do caviar" ou ainda o dito "do açougueiro" relatados no Caso Dora.

14 FREUD, S. *A psicologia do grupo e a análise do ego*. Edição Standard brasileira das obras psicológicas completas. Rio de Janeiro: Imago, (1921) 1979, vol. 18, p. 91.

As identificações mútuas são ao mesmo tempo as condições e os resultados das alianças. Elas se desenvolvem em diferentes registros: são narcísicas, imaginárias, objetais, simbólicas ou edipianas. As funções que elas realizam ou satisfazem a serviço da aliança são também diversas: experiência básica de segurança, realização de desejos, aceitação de interditos ou proibições, reforço de defesas ou facilitação de transgressões.

Não existe relação sem aliança inconsciente

Qualificamos de espaço psíquico *intersubjetivo* aquele que vincula cada sujeito a outros sujeitos do inconsciente, de tal modo que o próprio conceito de intersubjetividade encontra aqui sua principal intenção. Devemos também especificar o espaço psíquico *transubjetivo* que *percorre* todos os sujeitos de um conjunto de sujeitos com a cultura e com as relações sociais. A articulação entre esses diferentes espaços de relação e as alianças devem ser pensadas sob o ângulo da realidade psíquica inconsciente conjunta, comum, compartilhada que os associa e os distingue.

É necessário questionar as razões e as consistências psíquicas das relações que vinculam cada sujeito aos outros sujeitos ou a um conjunto de sujeitos. É importante saber sob o efeito de quais necessidades psíquicas é indispensável que os investimentos recíprocos sejam requeridos: de quais percepções, de quais representações, de que movimentos pulsionais e de quais afetos negados, recalcados, reprimidos, abolidos, rejeitados, depositados, exportados ou escondidos conjuntamente pelos sujeitos e suas relações e a que preço e por quais benefícios e segundo que garantias.

O sujeito do inconsciente se constrói através de alianças inconscientes

O sujeito do inconsciente encontra um de seus fundamentos nas alianças inconscientes. Se a aliança inconsciente for produzida pela dinâmica e pela economia das posições inconscientes de cada uma das relações, convém então levar em consideração os efeitos das alianças inconscientes na formação do próprio sujeito do inconsciente e elaborar este como sendo ele mesmo sujeito da relação. É precisamente desse modo que ele se constitui como sujeito na intersubjetividade.[15]

As alianças inconscientes desempenham seu papel na formação inconsciente no espaço intrapsíquico, mas também nos processos pelos quais o sujeito pode se pensar e se dizer como um Eu: nesse sentido, o reconhecimento e aclaramento das alianças inconscientes que teceram o sujeito do inconsciente, no seio das quais ele assumiu seu lugar, é um dos aspectos mais importantes do processo de subjetivação. Sustentar que as alianças inconscientes criam o inconsciente é optar pela concepção do psiquismo aberto para o inconsciente do outro, e até para mais que um outro.

As exigências do trabalho psíquico impostas pelas alianças inconscientes

As alianças inconscientes são impressionantes pelas suas exigências de trabalho psíquico que elas impõem aos seus sujeitos para que sejam constituídas e mantidas. Essas exigências são necessárias para a formação de uma relação intersubjetiva em condições de que sirvam para o recalcamento ou para a negação (recusa) em seus sujeitos. Essas exigências de trabalho comportam uma mutualidade de investimentos na relação que vinculam os sujeitos da aliança, um compromisso e o apoio recíprocos, que os obriga e em alguns casos, até mesmo os constrange.

O traço do não-representado e seu retorno nas alianças inconscientes

Não basta sustentar que as alianças inconscientes garantem a consistência psíquica inconsciente da relação para cada um dos sujeitos. Falta

---

15 KAËS, R. Le Groupe et le Sujet du Groupe. Éléments pour une théorie psychanalytique des groupes. Paris: Dunod, 1993; KAËS, R., Un Singulier Pluriel. La psychanalyse à l'èprouve du groupe. Paris: Dunod, 2007; KAËS, R., *The Question of the Unconscious in Common and Shared Psychic Process*. In CALICH, J. C., HINZ, H. (Ed.). The Unconscious: Further Reflections. London: International Psychoanalytical Association, 2007.

ainda compreender como as formações do inconsciente recalcado e não recalcado fazem seu retorno no sujeito e em suas relações. Se nem sempre é fácil distinguir o não-representado do não-representável, a análise das alianças inconscientes nos permite articular de um modo original esses dois estados de formação do inconsciente.[16] Partimos da hipótese de que a relação intersubjetiva é um espaço psíquico extratópico que contém formações psíquicas não representadas pelos sujeitos e as discutiremos, a partir da clínica, ao longo do último capítulo deste livro.

Os principais tipos de alianças inconscientes: visão de conjunto

Diversos critérios serão utilizados para distinguir e descrever as alianças inconscientes: as modalidades de produção do inconsciente que elas utilizam, os processos que elas põem em ação, as estruturas, os conteúdos e funções psíquicas que elas mobilizam e os objetivos que elas realizam, para cada sujeito e no âmbito das relações que os vinculam uns aos outros.

Os principais tipos de alianças inconscientes

As alianças estruturantes primárias	As alianças de afinação primária	As alianças de prazer	As alianças de amor e de ódio	Os contratos narcísicos
As alianças estruturantes secundárias	O pacto fraterno	A aliança com o pai simbolizado	O contrato de renúncia à satisfação imediata dos objetivos pulsionais destrutivos	
As alianças inconscientes	O pacto denegativo fundado sobre o recalque neurótico	Os pactos denegativos fundados sobre a recusa, a rejeição ou desaprovação	Os pactos denegativos mistos ou assimétricos	
As alianças ofensivas	A gangue, o bando, a seita, o comando	A aliança psicopática		

---

16 Sobre a questão do não-representado e do não-representável, cf. Revue Française de Psychanalyse, 1992, 1, p. 56.

Distingui quatro grandes tipos de alianças inconscientes. As duas primeiras são formadas por aquelas em que as funções são necessárias à estruturação da psique. As defensivas e seus efeitos potencialmente alienantes e patógenos formam o terceiro tipo de alianças inconscientes. O último é constituído por alianças defensivas estabelecidas para impor um projeto, criativo ou destrutivo.

As alianças inconscientes primárias

As alianças inconscientes de base ou primárias estão no princípio de todas as relações: da relação mãe-bebê, das relações de casais, das relações entre gerações, bem como das relações de grupos. Elas são as relações que fundamentam a vida psíquica na intersubjetividade, nas separações dos corpos, nos intercâmbios fantasmáticos e nos de linguagem. O cordão umbilical poderia constituir-se no emblema, que pela sua *ruptura* lembra uma relação de uma outra natureza para um outro destino: o de um nascimento humano para a vida psíquica.

As alianças de afinação primária

As primeiras são as alianças de *afinação* primária, entre a mãe e o bebê. A prematuridade biológica de nossa espécie por ocasião do nascimento requer um meio de cuidados, proteção e investimentos de prazeres e de sofrimentos que constroem as relações de *afinações*[17] recíprocas e assimétricas entre a mãe e o todo humano que forma o tecido relacional primário. Através dessa relação, provisoriamente simbiótica no melhor dos casos, passam as experiências sensório-motoras, as ecopraxias e as ecolalias, as emoções e os primeiros significantes sobre os quais se apoiarão as pulsões e as estruturas cognitivas, a capacidade de sonhar e de adquirir proteção. Uma grande parte dessas experiências não é consciente,

---

17 STERN, D. Le Monde Interpersonnel du Nourrisson. Paris: PUF, 1989. Em vez de "afinação" poder-se-ia utilizar o termo "sintonia" – pois muito provavelmente o termo original seja "attunement" – que também dá conta da relação, especialmente sonora, mãe-bebê, tão cara a Daniel Stern (NT).

e outras existem sob o efeito do recalcamento, especialmente materno. Através dessa relação, constitui-se a matriz dos interditos e dos recalcamentos, e em alguns casos, a da negação ou da rejeição, tanto um como o outro contribuindo para a estruturação do inconsciente do bebê. Essas alianças recíprocas e assimétricas supõem um ambiente no qual a mãe e a criança estão incluídos de diversas maneiras. Sobre essa aliança de *afinação* estabelecem-se as alianças de prazer compartilhado e de ilusão criadora e correlativamente, as alianças de amor e de ódio.

As alianças prazer-desprazer compartilhado e de ilusão criadora

As experiências passageiras de desprazer compartilhado são habituais em todas as relações; elas assinalam uma insatisfação mútua e, por isso mesmo, uma expectativa frustrada. Quando elas se instalam como uma modalidade normal de relações, elas aparecem clinicamente nas relações mãe-criança organizada por uma profunda *desafinação* dos investimentos narcísicos e das pulsões libidinais; elas se prolongam e se instalam como alianças patológicas nas relações sadomasoquistas.

As alianças de prazer compartilhado e de ilusões vivenciadas em conjunto fundamentam a experiência de ser um bebê suficientemente bom, capaz de corresponder à expectativa da mãe que pode ver-se como mãe suficientemente boa e ser reconhecida como tal pelo pai. Os processos que tornam possível essa aliança repousam sobre os investimentos pulsionais abrandados, sobre uma boa *afinação* fantásmica e onírica, sobre a adequação da função alfa e da capacidade de devaneios mútuos. Tal aliança de base confere à criança, aos pais e a toda a família a experiência de confiança na relação, a da realização do desejo por meio da relação.

Essa experiência e esses tipos de alianças sustentam as identificações primárias do Ego descritas por P. C. Racamier: essas identificações acolhem o bebê como "sendo feito da mesma massa que a própria pessoa". Elas garantem a continuidade dos investimentos narcísicos entre os "sonhos de desejos irrealizados" dos pais e os que "a sua Majestade, o Bebê" é convidado a realizar, encontrando dentro desse convite de um outro e nessa realização para um outro o *serviço* de seu próprio narcisismo.[18]

Essa aliança é, como veremos no capítulo 3, a matéria do contrato narcísico conceituado por P. Castoridis-Aulagnier.[19] Entre as alianças estruturantes primárias, o contrato narcísico apresenta, com efeito, a particularidade de vincular o todo humano que forma o tecido relacional primário de cada novo sujeito (de cada neonato) e do grupo (no sentido amplo) no qual ele encontra e cria o seu lugar.

Alianças narcísicas, alianças de amor e alianças de ódio

Todas as alianças condensam e combinam os efeitos das principais pulsões e seus objetos correlatos. Existem alianças nas quais prevalece o narcisismo em sua dupla polaridade de vida e de morte; as alianças de amor para evitar o ódio, as alianças de ódio para não amar, mas também as alianças para não expor seu narcisismo ao risco do amor e do ódio.

As alianças inconscientes secundárias e a sublimação

O segundo grupo de alianças estruturantes que nomeamos de secundárias, uma vez que elas supõem no mais das vezes, algumas precedentes, é formada pelos contratos e pelos pactos fundados nas leis e nos interditos fundamentais: encontramos aqui principalmente o pacto fraternal, a aliança com o pai simbolizado e o contrato de renúncia da satisfação imediata ou direta dos objetivos pulsionais, especialmente os objetivos destrutivos. Essas alianças estruturantes secundárias dizem respeito em primeiro lugar, às relações sexuais e às relações entre as gerações.

---

18 FREUD, S. *Sobre o narcisismo: uma introdução.* Edição Standard brasileira das obras psicológicas completas. Rio de Janeiro: Imago, (1914) 1979, vol. 14, pp. 89-122.

19 Castoriadis-Aulagnier, P. *La Violence de L'Interprétation. Du Pictogramme à l'Énoncé.* Paris: Le Seuil, 1975.

Essas alianças contêm o primeiro laço da transmissão do recalque e dos conteúdos reprimidos, da negação e dos conteúdos negados. Elas contêm também as formas arcaicas dos ideais e do Superego. Essas alianças podem gerar uma organização patológica, perturbações graves da sintonia ou afinação primária, desvio do contrato narcísico.

O processo de sublimação é posto em ação nesse tipo de aliança. Lembremos que a sublimação inscreve-se num duplo campo: o da pulsionalidade e o da intersubjetividade. Esses dois campos estão intimamente relacionados. Sob o primeiro aspecto, a sublimação consiste em um deslocamento de uma pulsão para outro objetivo. A pulsão, a força e o objeto permanecem idênticos; a sublimação será, portanto, constantemente vinculada à busca do objeto de satisfação, mesmo quando o seu objeto mude. Tomemos como exemplo a pulsão de investigação: ela é despertada pela pulsão sexual e orientada para a busca da satisfação, mas o objetivo deriva para o controle intelectual de um enigma, de uma incerteza; dali nasce um prazer específico e, sob o efeito da exigência social, uma inscrição do sujeito na intersubjetividade.

De acordo com o segundo campo, o processo de sublimação se expressa nos termos de uma exigência de trabalho psíquico imposta ao sujeito pelo todo intersubjetivo, pela ligação estrutural da psique com a intersubjetividade, especialmente na relação entre a mãe e o que ela representa para a criança quanto à função paterna e quanto ao grupo do qual ele é membro.

As alianças inconscientes metadefensivas e suas derivações patológicas

As funções defensivas assumidas pelas alianças inconscientes participam das funções metadefensivas descritas há mais tempo por E. Jaques.[20] Ele mostrou que os membros de um grupo adotam seus próprios

---

20 Jaques, E. *Social System as a Defense Against Persecutory and Depressive Anxiety*. In Jaques, E. *New Directions in Psychoanalysis*. London: Tavistock, 1955, pp. 478-498; Jaques, E. *Psychologie Sociale. Textes Fondamentaux Anglais et Américains*. Paris: Dunod, 1955.

mecanismos individuais de defesa (especialmente contra a angústia psicótica e arcaica reativada pela regressão na situação de grupo) diante das organizações metadefensivas criadas pelo grupo.

As alianças inconscientes realizam tais funções em todas as formas de relações. Entre elas descrevi anteriormente os pactos denegativos, que foram distinguidos mais tarde dos pactos denegativos fundamentados sobre o recalque neurótico, os pactos denegativos fundamentados sobre a negação ou recusa, sobre a rejeição e sobre a desaprovação, e os pactos denegativos mistos ou assimétricos.[21] Esses dois últimos conjuntos, entre os quais encontramos a negação em comum, o contrato perverso e as alianças denegativas, estão alianças patológicas e patogênicas.

As alianças ofensivas

As alianças ofensivas se estabelecem sobre a base de uma coalizão organizada em vista de um ataque contra um outro ou contra mais de um outro, a fim de se exercer sobre ele(s) uma *influência*, de dominá-lo(s) ou de destruí-lo(s): um time de futebol, uma equipe de trabalho, uma gangue se organizam sobre tais alianças. O pacto de Irmãos repousa sobre uma coalizão ou sobre uma liga; sua aliança é ofensiva: seu objetivo é suprimir o Pai todo-poderoso, autoritário que se opõe com força às necessidades de poder dos Filhos.

J. P. Pinel propôs a noção da aliança psicopática para dar conta de uma modalidade geral e ampla de agir que é violenta, e tem finalidades destrutivas no encontro ou relação com outro "usando para isso o meio da coalizão mais ou menos aberta e consciente entre um agente e um cúmplice (ou mesmo entre vários agentes e cúmplices) mudo contra uma vítima que sofre a ação violenta".[22] A aliança psicopática é uma aliança alienante ofensiva.

---

21 KAËS, R. *Filiation et Affiliation*. Quelques aspects de réélaboration du roman familial dans les familles adoptives, les groupes et les institutions. *Gruppo*, 1985, 1, pp. 23-46.

22 Pinel, J. P. *Enseigner et éduquer en instituition spécialisée: approche clinique des liens d'équipe.* Connexions, 2001, 75, 1, pp. 141-152.

Nota sobre a aliança psicanalítica fundamental

A aliança psicanalítica e as alianças terapêuticas que se referem a ela merecem uma atenção especial. Examinarei mais adiante seus componentes, efeitos e derivativas no capítulo 10, mas importa sublinhar aqui que elas estão fundamentadas sobre alianças estruturantes que, através da regra fundamental, *convoca* a todos os sujeitos reunidos numa situação terapêutica, à que mantenham a relação ou a referência à lei simbólica, ao desejo e ao interdito. Elas se fundamentam também sobre o movimento de transferência e sobre as expectativas que elas atualizam: elas mobilizam, portanto, alianças primárias (*afinação* de base, alianças de prazer e de desprazer compartilhado e de ilusões conjuntas ou comuns). Os aportes inconscientes que se infiltram nas alianças terapêuticas qualificam sua função de resistência e defensiva, comum tanto no paciente como no terapeuta. É isso que requer um *instrumento* de controle, de supervisão ou de análise *quatrième* que possam intervir.[23]

As dimensões das alianças inconscientes

Uma tipologia ordena-se sempre sobre a escolha de um critério dominante supostamente pertinente em vista de uma hipótese de trabalho. A que eu penso que seja válida, privilegia a articulação do inconsciente do sujeito na relação, na aliança e o inconsciente próprio da relação em um tal tipo de aliança. Para precisar esse critério principal, outras dimensões devem também ser consideradas.

O objeto e o conteúdo das alianças

As alianças distinguem-se umas das outras pelos seus objetos principais e pelos seus objetivos: algumas entre elas são estabelecidas para o

---

[23] Segundo o método elaborado pelo Quatrième Groupe. Em resumo, o QG é uma organização psicanalítica de língua francesa fundada em 1969 por Piera Aulagnier, François Perrier e Jean-Paul Valabrega. Na França havia então três grupos de psicanálise: A Sociedade Psicanalítica de Paris, a Associação Psicanalítica da França, e a Escola Freudiana. Daí em síntese o nome; esse seria o quarto grupo. Para saber mais sobre os detalhes de suas peculiaridades, veja-se <www.quatrieme-groupe.org> (nt).

tratamento de investimentos pulsionais, esses que mobilizam as relações precoces e as alianças de afinação, nos investimentos narcísicos e sexuais entre os sexos e entre as gerações. Outras são estabelecidas para garantir a realização de desejos inconscientes, outras ainda organizam-se sobre interditos, outras em vista de transgressões e derivações sublimatórias. Podemos ainda vir a ter outras que têm por fundamento as identidades comuns e as referências identificatórias de pertença. Numerosas são ainda as que se associam a diversos objetos em sua composição.

As alianças e as configurações das relações

As alianças definem-se segundo o estatuto psíquico dos parceiros que as contratam ou estabelecem: algumas entre elas são pactuadas eletivamente entre dois ou mais sujeitos. É o caso do casal da família ou de um grupo. Outras configurações implicam expressamente um acordo entre um, dois ou mais sujeitos e um conjunto instituído: é o caso do contato narcísico. Outras ainda dizem respeito a subconjuntos no interior mesmo de um próprio conjunto mais amplo: é o caso da coalizão fraterna na família e das "tendências" no interior de um grupo. Outras, enfim, são pactuadas entre conjuntos: famílias, grupos, instituições, sociedades.

A direcionalidade das alianças: alianças "para" e alianças "contra"

Algumas alianças são formadas para buscar-se um objetivo (alianças *para*) e outras alianças são construídas *contra* (as alianças defensivas de morte, de destruição, de reconhecimento da realidade histórica e as diversas formas de negatividade radical).[24] Mas não pode tratar-se de uma direcionalidade dominante, uma vez que o pacto com o pai é uma aliança *para* estabelecer a simbólica com relação "ao pai morto segundo

---

24 Sobre as relações de alianças inconscientes e as diversas formas de negatividade, veja-se mais adiante o capítulo 5.

a lei",[25] e *contra* a regressão à tendência assassina e onipotente do Pai idealizado e dos filhos revoltados.

Outro critério de direcionalidade a ser levado em consideração dá conta do efeito unificante (ou a visão unificadora) da relação por meio de alianças. O horizonte assintótico da aliança é o de fazer *Um*, aqui compreendido na aliança contra outra aliança, contra o excluído, contra o saber, o desejo inconsciente, o recusado ou negado. Sua contrapartida é, ainda aqui, o negativo e seu tratamento no espaço interno e na relação: não suportar o limite, a castração, a parte da solidão necessária. As alianças inconscientes têm assim uma dupla face: uma está orientada para a realização do *Um*, e a outra para a angústia diante do negativo. Vemos os efeitos disso nas alianças estruturantes, defensivas e alienantes.

O eixo geracional e o eixo sincrônico

Qualquer que seja seu fundamento, sua função ou finalidade, as alianças inconscientes todas dizem respeito às relações intersubjetivas e transobjetivas, na medida em que vinculam as gerações entre elas do mesmo modo em que essas vinculam os contemporâneos entre si.

As alianças, as estruturas, as formas e os conteúdos das alianças nos precedem: viemos ao mundo dentro de alianças já pactuadas por nossos predecessores, entre nossos pais, entre eles e seus próprios pais, entre o grupo do qual eles fazem parte e cada um deles. Isso quer dizer que as alianças inconscientes produzem seus efeitos para além da vontade dos sujeitos, das circunstâncias e do momento em que elas são efetivadas. Elas são transmitidas de uma geração para outra, com ou sem transformação, algumas são repetidamente reproduzidas, outras são rompidas e modificadas.

Para além do eixo geracional, vertical ou diacrônico, as alianças inconscientes propagam-se no eixo horizontal ou sincrônico das relações. É especialmente o que a abordagem psicanalítica dos grupos nos ensina.

---

25 Rosolato, G. *Trois Génération D'Hommes dans le Mythe Religieux et dans la Généalogie*. L'Inconscient, 1967, 1, pp. 71-118; Rosolato, G. *Essais sur le Symbolique*. Paris: Gallimard, 1969.

As alianças simétricas, homogêneas, assimétricas e heterogêneas

Todas as alianças implicam uma complementaridade e uma sinergia entre os sujeitos que as pactuam. Mas podemos distinguir entre alianças simétricas e homogêneas e alianças assimétricas e heterogêneas. A razão de se fazer a distinção entre as alianças simétricas e homogêneas e as alianças assimétricas e heterogêneas é que existem alianças que foram estabelecidas conscientemente e cujo objetivo é também ele consciente, pelo menos em parte, mas cujas tramas, conteúdos e objetivos são inconscientes.

As alianças simétricas são estabelecidas entre dois ou mais sujeitos que investem de maneira bastante igual nelas: por exemplo, as alianças amorosas entre adultos, ou no pacto denegativo. As alianças assimétricas são impostas em partes desiguais aos sujeitos da aliança vinculados por uma relação de dependência, imposição ou influência: elas prevalecem nas relações adulto-criança, nos contratos perversos, nas relações de poder (desigual).

As alianças são homogêneas quando do ponto de vista tópico elas o são para todos os sujeitos inconscientes (ou conscientes). Na maior parte das alianças que examinaremos, os sujeitos são inconscientes dos conteúdos da aliança e da própria aliança. Existem alianças homogêneas (e simétricas) que caracterizam as alianças estruturantes secundárias (pacto fraterno, alianças com o pai, contrato de renúncia).

Mas em outros casos, alguns sujeitos de uma aliança estão conscientes ou parcialmente conscientes daquilo que para eles está comprometido em sua relação, enquanto que outros estão inconscientes. As alianças que selam suas relações são alianças heterogêneas: é o caso de alguns contratos perversos ou quando prevalece o recalque em um e a negação ou a desaprovação no outro.

2ª Parte
AS ALIANÇAS ESTRUTURANTES

Nessa segunda parte, trataremos das alianças estruturantes. As alianças são estruturantes num duplo sentido: elas estruturam o espaço psíquico do sujeito e o de suas relações, qualquer que sejam as configurações destas. Considerá-las como estruturantes significa que elas reúnem, agenciam, diferenciam e constroem a matéria psíquica (suas formações e seus processos) e a realidade psíquica que resulta disso, no espaço interno e no espaço das relações.

O contrato narcísico é a principal aliança estruturante. Ela pode ser declinada em diversos tipos de contratos, mas também em suas diversas derivativas patogênicas, como o demonstram diversas análises clínicas. Ele é posto em ação e transforma-se por ocasião das crises fundamentais da vida, em suas passagens críticas: adolescência, crises da maturidade, entrada na velhice, mas também nos lutos e separações.

Outro conjunto de alianças inconscientes estruturantes é o que põe em ação, de modo discreto, a repressão e seus diversos destinos. O pacto dos Irmãos, a aliança simbólica com o Pai, a renúncia à satisfação imediata dos objetivos pulsionais ancoram-se sobre os três interditos fundantes: o interdito do incesto, o interdito antropofágico, o interdito do assassinato. Todas essas alianças são sustentadas por diversas modalidades de sublimação, sobre as articulações entre o espaço psíquico do sujeito e o dos conjuntos ou grupos. Que elas são estruturantes significa dizer que são dinâmicas, e por isso mesmo, conflituais.

Capítulo 3.
As alianças estruturantes primárias: o contrato e o pacto narcísicos

As alianças de base são as mais banais, as mais intensas e são elas que sustentam as relações até as mais conflitivas. Entre essas, distingui as alianças de afinação entre a mãe e o bebê, as alianças que se fundam sobre as primeiras experiências de prazer compartilhado e sobre a ilusão em comum. Existem alianças estabelecidas para a realização de desejos que não poderiam ser satisfeitos sem o concurso de outrem e sem o interesse que esse tem ao contratar ou estabelecer tal aliança para realizar seus próprios desejos. Essas alianças do desejo são, por um lado, sustentadas pelo desejo de aliança. Elas não são possíveis senão tratar-se do negativo. Elas requerem que cada um de seus parceiros reprima ou rejeite o que ele experimentou como perigoso para si e para a relação com o outro. Todas essas alianças realizam-se sobre bases fantasmáticas e oníricas, sobre identificações e mecanismos defensivos cujos conteúdos e processos devem ser relacionados às diversas modalidades do desejo inconsciente nas e por meios dessas alianças.

O contrato narcísico: conceito e problemática

O contrato narcísico é uma figura complexa de alianças estruturantes primárias inconscientes. Ele é uma das alianças de base, na medida em que os investimentos narcísicos que ele requer e que ele administra estão na origem da relação e da aliança de *afinação* primária entre o bebê e seu primeiro conjunto intersubjetivo. O contrato narcísico é também uma das primeiras alianças estruturantes necessárias para o desenvolvimento da vida psíquica. Enfim, ele comporta uma possibilidade de derivada alienante e patológica.

As origens freudianas do contrato narcísico

Uma breve retomada das principais ideias de Freud sobre o narcisismo não é de modo algum inútil para compreender a gênese dessa ideia. Em 1914, no *Sobre o narcisismo: uma introdução*[1] Freud descreve isso sob quatro aspectos principais: como perversão sexual; como etapa no desenvolvimento psíquico, entre o autoerotismo e amor objetal; como investimento libidinal do Ego; como escolha do objeto distinto da escolha do objeto por apoio.

O modelo que ele de início propõe é exclusivamente intrapsíquico. Ele descreve o narcisismo primário como uma situação psíquica na qual o Ego, no início da vida psíquica, seria originalmente investido pela pulsão e capaz de satisfazer suas pulsões sobre ele mesmo (nele mesmo). As pulsões de autoconservação são de natureza libidinal; a libido narcísica é dessas pulsões: as pulsões sexuais tomaram o Ego como objeto de amor, um amor por si mesmo. Mais tarde, uma parte desse narcisismo é cedida a outros objetos: a oposição entre os investimentos libidinais do Ego e aqueles do objeto organiza-se nesse movimento de objetalização.[2]

---

1 FREUD, S. *Sobre o narcisismo: uma introdução*. In FREUD, S. Edição Standard brasileira das obras psicológicas completas. Rio de Janeiro: Imago, (1914) 1979, vol. 14, pp. 89-122.

2 A teoria do apoio, suporte ou do objeto anaclítico (*Anlehnung*) separa e articula a autoconservação, o narcisismo e o sexual, este entendido como paradigma daquilo que se constituirá, salvo a fetichização, como alteridade. "As pulsões sexuais encontram os seus primeiros objetos como anaclíticos sobre os valores reconhecidos pelas pulsões do Ego, do mesmo modo como as primeiras satisfações sexuais são experimentadas por substituição (por apoio) sobre as funções corporais necessárias à conservação da vida". A mesma ideia será retomada em 1914 nesta passagem do *Sobre o narcisismo: uma introdução*: "As pulsões sexuais se apoiam de início sobre a satisfação das pulsões do Ego, das quais elas não se tornam independentes senão somente mais tarde; mas este apoio continua a se revelar no fato de que pessoas que têm alguma perturbação com alimentação, com os cuidados com a saúde, a proteção de crianças tornam-se os primeiros objetos sexuais; isto ocorre em primeiro lugar com a mãe ou seu substituto". Cf. S. FREUD Contribuições à psicologia do amor I: Um tipo especial de escolha de objeto feita pelos homens.

Freud descreve a libido narcísica recorrendo a duas metáforas: a do "grande reservatório" de onde partem os investimentos do objeto e a da massa protoplasmática que envia seus pseudópodos para o mundo exterior e se retrai. A esse aspecto dinâmico e de nutrição opõe-se a noção de que o narcisismo seria também um lugar ou um espaço de tendências à regressão em fixações patológicas.

Uma outra consideração vem agregar-se a essa primeira: quando, desde as primeiras páginas de seu texto, Freud situa a questão do narcisismo na oposição entre a libido do Ego e a libido do objeto, mantendo o apoio sobre essa oposição, o narcisismo inscreve-se em seguida numa outra perspectiva. Ele realça o duplo estatuto que conduz o indivíduo a levar uma dupla existência: "Enquanto ele é ele mesmo o seu próprio fim, e enquanto ele for membro de uma cadeia à qual ele se sujeita contra sua própria vontade ou pelo menos, sem a intervenção dessa".[3] Dessa cadeia ele é servidor, beneficiário e herdeiro. Mesmo que Freud não fale nada sobre a conflitualidade interna desse duplo estatuto ou sobre a organização das relações entre a cadeia e os elos, está ali um primeiro ponto de apoio para se pensar o conceito de contrato narcísico.

Além dessa primeira proposição, duas outras ainda chamam nossa atenção em vista da questão das alianças inconscientes. A segunda ideia é a de que a criança venha ser alimentada pelo narcisismo parental e isso sustenta o narcisismo do bebê.[4] Os pais fazem com que o bebê seja o portador de seus sonhos de desejos não realizados e eles os sustentam por ele mesmo em seu narcisismo, do mesmo modo como seria através

---

In FREUD, S. Edição Standard brasileira das obras psicológicas completas. Rio de Janeiro: Imago, (1912) 1979, vol. 11, p. 103; S. FREUD, *Sobre o narcisismo: uma introdução*. In FREUD, S. Edição Standard brasileira das obras psicológicas completas. Rio de Janeiro: Imago, (1914) 1979, vol. 14, pp. 103-104.

3 FREUD, S. *Sobre o narcisismo: uma introdução*. Edição Standard brasileira das obras psicológicas completas. Rio de Janeiro: Imago, (1914) 1979, vol. 14, p. 94.

4 Mais tarde essa ideia tornou-se até familiar. Winnicott chamou a atenção para o fato de que o narcisismo primário do bebê seria um prolongamento do narcisismo da mãe, cuja visão é para o bebê um espelho.

deles que o desejo das gerações precedentes sustentou, positiva ou negativamente, sua vinda ao mundo e a sua proteção narcísica:

> *"'His Majesty the Baby' [...] realizará os desejos que os pais não puderam pôr em prática, ele será um grande homem, um herói, no lugar do pai; ele esposará uma princesa, compensação tardia para a mãe. O ponto mais espinhoso do sistema narcísico, é o da imortalidade do Ego que a realidade lança no rosto, encontrou um lugar seguro refugiando-se no bebê."*[5]

Realçamos aqui dois aspectos desse investimento e veremos que os mesmos não são anódinos: a dimensão do *negativo* que percorre e sustenta a cadeia sobre a qual se apoiam mutuamente a formação do narcisismo primário da criança e aquela dos pais.[6] A criança que se torna o duplo, conforma-se (que se forma) às exigências do narcisismo dos pais e àqueles do Ideal de Ego do meio ambiente social, torna-se assim, também, necessariamente, o inquieto, o desconhecido, o estrangeiro e até, quem sabe, um inimigo.

Quando o processo intersubjetivo assume sua função, um dilema se apresenta: ou então, se identifica na forma de espelho ao objeto que o outro investe narcisicamente para essa função e lugar, ou recusar o outro em sua escolha de objeto narcísico em razão da função e do lugar que essa escolha implica; ser investido como parte do outro, como seu prolongamento, como aquilo que ele queria ser, como seu tapa-buracos.

A terceira ideia importante é a de que o Ideal de Ego é uma formação comum à psique singular e aos membros do grupo ou meio social. No campo da psique, ele contém as proibições (os interditos) que sustentam

---

77 FREUD, S. *Sobre o narcisismo: uma introdução*. Edição Standard brasileira das obras psicológicas completas. Rio de Janeiro: Imago, (1914) 1979, vol. 14, p. 108. Em inglês no original de Freud (NT).

6 Se seguimos Freud quando ele fala de apoio (anaclítico, *die Anlehnung*) do narcisismo primário da criança sobre o investimento narcísico que ele recebe dos pais, podemos precisar que se trata de um co-apoio: a criança sustenta por sua vez o dos pais realizando os seus sonhos de desejos irrealizados. Sobre esse assunto cf. KAËS, R. Étayage et Structuration du Psychisme. Connexions, 1984, 44, pp. 11-48

as relações intersubjetivas. No campo social, ele é o aporte do narcisismo das "pequenas diferenças" entre os grupos, mas esse aporte não é sustentado senão pela adesão dos sujeitos ao ideal narcísico comum e compartilhado que fundamenta o contrato narcísico.

O conceito de contrato narcísico em P. Castoriadis-Aulagnier

Através da apresentação, em 1975, do conceito de contrato narcísico, Aulagnier dá um passo adiante na compreensão dos efeitos psíquicos da inscrição do narcisismo na relação. Para Aulagnier, esse contrato não é somente aquele que inscreve o *infans* na relação mãe-criança, é também o que inscreve mais amplamente na relação pais-criança. É ele que pactua as condições de um "espaço onde o *Eu* pode vir a ser" tendo em mente as exigências próprias do grupo, mais amplamente ainda, com o meio ambiente social e cultural no qual são estabelecidas as relações intersubjetivas mais condicionadas. Para Aulagnier como para Winnicott, o espelho materno não seria só e unicamente alienante. Desprender-se da obsessão da captação imaginária permite assinalar e compreender como ele realiza uma função estruturante na organização intrapsíquica e na relação intersubjetiva.

Um tal contrato qualifica um aspecto fundamental da aliança que vincula cada sujeito a um conjunto de sujeitos intersubjetivos onde ele nasce para a vida psíquica. Cada neonato vem ao mundo num grupo e é convidado a ser sujeito como sendo portador de uma missão: a de garantir a continuidade do grupo e das gerações sucessivas, segundo um modo bem particular que lhe é assinalado no termo do *contrato* profundamente relacionado com a economia narcísica. Para assegurar essa continuidade, o grupo ou conjunto de pessoas deve, por sua vez e na forma de intercâmbio, investir narcisicamente esse novo indivíduo. Assim cada neonato, cujo estatuto psíquico é, desde antes de seu nascimento, o de um sujeito do grupo, encontra um lugar já designado no contexto humano, um lugar de que ele terá necessidade para se desenvolver e para que o grupo se mantenha. Considerada sob esse ângulo, a função principal do contrato é a de manter a continuidade do investimento de autoconservação, para cada sujeito e para cada grupo humano do qual este é parte constituinte.

Vemos assim como o conceito de contrato narcísico desenvolve as premissas inauguradas por Freud em seu estudo de 1914. Em seu conteúdo e forma, o contrato é aquilo que torna possível que o sujeito seja "para ele mesmo seu próprio fim" e elo, servidor, herdeiro e beneficiário do grupo ou contexto humano do qual ele é membro. Podemos ir mais adiante e pensar que o investimento narcísico que, em cada indivíduo, torna possível a realização de seu fim, não pode ser verdadeiramente sustentado senão na medida em que uma cadeia (conjunto de seres humanos) investe narcisicamente esse sujeito como portador de sua continuidade. O contrato narcísico ilustra o que entendo por apoio mútuo da pulsão, aqui, no caso, a pulsão de autoconservação e de seus componentes narcísicos.

Aulagnier deu um amplo alcance a essas proposições: o contrato narcísico designa aquilo que é o fundamento de toda e qualquer relação possível sujeito-sociedade, indivíduo-grupo, discurso singular e referente cultural. Esse contrato – assimétrico, uma vez que precede o sujeito – não somente atribui a cada um um lugar determinado, oferecido pelo grupo e significado pelo conjunto de vozes que, antes mesmo da aparição do que acaba de chegar, já apresentam um discurso conforme com o mito fundador do grupo. Ele requer também que esse discurso, que inclui os ideais e os valores, seja retomado como seu por cada novo sujeito. É, a propósito, por esse investimento narcísico e por esse discurso que cada sujeito estará vinculado ao Ancestral fundador.

A razão fundamental desse contrato é a de interditar o incesto; claramente é importante controlar a violência que esse interdito gera por conta da continuidade do narcisismo de vida nas relações entre gerações. A criança não pode constituir-se como sujeito da filiação senão no encontro com o interdito do incesto, mas ele não pode vir a ser um sujeito senão por ter, de início, sido sonhado pelos seus pais (ou pelos seus avós) como o seu prolongamento narcísico. Freud realçou muito bem como o *nexus* narcísico das gerações é o ponto nevrálgico de todo o conjunto do sistema narcísico. É nesse contexto que ele enuncia o duplo estatuto do indivíduo, "para si mesmo o seu próprio fim, e elo de uma cadeia" intersubjetiva e intergeracional.

Gostaria de insistir sobre esse ponto que, no contrato narcísico, lida-se com a solicitação do sujeito diante de um lugar que será ocupado no contexto e numa conjunção da subjetividade. A violência inerente desse contrato deve ser sublinhada. O fato de que ela se acentua por excessos ou por ocasião de um fracasso, não leva senão a pôr em relevo a questão diante da qual cada sujeito estará sempre sendo confrontado: apropriar-se de um lugar, reconhecer o seu lugar. Essa apropriação subjetiva e essa subjetivação se produzem na relação com o outro e com o grupo; o mesmo vale para a apropriação da subjetividade alienada.

O contrato narcísico realiza, assim, uma função muito importante na formação das orientações identificadoras. O fato de que ele seja transmitido e imposto indica aqui o alcance intergeracional e sua dimensão fundadora não deve, aqui ainda, ocultar suas potencialidades alienantes, ainda que o contrato narcísico seja de início, dotado dessa função capital: assegurar à criança, como contrapartida de seu investimento de grupo, "o direito a ocupar um lugar independente do veredito parental somente".[7]

Essas proposições qualificam os aspectos estruturantes do contrato narcísico. Ele abre o caminho para pensar que as relações com os pais são independentes da organização singular do sujeito do mesmo modo que as leis que regem a organização da sociedade são independentes da organização familiar. O acesso a essa representação e a essa passagem do indivíduo ao universal, exige um processo de singularização que põe

---

7 CASTORIADIS-AULAGNIER, P. La Violence de l'Interprétation. Du Pictogramme à L'Énoncé. Paris: Le Seuil, 1975, p. 189.

em cheque as aderências imaginárias e alienantes incluídas no contrato narcísico, mas isso é a porta que dá para o acesso ao simbólico. Nesse processo de singularização reside o motor do processo da subjetivação.[8] Tornar-se um *Eu* é inventar uma temporalidade do projeto e tornar-se diferente para o grupo e para os sujeitos que são ao mesmo tempo os elos, os servidores, os beneficiários e os herdeiros.

Extensões do conceito

Três tipos de contratos narcísicos: originário, primário e secundário

Os aportes básicos, estruturantes e alienantes, do contrato narcísico podem ser aclarados se distinguirmos três tipos desse contrato.

No *contrato narcísico originário*, Freud de um certo modo adianta seu sentido, em 1914, onde ele apresenta a ideia de um narcisismo originário, fundador. Esse contrato está fundamentado sobre uma identificação de base que Racamier designou de identificação do Ego à espécie humana. Esse contrato de afiliação narcísica à espécie humana recebe e exige investimentos a serviço da autoconservação da espécie e do indivíduo; é um anel elementar, mas indispensável para esse contexto intergeracional. O padrão de reação desse tipo de contrato manifesta-se em seus efeitos devastadores uma vez que, na destruição do outro, trata-se essencialmente de destruir sua pertença à humanidade: esse é objetivo dos genocídios.

O *contrato narcísico primário* é pactuado no grupo primário, no seio de contexto social, através dos investimentos narcísicos dos pais nos cenários de *alocação*, dos enunciados da palavra, do mito, das orientações de identidade. Todos esses casos de investimento servem ao mesmo tempo o contexto e o indivíduo: esse não mais pode constituir-se como um elo

---

[8] Quanto a isto, cf. RICHARD, F. WAINRIB, S., et al. (Ed.), La Subjectivation. Paris: Dunod, 2006. Nessa obra, considere-se em especial as contribuições de R.Cahn, S. Wainrib, F. Richard, C. Chabert, R. Roussillon e R. Kaës.

somente, mas como um servidor, como um beneficiário e como um herdeiro do contexto. A evolução desse contrato e seus impasses alienantes, especialmente na adolescência, não são levados em conta por Aulagnier.

Para dar conta disso, é útil introduzir o conceito de *contrato narcísico secundário* embasado sobre o narcisismo secundário. Esse contrato é estabelecido nos grupos secundários, fora da família, nas relações de continuidade, de complementaridade e de oposição com os contratos narcísicos originários e primários. Não somente ele redistribui os investimentos, mas ele é também uma ocasião de questionamento e de uma retomada mais ou menos conflitual dos assujeitamentos narcísicos às exigências do contexto humano, tais como os dois primeiros contratos definiram os mesmos. Todas as mudanças das relações entre o sujeito e o contexto, toda a pertença ulterior, toda e qualquer nova adesão a um grupo questiona – põe em cheque – e em alguns casos enseja até processos elaborativos, dos aportes desses contratos.[9]

Esses três tipos de contratos estão a serviço da vida. O primeiro e o terceiro são contratos de afiliação (ao espaço, ao grupo particular); o segundo é um contrato de filiação, e pactua-se dentro do contexto familiar. Esses contratos são *empacotados* mas eles podem entrar em conflito. Na realidade, eles entram em conflito cada vez que os aderentes – os que assumem o contrato – imaginários e alienantes que estão incluídos no contrato narcísico fecham a passagem do indivíduo ao universal ou do universal ao singular, e barram assim um caminho de acesso ao simbólico.

Estamos assim diante de duas questões: como garantir ao contrato narcísico, que comporta uma parte de violência estruturante pelo fato do qual ele é imposto, não venha a ser um contrato de violência destrutiva, um contrato de narcisismo de morte? Correlativamente, como

---

[9] Foi nesse sentido que opus e articulei "filiação" e "afiliação". KAËS, R. *Filiation et Affiliation*. Quelques aspects de réélaboration du roman familial dans les familles adoptives, les grupes el les institutions. *Gruppo,* 1985, 1, pp. 23-46; também publicado com algumas alterações em: KAËS, R. *Filiation et Affiliation*. Quelques aspects de réélaboration du roman familial dans les familles adoptives, les grupes el les institutions. *Le Divan Familial,* 2000, 5, pp. 61-78.

pode ser assegurada a estruturação narcísica do sujeito e do contexto quando o contrato fracassa, ou quando ele é deficitário ou avariado? Para se trazer elementos de resposta a essas questões, são necessárias outras considerações.

Os termos para o intercâmbio e os avalistas do contrato narcísico

O contrato narcísico é um exemplo de contrato assimétrico: ele precede o sujeito e é imposto a ele; a esse não resta senão aderir ou se subtrair, estruturar-se ali com ele ou alienar-se. Em sua função estruturante, o contrato organiza os termos de um intercâmbio: ele prescreve um lugar para o sujeito no contexto com a condição de que o sujeito contribua para a continuidade e para a conservação do contexto. Ele assegura o crescimento do contexto humano e as condições necessárias para a ancoragem narcísica da vida psíquica do sujeito. Por fim, é de responsabilidade do narcisismo primário do Ego individual que ele contribua para fundamentar uma parte que assegure a continuidade do grupo, com a condição da continuidade de si. Com essa imposição, ele aloca (e impõe) um Ideal do Ego compartilhado e sujeitos comuns que devem ser investidos narcisicamente.

O investimento narcísico e a noção de antinarcisismo

O convite a investir no contexto como sendo um dos termos do intercâmbio narcísico enseja a presença da contribuição, da parte do sujeito, daquilo que F. Pasche designou como antinarcisimo.[10] O antinarcisismo caracteriza a tendência original do Ego a declinar de sua competência à sua própria substância e a ceder uma parte de sua libido em proveito daquilo que está fora. Podemos então conceber que na base narcísica da relação, os contatos econômicos entre o narcisismo e o antinarcisismo formam as principais condições desse contrato e que o contrato consiste do balanço equilibrado dessa economia. A *despesa*

---
10 PASCHE, F. *L'Antinarcissisme*. Revue française de psychanalyse. 1964, 29, 6-5, pp. 503-518.

narcísica é necessária, e a questão é a da relação entre o investimento, a liberdade de circulação dos investimentos, os ganhos e perdas contabilizadas. Essa questão tem um alcance amplo, entretanto ela se coloca de um modo agudo na adolescência e também cada vez que as escolhas ou as necessidades envolvem o sujeito com novas relações: vínculos amorosos, adoção de uma criança, afiliação a novos grupos de pertença, confrontação com novas configurações culturais.

Originalmente, o contrato foi estabelecido sobre uma desigualdade funcional e hierarquizada; ele deve levar à adesão e à influência que, pelo movimento de identificação e os ideais, imprimem seu pensamento e sua vontade ao contexto e sobre o novo membro. Na realidade, cada vez que ele se renova, coloca em tensão as relações de forças desiguais. E dessa assimetria, ou dessa desigualdade, resulta uma dívida narcísica que cada sujeito busca quitar segundo diversas modalidades. Essas modalidades podem ser imaginárias ou simbólicas, dar-se através de seus investimentos de transmissão no grupo de contemporâneos ou da descendência.

Os avalistas do contrato narcísico

O contrato narcísico cuja estrutura participa diversos tópicos, dos quais uma face diz respeito ao lugar social e outra a economia intrapsíquica, exige diversos tipos de avalistas. Os avalistas de que se trata aqui constituem as condições necessárias para que o contrato inscreva-se num processo simbólico e realize sua função estruturante.

Mais próximo da experiência corporal, emocional e linguística, o contrato narcísico é posto em ação pela mãe *em nome do* Contexto. Isso que a mãe recebe como mandato, que faz dela uma *atriz* e uma avalista diante da criança, organiza-se nos relacionamentos que o contrato narcísico mantém com o poder e a autoridade (culturais, religiosos e políticos), esses por sua vez, fundamentados também, em avalistas metassociais. Entre esses avalistas, o mito e a autoridade desempenham um papel fundamental.

O contrato narcísico inclui esses avalistas naquilo que os constitui: o discurso de certeza fundamentado na autoridade. É ele que confere o caráter de argumento indiscutível, sagrado e universalmente reconhecido que prevalece sobre tudo o mais. Essa autoridade dos valores recebidos deve suscitar a adesão; ela participa por sua vez da organização da relação social e da estruturação psíquica.

A autoridade procede da organização das relações e dos contatos que ela estabelece para assegurar o suporte narcísico dos sujeitos que podem, com essa condição, aceitar a autoridade da tradição e receber uma segurança suficiente para interpretar o mundo.

O contrato narcísico pode ser estruturante e ao mesmo tempo, princípio de crescimento; ele exige uma série de mediações que "ultrapassam o imediato da presença mútua dos indivíduos".[11] É a função das instituições da cultura, da tradição e dos instrumentos de transmissão.

Isso é assim em todos os contratos: uma regra geral, um avalista que é um representante do contexto (de um grupo, de instâncias morais e jurídicas, de outros externos e de outros interiorizados por cada um) que detêm o poder de *alocar* e de controlar o andamento do contrato entre cada sujeito e o contexto, segundo os termos do contrato. Praticamente, a questão é saber se o avalista garante efetivamente um processo de simbolização ou se *pactua* uma aliança alienante, perversa e psicotizante.

O inconsciente no contrato narcísico

Até o momento abordamos a questão de se saber o que é que faz do contrato narcísico uma aliança inconsciente. O contrato narcísico mobiliza diversos tipos de processos constitutivos do inconsciente. O

---

[11] "Os signos transmissíveis garantem, para além do aparecimento dos indivíduos, a continuidade de uma tradição no interior da qual as relações individuais passam a ser significadas ao mesmo tempo o imediato de uma situação interindividual e uma totalidade que as carrega de um sentido segundo. Nesse sentido, os signos relacionais são carregados de um valor simbólico irredutível à simples validade funcional da linguagem e dos signos sociais." SECRETAN, Ph., Autorité, Pouvoir, Puissance. Principes de Philosophie Politique Réflexive. Lausanne: L'Âge D'Homme, 1969, p. 235.

primeiro é a parte que remete ao caráter inconsciente da pulsão, isto é, os investimentos pulsionais e seus representantes. Se seguirmos o modelo freudiano de 1914, dois grupos de pulsões então em ação, de um modo complementar e antagônico.[12] De um lado, as pulsões de autoconservação (ou pulsões do Ego) cujo objetivo é preservar e garantir ao Ego sua própria existência, "seu próprio fim"; de outro lado, as pulsões sexuais que asseguram a perenidade da espécie ou, por metonímia, a do grupo.

No quadro do primeiro tópico, pode-se admitir que, o que é reprimido no contrato narcísico é a parte que remete aos conflitos entre os representantes dessas pulsões: o conflito entre a libido narcísica das pulsões de autoconservação e a libido igualmente narcísica que se vincula aos investimentos antinarcísicos do contexto e de seus representantes. Esse conflito mistura os afetos correspondentes, pode representar-se nos termos da violência fundamental descrita por J. Bergeret: "ou eles ou eu"; seriam os componentes destrutivos ligados a essa violência que devem ser reprimidos.[13]

O que deve então ser reprimido teria diversos objetos: o desejo do assassinato, não de um modo geral o assassinato do outro, mais precisamente do novo que está vindo. O neonato não é somente um elo que assegura a perenidade do grupo, mas ele é também um duplo, um intruso inquietante, um estrangeiro. Essa seria então a angústia diante do desconhecido e diante da ideia de seu assassinato que sustentaria a parte inconsciente do contrato e se constituiria no negativo: não matá-lo, não fazer dele um estrangeiro, portanto, um inimigo em potencial.

O desejo de assassinato é também suscitado por feridas psíquicas, decepções ou sofrimentos infligidos aos *sonhos* de desejos irrealizados por quem quer que seja, desde antes de seu nascimento. "Sua majestade o bebê" portador do narcisismo dos pais, um herói e um *imago* da perfeição.

---

12 FREUD, S. *Sobre o narcisismo: uma introdução*. Edição Standard brasileira das obras psicológicas completas. Rio de Janeiro: Imago, (1914) 1979, vol. 14, p. 89ss.

13 BERGERET, J. La Violence Fondamentale. Paris: Dunod, 1984.

Tal desejo nos cenários fantasmagóricos, deve também ele ser reprimido e, desse ponto de vista, o contrato narcísico é um instrumento colocado em ação para garantir que os descendentes não derroguem essa esperança. É por isso que, na adolescência especialmente, mas de um modo mais amplo em todas as ocasiões de um remanejamento dos fundamentos narcísicos de seus lugares, produz-se uma digressão em relação ao contrato narcísico de base. Esse contrato é questionado quando ele não garante à criança, a contrapartida de seu investimento no grupo, "o direito de ocupar um lugar independentemente do veredito parental somente".[14] Ele vem acompanhado de um retorno do recalcado e enseja a presença de conflitos entre as exigências narcísicas e as do contexto social.

O enquadre da segunda tópica abre outras perspectivas para qualificar a dimensão do inconsciente no contrato narcísico. Pela introdução de outro dualismo, Freud sustenta que o objeto do narcisismo é ao mesmo tempo pulsão de vida, que ele participa ativamente na vinculação de todas as partes no *Um*, e que ele é o objeto da pulsão de morte, objeto inanimado e *desmentalizado* do narcisismo destrutivo.[15] O contrato é pactuado no âmbito dos conflitos entre esses dois componentes.

Para além dos acentos que privilegiam as duas tópicas freudianas, uma função constante, inclusa no contrato, está a serviço da função repressora: o Ideal do Ego exerce essa função sobre cada um dos membros do grupo. Ao mesmo tempo em que ele garante o narcisismo das "pequenas diferenças" ele é uma formação psíquica do comum e do compartilhado que obriga os sujeitos do contrato a respeitarem os termos do contrato (no grupo), em nome do Ideal.

---

14 CASTORIADIS-AULAGNIER, P. La Violence de L'Interprétation. Du Pictogramme à L'Énoncé. Paris: Le Seuil, 1975, p. 189.

15 Sobre a natureza das relações do objeto nos narcisismos em sua relação com a segunda tópica veja: GREEN, A. *Pulsion de mort, narcissisme négatif, fonction désobjectalisante*. In GREEN, A., IKONEN, P., LAPLANCHE, J., RECHARDT, E., Widlöcher, H., YORKE, C. (Ed.) *La Pulsion de Mort*. Paris: PUF, 1986, pp. 49-59.

Os obstáculos do contrato narcísico

Freud e Aulagnier colocaram a criança no lugar de depositário do narcisismo parental, de seus "sonhos de desejos não realizados". O *infans* é tido, sustentado e de algum modo detido no âmbito dos desejos daqueles para quem ele é objeto ambíguo e em alguns casos, trágico. Quando os sonhos não se realizam, eles causam aos pais uma ferida narcísica que, quando ela for grave, poderá tornar difícil para o pequeno sujeito encontrar de novo seu lugar e realizar seu próprio fim. Podemos observar esses obstáculos na clínica quando a criança, os pais ou o contexto da família não estão em condições, por razões diversas, de pactuar relações nos termos de um contato narcísico estruturante ou quando se produz uma carência de investimento narcísico na criança bastante prejudicada (atrofiada) ou marginal. Vejamos alguns exemplos.

O contrato narcísico e a ferida da "criança insuficientemente boa"

F. André colocou em evidência, a partir de sua prática de psicoterapia psicanalítica de família, o sofrimento que é suscitado em alguns pais, o nascimento de um bebê com malformação: pode acontecer que essa criança seja vivenciada como "insuficientemente boa" e como um ataque ao narcisismo parental e familiar.[16] Nos casos estudados, a criança torna-se depositária de partes não elaboradas, negativas, de membros da família: a criança "insuficientemente boa" decepciona sua esperança de uma criança que sustentaria o seu narcisismo. Vemos aqui que a criança não é em si "insuficientemente boa": ela está, no caso, na conjunção dos narcisismos feridos. Nessas condições, a criança não dá os sinais esperados que constituem os pais "em pais suficientemente bons". O que passa a ser um sofrimento para os pais é a dificuldade de reconhecer nessas crianças uma identidade humana, uma identidade que as reconheça

---

16 ANDRÉ, F. L'Enfant "Insuffisamment Bon" en Thérapie Familial Psychanalytique. Lyon: Presses Universitaires de Lyon, 1986.

como semelhantes do ponto de vista parental. Nos casos tratados por F. André, as depressões consecutivas nos pais têm uma incidência direta (mas não automática) sobre a formação do narcisismo na criança. O apoio do narcisismo é então insuficiente e ele não recebe e nem restitui aporte vital narcísico algum capaz de manter a relação primária e a aliança de afinação entre o bebê e a mãe.

De eso no se habla (Disso não se fala), um filme de M. L. Bemberg

Eis um exemplo de contrato narcísico alienante: ele mostra também o que seja uma aliança heterogênea e assimétrica. Trata-se de um filme de uma cinegrafista argentina, Maria Luísa Bemberg – *De eso no se habla* – de 1993 que narra como Leonor, uma mãe viúva, não aceitou jamais reconhecer que sua filha Charlotte seja anã. O lugar em que ela vive na aldeia permite-lhe impor uma negação de sua enfermidade a todos os de seu círculo de amizade e a todos os que se aproximam da filha. Por dó delas, os homens escondem seus pensamentos, salvo um ou outro deles, Ludovico um velho bonitão gozador apaixona-se pela moça e comete a *injúria fatal*: ele lhe oferece um pônei branco, o retorno parcial de um recalque bem efetivado pela metade e cujo fracasso é insuportável pela mãe que sacrificou tudo por sua paixão pela filha e à negação de sua *enfermidade*. Ludovico termina por pedir Charlotte em casamento, mas a mãe continua a dedicar todos os esforços para manter a filha isolada.

O fim da história revela a trama desse pacto de negação imposto e seu inevitável fim. O que a mãe recusa, acaba por realizar-se: percebendo um circo que passa ao longo de um cemitério, Charlotte o segue (ou se faz levar pelos forasteiros), tornando-se assim um objeto de espetáculo aos olhos de todos. Leonor se fecha sobre ela mesma e Ludovico desaparece no mar.

O conteúdo manifesto do pacto de silêncio que a mãe impõe a todos é perfeitamente consciente: d'*isso* não se fala, para não ter que se confrontar com a enfermidade irreparável da filha e com a ferida materna.

Mas o que não deve verdadeiramente ser pensado, nem vir à consciência, é também o gozo perturbado que o nanismo da menina suscita nos homens. É especialmente disso – do *isso* – que não devo falar, não por conveniência social, mas por recalcamento dos pensamentos sexuais insuportáveis. Mas *isso*, o inconsciente dá um jeito de proclamar, bem como ele dá um jeito para realizar precisamente o que a mãe recusa para a filha, ao ponto que podemos nos perguntar se isso não seria um fantasma, ou se não, um voto secreto e indizível da mãe. Pacto negativo e aliança assimétrica construída sobre a negação na mãe e denegação nos demais, seu drama ou aporte toca o narcisismo.

A partir dessa situação dolorosa, é possível generalizar uma proposição: a falha narcísica que brota na relação primária suscita um sentimento crônico de depreciação e de vazio, e como defesa contra o afeto depressivo, uma autoapreciação exagerada. Está ali uma configuração que poderia conduzir a adolescente e o adulto a procurar incessantemente uma afiliação narcísica por meio de identificações alienantes com *Ideais do Ego* e pela colagem *adesiva* a grupos e a bandos.

A peça de teatro de A. Miller – *A morte do caixeiro viajante* – nos oferece outro exemplo de pacto narcísico: Um homem perde seu emprego e chega ao fim de sua vida de caixeiro viajante. Seus sonhos grandiosos de realizações se reavivam tragicamente quando, lutando para não decepcionar sua mulher e seus dois filhos, exige de um entre eles que, então, seja bem sucedido de qualquer modo, ali onde o pai fracassara. A violência cresce *pari passu* em que o pai constrói seu delírio narcísico e o filho recusa a se fazer coincidir com o ideal tirânico do pai que se mostra fraco e miserável.

O pacto narcísico

As análises precedentes deixaram claro algumas consequências das dificuldades de se estabelecer o contrato narcísico, ou as rupturas que ele sofre. Gostaria de explorar agora as derivadas alienantes. Nesse caso, trata-se de coisa diversa da conflitualidade inerente à necessidade de "ser por si mesmo e para o próprio fim" e de ser o elo, herdeiro e servidor na cadeira intersubjetiva onde cada um encontra seu lugar. Trata-se de fidelidades afetivas e da restrição da liberdade de pensar impostas ao sujeito em vista de benefícios que outrem (ou de um grupo de outros) pode vir a obter. As distorções e as clivagens de Ego são as consequências mais normais disso que nomearemos de pacto narcísico, um pacto em que as variações desnudam as dimensões perversas ou psicóticas.

Aos contratos narcísicos originários, primários e secundários, que contêm uma parte da violência estruturante, oponho o *pacto narcísico*. Designo por esse termo uma atribuição ou citação imóvel e unívoca ou mútua de uma *alocação* com perfeita coincidência narcísica: essa alocação não admite deslocamento algum, uma vez que qualquer deslocamento ensejaria a presença de uma abertura na continuidade narcísica. O pacto narcísico é mortífero. Tal pacto contém e transmite a violência destrutiva.

Um exemplo de estrutura intersubjetiva reificada pelo pacto narcísico é a "família" descrita por D. Laing.[17] Nesse caso de figura, as "famílias" internas de cada um devem ser estritamente idênticas, os lugares de cada um imutavelmente definidos por essa "família" comum e eles, os lugares, devem coincidir com o grupo familiar. Nessas condições, tudo o que acontecer vindo de dentro de cada um, é percebido e vivido como vindo do grupo e reciprocamente. O que Laing designa como a coimanência das relações familiares (o que exprimo pelo termo da isomorfia na relação grupal) fundamenta-se sobre um pacto narcísico, característico do grupo familiar psicótico, que não deixa aos seus membros possibilidade alguma de renúncia, contestação ou transformação.

A análise de Céline nos apresenta um exemplo de pacto narcísico.[18] Trata-se mais precisamente de um pacto narcísico perverso. Temos três gerações enoveladas nesse pacto narcísico.

---

17 LAING, R. D. La Politique de la Famille et Autres Essais. Paris: Stock, (1969) 1972.

18 Já apresentei diversas vezes o relato dessa análise, mas sempre considerando-o sob diferentes ângulos: da transmissão psíquica intergeracional dos movimentos da vida e da morte, o da grupalidade interna, o do sonho. Retomo-o aqui sob o ângulo do pacto narcísico.

Quando ela era ainda pré-adolescente, Céline havia recebido de sua avó um anel no maior segredo, sem o conhecimento de sua mãe. Esse presente ou dom estava vinculado ou misturado com um pacto: a menina deveria manter o anel escondido, enquanto a avó, que estava então gravemente enferma, vivesse. Quando sua avó morreu, um pouco mais tarde, ela sentiu-se apavorada e mesmo em pânico com a ideia de revelar o segredo, e experimentando uma culpa intensa ante sua mãe. O processo de tratamento a levara a considerar, não sem razão alguma, que sua mãe teria sido duplamente espoliada por sua própria mãe e por ela mesma, sua filha, num pacto que as vinculavam uma à outra. Mas na época, ela não poderia, evidentemente, ter acesso a essa representação.

Um pacto narcísico perverso: a história de Céline

Ela descobre agora o ódio que experimentava por sua avó, mas também por sua mãe: ela acusava essa última de não ter sabido nada daquilo que se passara entre sua própria mãe e sua filha. Se a mãe tivesse sabido alguma coisa isso lhe teria permitido protegê-la contra a avó, mas por outro lado, teria tido a certeza de ter traído sua ancestral.

O tratamento ou o cuidado psicológico orientou-se para uma análise dos sintomas que haviam suscitado seu conflito, depois ela *se definiu* melhor, quando *pôs em operação* a persistência desses sintomas. Não se tratava de uma simples resistência de Céline em abandoná-los e de remanejar sua economia interna, em razão da "complacência semântica" que eles reverberavam nela, como os benefícios psíquicos que se vinculavam a eles. Tratava-se antes de relacionar seus sintomas aos *aportes* do pacto que a mantinham vinculada à avó e à mãe. A análise tomou um novo rumo ou renascimento quando veio à luz aquilo que, antes de seu nascimento, tinha sido perturbador no desejo da mãe. Esta, com efeito, tinha dado à luz à menina depois de uma tentativa de aborto: a avó tinha exigido de sua filha que ela mantivesse a criança, e a mãe então a entregara assim à sua própria mãe. O anel havia assumido o valor de um objeto transgeracional perverso nesse pacto selado entre a avó e a neta, essa aliança que esvaziava ou desviava Céline de sua filiação materna, e a mãe de sua maternidade.

Trata-se aqui de um pacto narcísico: a avó se apossou do desinvestimento narcísico da criança em vias de nascer – feito pela mãe – para investi-lo na criança como se fosse sua própria filha. Desqualificando a geração que lhe sucede, ela não oferece a Céline nenhum lugar em que alguém pudesse se portar como o avalista no contexto, destinando "sua filha", roubada em segredo, a uma aliança contra a mãe. Podemos suspeitar ou mesmo verificar que entre a mãe e a filha tenha ocorrido um Édipo duplamente invertido. O resultado é que no contrato narcísico, sob três formas, as relações vivas não são *fabricadas* e não evoluem, a não ser no pacto narcísico; elas são fixadas sem transformação, polarizadas pelo narcisismo de morte.

Pudemos analisar a parte que remete a Céline, desse pacto narcísico que a precedeu. Ela, nessa parte, teria sido formada por alianças inconscientes internas onde teve que pactuar no conflito que opunha ao seu sujeito as gerações precedentes. A avó a havia salvo, mas ela lhe tinha imposto sua lei como fizera à mãe, e fazendo isso, havia alienado-a. Esse conflito de lealdade entre a mãe e a avó dividiu Céline: o sonho que abriu caminho para a análise dessa aliança – o sonho do tribunal – significou-lhe que a figura parental não havia arbitrado o conflito e filiação: no sonho, Céline pede justiça para essa alienação à figura materna arcaica.[19]

C. Vacheret relatou uma configuração clínica próxima dessa, isto é, a cura de uma de suas pacientes à qual a mãe e a avó haviam escondido a identidade do verdadeiro pai "para salvar a honra" da mãe e da família.[20] Para descrever essa alienação, C. Vacheret propõe com J. Bergeret a noção de *romance familiar narcísico*. Esse romance apresenta todas as

---

19 KAËS, R. La Polyphonie du Rêve. Paris: Dunod, 2002, pp. 160-164.

20 VACHERET, C. Le Roman Familial Narsissique. In Bergeret, J. (Ed.) La Pathologie Narcissique. Paris: Dunod, 1996, pp. 133-142.

características de um pacto narcísico organizado para garantir uma defesa individual e familiar contra uma ferida narcísica insuportável.

O não-representado que age na ruptura do contrato narcísico emerge como enigma e como estranheza inquietante no sujeito da relação

Em uma pesquisa sobre o nomadismo terapêutico, numa sociedade africana dividida quanto às suas referências culturais fundadoras, D. Yaméogo estabeleceu uma relação entre essa prática, o estado de anomia que se instala nessas sociedades e a condenação da certeza ao fracasso associada aos enunciados fundamentais do grupo.[21] Uma das consequências dessa situação é, com as perturbações da identidade do Ego, o retorno do recalcado e a inquietante estranheza das figuras da possessão, nos ataques demoníacos e os tormentos da persecutoriedade. Essas perturbações podem ser *lidas* a partir dos efeitos da ruptura do contrato narcísico.

A história de Martine

Em seu estudo D. Yaméogo relata a história de uma de suas pacientes, Martine, uma jovem que sofre de esterilidade e que havia tentado já diversas vezes o suicídio. Ao longo de toda sua psicoterapia, Martine esteve às voltas com desgraças (assassinatos, suicídios, esterilidade ou esterilização de muitas mulheres) que se abateram constantemente sobre sua família e sobre ela mesma ao longo de diversas gerações. Antes de tudo, ela busca a causa, o que a conduz regularmente a essa ideia de que sua família seria maldita e que ela mesma seria *possuída* por uma força monstruosa e demoníaca, da qual ela busca se desembaraçar através de seu nomadismo terapêutico e, como último recurso, tentando recorrer ao suicídio "para ter enfim a paz".

---

21 YAMÉOGO, D. Enjeux Culturells et Psychopathologiques de la Pratique de la Thérapie Mixte au Burkina Faso. Tese de doutorado em psicologia. Lyon: Université Lumière Lyon-II, 2004.

Colocando tudo à luz da dinâmica psíquica própria de sua paciente, D. Yaméogo mostra como o percurso da psicoterapia toma um rumo consistente quando Marine tem acesso à história relacionada a uma de suas linhas ascendentes: um evento muito antigo que se confunde com história do povoamento da região da qual ela procede. Uma mudança de patrônimo e uma modificação das escarificações étnicas identitárias teriam sido impostas por um chefe da tribo a um de seus ancestrais como condição de sobrevivência de sua linhagem e de sua família.

A retomada desse relato por Martine teve diversos tipos de efeitos ao longo do tratamento. Comentando esse movimento, D. Yaméogo mostra que a renúncia ao patrônimo e a adoção da cultura do grupo dominante, para assegurar a sobrevivência da família, assumiram, certamente, o valor de um ato fundante traumático, entretanto, mais precisamente, o valor de um ato sacrificial que vem acompanhado por uma forte culpabilidade em relação ao pai e às gerações ascendentes. As mortes misteriosas e não explicadas, o vício de derramar sangue que as futuras gerações masculinas sustentavam, traduziram-se então na impossibilidade de simbolizar a situação à qual o ancestral e seus descendentes masculinos tiveram que se confrontar. Essa situação ter-se-ia transmitido, então, às gerações futuras como um ato originário. Isso teria ocorrido através de rituais sacrificiais compulsivos destinados a circunscrever, a conter e a desviar o conflito psíquico ligado ao assassinato do pai, à culpabilidade e à questão da *dívida* transgeracional.

As esterilidades primárias e secundárias da descendência feminina e as afiliações míticas destinadas a esconjurar esse destino podem ser compreendidas a partir de uma hipótese compatível com as representações da cultura local e o conceito de contrato narcísico. D. Yaméogo supôs que "pela escolha da autoconservação e pela renúncia do patrônimo, o ancestral e seus descendentes masculinos perderam seu poder de transmissão e de procriação culturais. As descendentes, entretanto, tinham conservado esse patrônimo e julgavam ser seu dever procriar".

Elas estavam aprisionadas num conflito insolúvel entre o primado das pulsões de autoconservação da espécie, que é assunto de mulher, e o outro componente do contrato narcísico, o de assegurar a procriação *cultural* e fazer do indivíduo um ser social, membro de uma comunidade humana bem definida.

Esse exemplo nos convida a pensar a articulação entre as perturbações psicopatológicas e as zonas de destruição da base cultural e social que perfazem os enquadres *metapsíquicos* e *metassocial* do desenvolvimento psíquico. Através do desregramento do contrato psíquico, vemos aparecer os determinantes transgeracionais que são a base da continuidade das gerações nas alianças inconscientes e que *atravessam* os sujeitos em sua história singular.

Por baixo desse exemplo vemos também que o acordo pactuado entre o chefe da tribo e ancestral de Martine para assegurar a autoconservação de seu grupo é um acordo consciente, mas que os riscos e as consequências desse acordo são inconscientes e que eles se transmitem como tais de geração em geração.

Como o tratamento de Céline, a terapia de Martine nos ensina que a matéria primeira da violência muda entre as gerações se constitui da transmissão do não simbolizado. Trata-se de eventos traumáticos antigos, de um passado mantido em silêncio, de feridas transmitidas tais quais de geração em geração, sem transformação e sem memória. Esse não simbolizado é o resultado do trabalho da morte. Ele vincula as gerações, confunde os psiquismos e os desconjunta num único movimento. Ele os desconjunta em razão dessa própria confusão, fabrica a ambiguidade da relação entre as gerações.

A disjunção entre a base autoconservadora do contrato narcísico e a sua dimensão propriamente narcísica

A história de Martine mostra a disjunção que teve que ser feita entre a base autoconservadora desse contrato e sua dimensão propriamente narcísica. Era necessário sobreviver, mesmo com o custo da perda de todos os elementos simbólicos que estavam inclusos no primeiro contrato: o nome, as orientações identitárias de pertença (as escarificações), os enunciados de certeza, a destruição da história. É essa desarticulação que constitui a base do não-representado cujos efeitos se expressam nos sintomas de Martine, que se constituiu (ela mesma) num porta-sintoma dos riscos inconscientes da ruptura do contrato narcísico. Com efeito, sob esse exemplo, vemos que o contrato entre o ancestral de Martine e o chefe da tribo teria sido um acordo consciente: mas os riscos e as consequências são inconscientes e são transmitidos enquanto tais.

A psicoterapia nos aclara quanto ao retorno, no sujeito, daquilo que foi reprimido na relação. Para Martine e para muitos membros de sua família, o não-representado do contrato narcísico rompido cuja simbolização fracassou, representa-se como um enigma nos sintomas da ruptura e da autodestruição: esterilidade e suicídios das mulheres, assassinatos e suicídios nos homens, e como figura inquietante (aterrorizante) nas possessões e nos ataques demoníacos. Sua psicoterapia mostra que esse não-representado pode vir a ser representável.

Outras situações de ruptura do contrato narcísico: luto, depressão e traição

O contrato narcísico passa a ser questionado nas experiências de luto. É importante sublinhar que o contrato fundamenta-se na substituição da morte.[22] Desse ponto de vista, o contrato narcísico deve também ser compreendido como uma defesa contra a perda de substância viva e viral pelo grupo e pelo indivíduo. O trabalho de luto refere-se, tanto ao

---

22 O remanejamento do contrato narcísico impõe-se na família quando "a criança a aprece", quando uma criança fracassa em sua missão de satisfazer as expectativas da família, quando ela morre. Ele impõe-se num casal quando ele se separa, mas também nas instituições quando o fundador desaparece. Quanto a essa última configuração veja-se KAËS, R., Le Deuil des fondateurs dans les instituitions: travail de l'originaire et passage de génération. In NICOLLE, O., KAËS, R. (Ed.) L'Instituition en Héritage. Mythes de Fondation, Transmission, Transformation. Paris: Dunod, 2008.

remanejamento da economia psíquica como ao contrato narcísico em sua dimensão geracional. Podemos, portanto, ver manifestarem-se essas dimensões nas experiências patológicas ou não, da depressão.

A situação bem especial das crianças ditas "em alocação", concebidas para assumir o lugar de uma criança morta, dá ao contrato narcísico que lhe diz respeito uma característica bem específica: o contrato revela sua função inconsciente de esconjurar a morte.

As rupturas das relações amorosas, mesmo quando a escolha do objeto é feita no modo dito de apoio, são também rupturas do contrato narcísico: elas fazem reviver nesses sujeitos as experiências dolorosas da decepção ou da traição.

O conceito de *contrato narcísico* introduz uma reflexão notável na problemática da depressão.[23] A depressão instala-se no sentimento, subsequente à perda de um objeto, uma descontinuidade e de um desastre ou desvalorização no Ego. A instalação da continuidade e o valor do Ego dependem da qualidade do contrato narcísico que vincula o contexto intersubjetivo e o sujeito no qual ele se forma. As identificações narcísicas e imaginárias garantem a representação da continuidade primitiva do Ego contanto que o contexto garanta essa representação fundamental: é a função do contrato narcísico na experiência de separação e, mais amplamente, na elaboração do luto originário. Com efeito, a aceitação da separação é correlativa à aceitação do outro, do mesmo modo que introjeção de um objeto de amor estável é garantia de segurança para o Ego.

---

23 Num estudo das depressões conjuntas ou solidárias busquei mostrar como aquilo que G. Rosolato designou como eixo narcísico das depressões, não deve somente ser concebido na economia intrapsíquica mas que ele diz respeito também às formações do narcisismo compartilhado. A depressão está imbricada com as modalidades fundantes da relação; ela põe em cheque certas formas de idealização compartilhadas e seus efeitos megalomaníacos, como defesa contra o efeito depressivo. ROSOLATO, G. *Les dépressions conjointes dans les espaces psychiques communs et partagés*. In CHABERT, C., KAËS, R., LANOUZIÈRE, J., SCHNIEWIND, A. (Ed.), *Figures de la depression*. Paris: Dunod, 2005; ROSOLATO, G. L'Axe narcissique des depressions. *Nouvelle revue de psychanalyse*, 1975, 11, pp. 5-33.

Existem ainda muitas outras situações onde o fracasso, a ameaça ou a ruptura efetiva do contrato narcísico confrontam-se com experiências de *des-herança* e de *des-herdade*. Pode ser interessante pensar o problema do exílio, do nomadismo psíquico, da *vagabundagem* e do deslocamento como o sintoma de um deslocamento do contrato narcísico. Todas as *moradias* (lugar de dormir) das pessoas se relacionam, e elas reagem com os recursos de reconstrução bastante variáveis.

Crítica e reposicionamento do contrato narcísico

A constância do contrato narcísico ao longo da história humana não deixa dúvidas: sem tal instituição, psíquica e social, a espécie não teria podido se perpetuar. Mas sua intensidade, formas e riscos estão diretamente relacionados às condições de possibilidade tributárias, por um lado, e de certas condições históricas e sociais, por outro.[24]

Deve-se à modernidade o fato de ter descoberto que o sujeito se constrói na ordem das gerações: ele é um elo, mas não pode sempre vir a ser herdeiro. Na realidade, a modernidade descobre a herança e a hereditariedade porque os processos e os riscos ou âmbitos que definem essas categorias estão em crise. Podemos datar essas mudanças desde a Idade das Luzes, e se acentuam ao longo de todo o século XIX, a literatura dos romances e as teorias da hereditariedade são testemunhas disso. Essa abertura "laiciza" a concepção de loucura e, como num plano de fundo, a do ser humano: a loucura pode ser transmitida, do mesmo modo como as bases fundadoras da psique estão sob os efeitos das determinações transgeracionais e intergeracionais. É nesse momento em que o sofrimento narcísico se abre ou aparece sob as falhas das civilizações que surgem as categorias e os conceitos por meio dos quais buscamos ou tentamos pensar. Hoje podemos começar a compreender como isso

---

[24] As mudanças que afetam a estrutura familiar têm provavelmente uma incidência sobra as modalidades de contrato narcísico, mesmo quando a família é construída para a adoção de crianças, a fortiori quando chegam de culturas diferentes.

se efetua – ou não – a transmissão dos movimentos de vida e de morte psíquicos entre as gerações. Começamos a compreender em escala do sujeito, da família, do grupo e das sociedades, os efeitos daquilo que não ficou elaborado no processo de transmissão, como objetos enigmáticos e silêncios são transmitidos por ocasião de negações coletivas ou das rupturas dos contratos narcísicos.

Abre-se então uma série de questões. Se o contrato narcísico supõe um projeto imperativo de transmissão dos valores e dos ideais estruturantes, devemos nos perguntar quais os limites e quais as condições de possibilidade ele encontra no campo social e cultural. A questão assume diversas dimensões, desde a expressão demográfica do desejo de ter uma criança ou filho até às expressões sociais de investimento na criança como portadora de um futuro no contexto social, e, antes de mais nada, para os pais. Sob esse trajeto de contingências, deve-se também mencionar a desagregação dos ideais compartilhados, os mitos originais e significantes (grandes relatos ou narrativas),[25] as maiores figuras de identificação, a autoestima que um grupo (uma sociedade) atribui a seus próprios valores, a adesão suficiente aos saberes e aos valores transmitidos. A crise na transmissão de modelos de identificação se expressa no hiato entre aquilo que desejaríamos transmitir e aquilo que hesitamos ou receamos transmitir: quando não sabemos mais o que temos a transmitir, não temos mais palavras de certeza.[26]

Ao longo de todo este capítulo, tivemos que reconhecer que o contrato narcísico não está somente ordenado para as exigências de autoconservação do Ego e do contexto. A situação intersubjetiva do sujeito

---

[25] Os historiadores, os antropólogos e os filósofos estão de acordo quanto à noção segundo a qual as "grandes narrativas" seriam as histórias fundantes de mitologias, de cosmogonias, de religiões e de ideologias. Elas nos falam da origem da sociedade ou de seu fim, da ordem ou da desordem do mundo.

[26] Douville propõe-se "pensar a modernidade como um tempo coletivo de remanejamentos identitários; um tempo prisioneiro dos conflitos de representações e de soberania de grande intensidade, e como um gancho de subjetivações para cada um..." DOUVILLE, O. *Pour Introduire L'Idée D'une Mélancolisation du Lien Social.* Cliniques Méditerranéennes, 2000, 63, p. 261.

impõe à psique as exigências de um trabalho psíquico que interfere profundamente na economia narcísica entre as gerações, e já de início, entre pais e filhos. Essa exigência como já havíamos notado, está sendo submetida a uma ampliação e mudança de escala ao longo da passagem para a adolescência. Entra de um lado a exigência de ser "ele mesmo o seu próprio fim", e do outro, a exigência de ser conforme os mitos fundadores e ocupar o lugar prescrito, e ainda em terceiro lugar, ocupar os lugares contraditórios da modernidade. Assim o adolescente acaba ficando brutalmente confrontado com aquilo que ele pode esperar da herança. O adágio de Goethe, retomado por Freud parece impagável: "O que tu herdaste de teus pais, a fim de possuí-lo, busca ganhá-lo". O contrato narcísico é visto como padrão em sua tríplice função: assegurar uma origem, estabelecer uma continuidade entre as gerações e garantir ao adolescente, em contrapartida de seu investimento no grupo, "o direito de ocupar um lugar independente do veredito parental somente".

Terminando este capítulo, gostaria de retornar sobre um ponto comum a todas as situações clínicas apresentadas. O contrato narcísico introduz uma inflexão notável na problemática do reconhecimento, garantindo a inscrição do sujeito na relação genealógica e na sincronia com seus contemporâneos. Os processos psíquicos em jogo são aqueles que permitem ao sujeito identificar-se e ser identificado. Com o conceito de contrato narcísico, os psicanalistas dispõem de um utensílio excelente para articular esse duplo movimento. Podemos também levar em consideração o modo com que esse duplo processo é demarcado naquilo que os antropólogos designaram como os direcionamentos identitários: vestimentas, signos corporais, sotaques da língua falada e emblemas são sinais de reconhecimento, ou *identificantes*, para identificar os outros, fazer-se reconhecer por eles e se autoidentificar. A problemática em jogo é a do reconhecimento como processo de pertença ou de não pertença, como integração ou como exclusão.

Capítulo 4.
O pacto dos irmãos: a aliança com o Pai e o contrato de renúncia à satisfação imediata dos objetivos pulsionais destrutivos

Freud não desenvolveu uma teoria das alianças inconscientes. Entretanto, podemos verificar em sua obra três formas de alianças cujas funções são duplamente estruturantes para o sujeito considerado em sua singularidade e para as instituições sociais e culturais: o pacto dos Irmãos, a aliança com o Pai e o contrato de renúncia à satisfação imediata ou direta dos objetivos pulsionais destrutivos. Como já realcei acima, essa dupla função estruturante é também a do contrato narcísico. Esse não pode realizar sua função de aliança estruturante para o sujeito que se inscreve de maneira vital no contrato senão quando essas três funções já estejam estabelecidas e garantidas eficazmente pelas gerações que precederam a todo neonato.

As alianças caracterizam-se pela relação que elas mantêm com a lei comum e com os interditos fundamentais: a tríplice interdição do incesto, do canibalismo e do assassinato. As alianças estruturantes *selam* uma *re-união* sob uma ruptura, sob uma renúncia, não sob uma clivagem ou unidade imaginária. Elas estabelecem cada um ou cada sujeito sob a lei comum e sob os mesmos limites. É precisamente essa relação com a lei comum e com os interditos fundamentais que são a origem das instâncias da vida social e que determinam as condições do evento do sujeito. Essas alianças são pactuadas entre os sujeitos e os contextos, que as impõem como condição da vida social e de sua pertença a uma comunidade. É, portanto, por meio de uma instância da cultura que a aliança realiza uma dupla função estruturante, para o contexto social e para o sujeito – o sujeito "social" e o sujeito "psíquico", o sujeito do inconsciente. No âmbito dessa dupla função, a aliança desempenha o papel de avalista e de terceiro gerador do processo da simbolização. É a existência desse papel de avalista e de terceiro simbólico que confere a essas alianças um caráter estruturante. Ao contrário, sua falta as transforma em alianças patógenas, alienantes ou perversas. Essas três alianças têm, a partir disso, efeitos muito significativos sobre a formação do inconsciente do sujeito.

Do pacto dos Irmãos homicidas ao contrato com o Pai

No *Totem e tabu*, Freud descreve aquilo que ele chama de mito científico da horda primitiva. A horda está sob o domínio do Pai arcaico, um pai fora da lei comum e compartilhada.[1] Senhor ou dono da lei, e fora da castração, ele não pode, portanto, fazer alianças. A onipotência e seu gozo sem limites que lhe proporciona torna-lhe impossível gerar filhos, garantir uma sociedade e uma relação estruturante uma vez que todos, indiferenciados, estão submetidos ao seu arbítrio.

Esse pai tem descendentes, que não têm com ele uma relação de filiação, de paternidade e de fraternidade. Freud descreve o processo que irá instaurar correlativamente a filiação, a paternidade e a fraternidade. Esse processo se mobiliza através de duas formas de alianças: um pacto que vincula os Irmãos no assassinato repetitivo do Pai arcaico da horda e o contrato totêmico que se transforma num segundo momento num

---

[1] É necessário usar a letra maiúscula para Pai, Irmão e Filhos em vista de seu estatuto paradigmático. Não se trata de pessoas concretas, mas de imagos e de funções numa estrutura, a do Édipo articulado com o complexo fraterno.

assassinato simbólico, gerador de uma nova aliança que rege então a relação com o Pai simbolizado, a chegada ou advento dos Filhos e da comunidade de Irmãos. Freud usa a mesma palavra *der Vertrag* para designar essas duas alianças; esse termo designa, com efeito, diversas modalidades de acordo: contrato, tratado, convenção, pacto. Esse momento mítico do advento da humanidade é aquele em que se formam as alianças de base que estruturam as relações intersubjetivas intergeracionais, as relações sociais e os processos de formação do sujeito. Uma das condições e uma das consequências dessas alianças é o contrato de renúncia à satisfação imediata dos objetivos ou finalidades pulsionais destrutivos.

O pacto dos Irmãos é estruturante na medida em que o ato de revolta fundante é transformado na instauração de um pacto civilizador e simultaneamente num momento de sentido. Ele é estruturante porque contém o avalista simbólico da aliança dos Irmãos e dos Filhos com o Pai. O pacto torna possível a transmissibilidade dos interditos e dos ideais comuns e com isso, a superação do complexo de Édipo.

O primeiro pacto dos Irmãos

O primeiro pacto dos Irmãos foi uma resposta à violência do Pai arcaico. Logo de início, Freud nos diz que o Pai é um assassino ante seus filhos, que eles têm assim boas razões de suprimi-lo. Não é, entretanto, seguro que o desejo de morte dos Filhos seja somente o efeito de Édipo dos Filhos. Antes de ser *trabalhados* pelo Complexo de Édipo, os Pais e os Filhos, e também as Filhas - são *trabalhados* pelo complexo arcaico em que estão mergulhados. É "esse tempo lá", fora do tempo, que descreve Hesíodo, imaginando *Gaia* cheia de filhos incestuosos, comprimidos nela pelo pai incestuoso, num coito ininterrupto; nesse tempo lá, a violência é inseparável, ela mal distingue os Irmãos, as Irmãs, o Pai e a Mãe, parentes combinados e confusos. Distinguir o sexo do pai exige uma primeira aliança de revolta que a mãe pactua com seus filhos onde um deles será seu braço armado. O primeiro pacto repousa assim sobre a aliança entre a Mãe e os Filhos. Eles saem do "recipiente" maternal e se livram de uma relação mortífera.[2]

Freud diz que somente os Filhos estariam preocupados com sua coalizão: eles se unem com o objetivo de suprimir o Pai todo-poderoso, autoritário que se opõe com força (*mächtig*) às necessidades de poder (*Machtbedürfnis*) dos filhos. Possuidor de todas as mulheres (fêmeas), o pai ciumento é um obstáculo à satisfação das tendências sexuais diretas de seus Filhos e lhes impõe a abstinência. Na *Psicologia do grupo e a análise do Ego*, Freud nota que a consequência dessa imposição de poder desmesurado foi que "os Irmãos se *empastaram* ao Pai e uns aos outros por vínculos que poderiam fazer nascer tendências cujo objetivo sexual estaria inibido: esse vínculo os obrigava, por assim dizer, a voltar à psicologia das massas". Expulsos e separados do Pai, os Filhos, supôs Freud, puderam então "liberar o caminho que vai da identificação mútua ao amor objetal homossexual e adquirir a liberdade para matar o Pai".[3]

Para matar o Pai tirânico e perseguidor, os Irmãos tiveram que se aliar e se unir entre eles, ninguém poderia realizar sozinho esse assassinato, o grupo seria necessário. Sem dúvidas, muitas tentativas resultaram em fracasso. Após a primeira associação e a rivalidade que se seguiu, a figura do Pai arcaico ressurge num dos Irmãos, que nesse caso devia também ser suprimido. Para viver juntos e sair da repetição, os Irmãos tiveram que inventar a passagem de uma relação de poder para uma relação de autoridade.

> *Um dia, os Irmãos expulsos conspiraram juntos, eles abateram o Pai e o comeram, assim eles colocaram fim à horda primitiva. Uma vez reunidos, eles ficaram até audaciosos e realizaram aquilo que seria impossível de fazer por cada um deles individualmente.*[4]

---

2 Empresto este termo de um grupo de psicodrama, do qual darei mais informações mais adiante.

3 FREUD, S. *Psicologia de Grupo e análise do Ego*. Edição Standard brasileira das obras psicológicas completas. Rio de Janeiro: Imago, (1921) 1979, vol. 18, p. 158.

4 FREUD, S. *Totem e Tabu*. In FREUD, S. Edição Standard brasileira das obras psicológicas completas. Rio de Janeiro: Imago, (1913) 1979, vol. 13, p. 170.

O Pai primitivo violento era assim, sem dúvida, ao mesmo tempo invejado e temido pelos membros da *companhia* dos Irmãos: "Pelo ato de consumir o Pai, eles realizaram sua identificação com ele e cada um se apropriou de uma parte de sua força".[5]

Para realizar essa passagem da relação de força a uma relação de autoridade e para viver juntos, comemorar seu crime comum e dissolver a culpa, eles tiveram então, de entender-se entre si e garantir sua aliança instituindo os três interditos organizadores.

A instituição dos três interditos organizadores

O primeiro é a interdição do incesto "pelo qual eles renunciam a toda posse de mulheres *cobiçadas*, uma vez que fora principalmente para garantir sua posse que eles tinham matado o Pai". É o primeiro interdito da humanidade.

O segundo interdito é sustentado pela instituição do tabu, cujo objetivo é proteger a vida do animal totêmico, substituto do Pai morto e ocasião de uma reconciliação com ele: "O sistema totêmico foi um contrato pactuado com o Pai...", escreve Freud, um sistema que implicava o compromisso de não renovar contra ele o ato assassino, tendo como contrapartida sua proteção e seus favores.

O contrato totêmico protege assim a fratria:

> *Garantindo reciprocamente a vida, os Irmãos se comprometem a jamais se tratarem entre si do mesmo modo como trataram o Pai. À proibição de matar o totem, que é de natureza religiosa, acrescenta-se agora, a proibição, com um caráter social, do fratricídio.*[6]

A interdição do incesto, do assassinato e do canibalismo são três interditos prescritos no contrato totêmico que *conclui* o crime cometido

---

5 FREUD, S. *Totem e Tabu*. In FREUD, S. Edição Standard brasileira das obras psicológicas completas. Rio de Janeiro: Imago, (1913) 1979, vol. 13, p. 170.

6 FREUD, S. *Totem e Tabu*. Edição Standard brasileira das obras psicológicas completas. Rio de Janeiro: Imago, (1913) 1979, vol. 13, p. 174.

em comum contra o Pai, e pelo qual está sendo fundada a sociedade. O contrato totêmico dos Irmãos garante agora a organização do grupo estruturado por interditos fundamentais e pela ordem simbólica que instauram o processo da cultura e da civilização. Sobre esse contrato fundamentam-se as identificações simbólicas.

O contrato totêmico sobre o que repousa o pacto fraterno na aliança com o Pai simbólico tem por objetivo impedir o retorno da rivalidade e as invejas assassinas. Ele permite controlar as coalizões na fratria e construir uma identidade fraterna diante dos pais. Ele faz de todos os herdeiros, iguais, seres nascidos dos mesmos pais.[7] A necessidade e a capacidade de estabelecer tal pacto implicam na aceitação das diferenças entre os irmãos e irmãs. Por esse pacto pode-se também desfazer, ressuscitar o desejo de matar, diante daquele que, entre os Irmãos, quisesse retomar o lugar do Pai arcaico.

Entretanto, isso é o que o mito nos diz, aquilo que são os Irmãos que fazem a civilização pela sua renúncia à satisfação imediata de seus objetivos pulsionais destrutivos.

O pacto dos Irmãos, a passagem da pluralidade ao agrupamento e o trabalho da cultura

Totem e tabu expõe pela primeira vez como se efetua a passagem da pluralidade dos indivíduos isolados ao agrupamento e à instituição. De um modo mais preciso, como se constituiu o modelo patriarcal da família e do grupo. Desde que a ideia de assassinato do Pai arcaico se impôs, cada indivíduo seria, menos o Pai, um alguém na massa. A psicologia individual não emerge da psicologia da massa. Tudo muda a partir do momento em que, para realizar o assassinato, os Irmãos devem se reunir, concordar e finalmente se vincular num pacto que os mantenha juntos numa mesma energia, num mesmo fantasma e num mesmo ato.

---

[7] Na morte dos pais, uma tal aliança pode ficar perturbada pelo retorno da inveja e do ciúme. Cf. KAËS, R. Le Complexe Fraternel. Paris: Dunod, 2008.

O assassinato levado a efeito e o Pai consumido, suas identificações mútuas se reforçam e se transformam sob o efeito da denegação de seu ato seguida da culpabilidade persecutória compartilhada e, sem dúvida, de sua impotência em substituir o Pai. Eles não podem *operar* essa substituição senão efetuando uma mutação no regime da culpa e no regime das identificações. Os Irmãos não poderão romper com a repetição e renunciar à rivalidade imaginária a não ser sob o efeito da culpa depressiva, o que significa que, ao lado do ódio e da inveja, deverão ser reconhecidos os sentimentos de amor que o Pai lhes inspirava.

Dito de outro modo, não é senão no reconhecimento daquilo que esteve em jogo, em seu pacto, que eles o ultrapassam nas novas modalidades identificatórias e no contrato totêmico. Essa mudança tornará possível, graças à simbolização de seu desejo, que seja inventado e anunciado o tríplice interdito do incesto, do fratricídio e do assassinato do animal totêmico erigido em memorial do ancestral que passou a ser o fundador do grupo.

O modelo proposto por Freud no *Totem e tabu* é o de uma mudança na ordem do agrupamento: ele consiste num deslocamento dos investimentos megalomaníacos e das identificações da onipotência atribuída ao Pai para os investimentos sobre a figura do Pai simbólico e simbolígeno e sobre os valores da cultura. Esse deslocamento é a consequência de uma crise, de ruptura de uma ultrapassagem: o signo da passagem da relação a histórica da Horda patriarcal, para a relação intersubjetiva, histórica e simbólica do grupo fraterno totêmico.

De qualquer modo, o grupo patriarcal continua sendo o modelo de referência que brota dessas alianças. Ele institui a função paterna como agente e suporte dos processos simbólicos. A história dos grupos e das instituições declina-se a partir dessa função em suas diversas versões.

Quando a aliança totêmica for ameaçada pela emergência de um clã que entre os Irmãos forma uma liga para desbancar o Pai e seus valores, então forma-se o pacto dos Irmãos fiéis para salvar o Pai e sua instituição.

Se a ameaça for real ou imaginária é relativamente secundário do ponto de vista da realidade da vida psíquica: em todos os casos, é necessário, às vezes, salvar o Pai e calar os Irmãos, e mesmo eventualmente, eliminá-los com o objetivo de controlá-los. É necessário formar uma guarda sólida, necessariamente desconfiada ante tudo o que permita colocar em perigo a ordem estabelecida pelo Pai. As expressões históricas desse modelo são legiões. Para o que diz respeito ao movimento psicanalítico, não nos faltam exemplos, a começar por aquele do *comitê*.[8]

As coisas andam de um modo diverso quando os Irmãos, em seu conjunto, colocam-se de acordo para que nem o Pai e nem algum deles que substitua o Pai, tenha o poder ou exerça autoridade. O pacto da instauração da ordem estritamente fraterna, horizontal, dá então aos Irmãos o poder que será exercido em conjunto numa igualdade estrita. A aliança fraterna pode tomar diversas direções e assumir diferentes sentidos, até mesmo opostos. Ela pode constituir-se contra a volta do Pai abusivo, narcísico, tirânico, falho em suas funções de proteção, de simbolização e de transmissão. Ela afirma a autonomia dos Irmãos e o advento da psicologia individual.

Na direção oposta, a aliança se pactua contra toda referência à figura paterna e visa, antes de tudo, sua destituição em proveito do grupo fraterno somente. Esse foi o aspecto do comunitarismo fraterno dos anos pós-sessenta e oito, e é também um traço predominante na pós-modernidade. Nesse tipo de aliança, o pacto negativo é o que prevalece, em sua forma mais radical: a erradicação da função e da figura paterna na forma de uma relação onde a comunidade repousa sobre as valências de uma *imago* materna clivada: idealizada e é o exterior que seria o suporte da valência persecutória ou perseguidora e a valência idealizada desloca-se para alhures. Nesse tipo de comunidade fraterna fundada na erradicação

---

[8] Provavelmente o autor refira-se ao grupo próximo de Freud que estabelecia com certa rigidez quem seriam realmente os psicanalistas e o que seria a psicanálise, excluindo os que não fossem ortodoxos (NT).

do Pai, o pacto denegativo e a ilusão grupal fetichizada são aqui bastante frequentes e se vê reconstituir-se uma figura que encarna o Pai arcaico.

O complexo fraterno e o pacto dos Irmãos: a experiência clínica de um grupo

O trabalho psicanalítico num grupo de psicodrama conduzido por dois psicodramatistas mostra como se compactua o *pacto dos Irmãos*.[9] Nesse grupo, do qual me dei conta de um detalhe,[10] o material e os processos transferenciais foram organizados pelo complexo fraterno que aparece aqui como o organizador mais importante do processo grupal.

Do complexo fraterno chamo a atenção para o fato de que ele designa uma organização intrapsíquica triangular de desejos amorosos, narcísicos e objetais, do ódio e de agressividade diante desse "outro" que o sujeito reconhece como irmão ou como irmã. Como o complexo edipiano, o complexo fraterno organiza-se pela conflitualidade entre as pulsões, os objetos de desejo e as defesas que se opõem à sua realização ou satisfação. Assim, tanto um como o outro inscrevem na psique a estrutura das relações intersubjetivas; essas são organizadas no complexo fraterno pela representação inconsciente das *localizações* correlativas que ocupam o sujeito, o "irmão" e a "irmã", e as figuras parentais. Existe aí uma constante cujas premissas são dadas por Freud e desenvolvidas por Lacan e por Laplanche.

O interesse desse grupo pela análise das alianças inconscientes volta-se para aquilo que mostra como a mobilização do complexo fraterno nos membros desse grupo suscita alianças inconscientes contra as pulsões assassinas entre irmãos e irmãs ante as figuras parentais. Ele mostra

---

9 Os participantes reuniram-se durante uma semana em três sessões diárias em pequenos grupos de psicodrama (dez participantes por grupo) e numa sessão de palavra livre sem papel que reagrupava a todos os participantes e toda a equipe de psicanalistas (no total umas quarenta pessoas como participantes). Exporei o que aconteceu no pequeno grupo de que participei como encarregado em colaboração com um colega, nas sessões plenárias em que toda a nossa equipe tinha uma vez por dia.

10 KAËS, R. Le Complexe Fraternel. Paris: Dunod, 2008, capítulo 10, pp. 197-213.

também como o recurso último reside na formação de pactos e de contratos que garantam a vida comum e o desenvolvimento pessoal.

A entrada em ação de alianças defensivas contra os fantasmas do assassinato entre irmãos

As primeiras sessões foram essencialmente organizadas pela entrada em ação de alianças defensivas contra os fantasmas do assassinato entre irmãos. Os primeiros *jogos* fazem aparecer o recurso aos *pais analistas* idealizados que deviam protegê-los de seus afetos e de suas representações violentas: uma cena de sedução e de ciúme num casal se *agencia* como um deslocamento de uma cena de rivalidade fraterna.[11] Não estamos aqui, num registro edipiano, mas num do complexo fraterno. Os temas persecutórios manifestam-se e, com eles, os sentimentos de inveja e de ódio diante dos rivais.

Diversos temas de *role-playing* são a seguir propostas que desenvolvem uma figuração desses movimentos pulsionais ligados ao complexo fraterno. Um desses cenários é o seguinte: uma mãe coloca seu filho na creche afim de se preparar para o nascimento de um irmãozinho nos próximos dias: violenta cólera do mais velho, ameaça contra os pais, pai e mãe. Num outro cenário que será encenado, alguém quer fazer uma viagem pelo mundo de navio e deve escolher seus companheiros. Estes, antes da partida, experimentam fortemente seu temor diante dos possíveis conflitos com os desconhecidos, o medo de rivalidades entre eles e das preferências que parecem manifestar a *capitania* (comando) por um ou outro de seus coequipistas pode ser uma revolta contra ele.[12]

Esses jogos conduzem diversos participantes a trabalhar sobre os afastamentos causados pela inveja e pelo ciúme que vivenciam na fratria. Uns

---

[11] Os termos do psicodrama variam dependendo da sua origem ou tendência teórica; o termo "jeu" pode ser traduzido pelo que se depreende, por "role-playing" ou "papel". Dada a característica do procedimento – entrar no jogo – mantivemos o termo jogo em itálico (NT).

[12] Um lembra o romance e o filme Les Révoltés du Bounty, Ouragan sur le Caine.

relatam conflitos violentos com sua dificuldade de serem reconhecidos pelos pais, e mais especialmente, pelo seu pai ou por sua mãe, como seu filho ou criança. Outros descobrem a violência feroz de sua inveja em relação aos irmãos e às irmãs, menos diante de um parente visto como onipotente e injusto. Outros lamentam-se de não terem amado os pais de um amor igual àquele que eles tinham dispensado aos outros irmãos e irmãs.

Essas emergências do complexo fraterno sob seu duplo aspecto de inveja e de ciúme, vão se afirmando ao longo das sessões seguintes. Elas vão se detalhando quando questionam o desejo e o amor dos pais em vista dos filhos por ocasião do nascimento de um "rival". A mobilização dos afetos de ódio diante do casal parental revela os pensamentos de assassinato em diversos participantes: assassinato dos pais e assassinato dos irmãos e irmão rivais? A questão fica aberta, mas uma equivalência se estabelece entre os objetos e seres mortos ou assassinados.

A aliança entre o Pai e o tempo da confusão

As sessões que se seguem são bastante tensas: parece ser difícil *jogar* e os intercâmbios são verbais. Seu conteúdo manifesto volta-se para as diferenças entre aqueles que são (ou se pensam assim) informados pela psicanálise e os que não o são. Os primeiros esperam ser interessantes para os psicodramatistas, os segundos reclamam de não merecer sua atenção, dos psicodramatistas. A inveja em relação àqueles de quem se supõe que saibam e o desprezo daqueles que eles consideram como os que não sabem estão subjacentes aos intercâmbios. Os temas dos jogos são sistematicamente criticados e a censura se generaliza entre todos para que tema algum seja mantido. Interpreto essa recusa em jogar (encenar) como uma resistência relacionada à transferência sobre nós, que somos aos seus olhos, os pais que poderiam ter preferências e excluir alguns "irmãos" da "família" que aqui, em seu imaginário, estaríamos formando. Mas não interpreto a aliança que está sendo posta em jogo entre eles, de não jogar. Pelo fato de interpretar muito precocemente, eu não lhes permiti que eles experimentassem os efeitos do e no grupo que eles produzem juntos. Sua aliança é provavelmente um modo de ter alguma privacidade com a dupla de psicodramatistas, e de privar seus instrumentos e sua identidade; importa, portanto, que o conflito se amplie para todos os seus componentes. O risco é que eles se ponham a encenar para se conformar ao desejo do analista, para lhe dar prazer, evitando assim envolver-se de um modo mais profundo no conflito.

A interpretação da resistência da transferência sobre os psicodramatistas teve como efeito fazer emergir os componentes arcaicos do complexo fraterno.[13] Eles escolhem, a propósito, uma excelente proposta (formação de compromisso): minha interpretação lhes permitiu de voltarem-se para o jogo, mas o tema e o jogo que eles inventaram serão utilizados para figurar, de um modo mais próximo, um dos desafios do conflito e do objetivo de sua aliança. O tema proposto seria uma receita da cozinha canibal: "numa caçarola, encher com água e legumes, cozinhar, passar num molinete para fazer uma sopa. Depois, reduzir a um purê disforme até que todos os elementos sejam *confundidos*, não se reconhecerá (distinguirá) mais a cenoura, o tomate ou o pimentão".

Entretanto, no jogo, os "legumes" não se deixam preparar: eles saltam da caçarola, e depois brigam entre si e tentam tirar de cada um suas vitaminas e seu aroma, depois eles se reconciliam e formam uma liga para matar o cozinheiro. O jogo para por sua própria iniciativa, exatamente diante do assassinato. A agitação é grande no grupo. Por ocasião dos comentários, chama-se a atenção para quanto lhe fora difícil singularizar-se (a mistura de vitaminas e aromas). Comentamos essa dificuldade: que estejamos dentro da caçarola ou voemos para nos evadir, ninguém encontra aquilo que ele colocou ali e nem o que ele é,

---

13 KAËS, R. Le Complexe Fraternel. Paris: Dunod, 2008, capítulo 5.

mas importa *privar* os outros daquilo que eles têm ou daquilo que eles são (sua identidade, claro, regressiva, de legumes) ou de destruí-los.[14]

Os participantes relatam essa dificuldade diante de seus sentimentos de ciúme e de inveja que os paralisam. Quanto a mim, noto que sob os temas do ciúme e da inveja arcaicos trama-se num outro nível da realidade psíquica que os atravessa e os vincula entre si, isto é, o da angústia diante do assassinato; esse tema duplica-se por sua aliança que os deixa desamparados diante da força que ela lhe confere. Então, sua aliança precedente de não *jogar* e *sua jogada* que se manifesta agora na transferência: o assassinato do cozinheiro tido como sendo o responsável por sua redução a um cozido. Sublinho, nesse momento, o registro sádico oral desse duplo assassinato, o dos participantes "reduzidos" a não ser mais que legumes indistintos e o do cozinheiro.

Tentativas para "sair da psicologia da massa"

O jogo permitiu figurar a dificuldade e as condições necessárias para aquilo que Freud chama de "sair da psicologia da massa".[15] Mas assassinato simbólico algum foi efetivado no jogo, somente a destruição dos legumes sacrificados ao apetite do cozinheiro. Ao longo da sessão seguinte, as associações organizam-se em torno de um novo tema de *jogo*, aparentemente reparador e sobre o qual os participantes entraram num acordo unânime, de um modo que me pareceu até precipitado. O tema foi proposto por um homem que chamaremos de Bertrand, o mesmo que havia conduzido a aliança dos legumes para matar o cozinheiro. Um velho pai cego tem três filhas: qual delas vai cuidar dele? Nesse cenário shakespeariano, a mãe foi eliminada e o pai está cego, isso se entende na

---

14 Ainda que o sentido possa perfeitamente ser este ("privar" no sentido de "retirar"), pode-se também aventar para a ideia de "privar", no sentido de "manter uma relação privilegiada": importa privar com os outros naquilo que eles têm ou com aquilo que eles são (NT).

15 Mantivemos aqui o termo francês *masse* (tradução do alemão die Masse), ainda que na tradução da Standard tenhamos o termo "grupo", o que não é exatamente a mesma coisa. O termo alemão Massenpsychologie passou para o inglês Group Psychology (NT).

transferência de Bertrand sobre os dois psicodramatistas: como no "Rei Lear", as filhas são colocadas numa situação de rivalidade entre elas no momento em que se apresenta para elas o drama ou complexo edipiano. Shakespeare colocara em cena os filhos, um legítimo e outro bastardo – em sua relação com Gloucester. Aqui os filhos se protegem.

No psicodrama, as filhas se despedaçam entre si, elas se acusam mutuamente de quererem devorar o pai e levar adiante um procedimento com a intenção de cada uma desalojar as outras rivais. O pai assiste a disputa sem intervir, depois ele escolhe para que o sustente, aquela que se assemelha à sua mulher desaparecida. Segue-se a seguir uma cena violenta entre as filhas. A que fora eleita acaba por renunciar ao seu lugar privilegiado, mas muito perigoso. O pai então diz, diante de sua declaração, que ele teria preferido que um filho cuidasse dele. Ele suscita, assim, a união sagrada das filhas contra ele: uma dentre elas propõem contratar um matador para eliminar o pai.

Estamos aqui de novo diante de uma outra versão de aliança para realizar um parricídio, mas produzem-se duas transformações: não são mais legumes, mas seres humanos que vão realizar isso; são as filhas e não todo o grupo de filhos e filhas.

O conteúdo latente do *jogo*, adotado tão rapidamente, apresenta-se sobre dois registros. O primeiro aquele de Bertrand que propôs o tema e que desempenhou o papel do pai cego. Ele encena seu próprio drama: desqualifica o pai, desloca seu conflito edipiano pela *substituição* de sua parte feminina por sua posição viril, excessivamente perigosa para ser exposta. A cegueira do pai é sua própria cegueira. É assim que ele *põe à prova* o desejo do pai pelas suas filhas e o de suas filhas por ele. Mas ele busca atenuar o conflito pelo fato de já ter feito desaparecer a mãe.

O segundo registro é o do grupo: é necessário também lidar com o conflito edipiano das filhas, entre mãe e pai. A mãe, já sendo morta, seu lugar está livre, menos que para isso o pai apresente algum obstáculo. O lugar a ser assumido é aquele para o qual o pai elegerá uma dentre elas, no lugar da mãe. Ou aquela que o pai enfraquecido coloca em cena no jogo, isto é, sua impotência de assumir o conflito edipiano. Cegando-se sobre seu próprio Édipo, ele torna-se cego também para o desejo de suas filhas em vias de se digladiar por ele e para ocupar o lugar interdito. Ele *se inventa* um filho idealizado, não conflitual, uma outra figura de si mesmo que lhe poupará de se confrontar com o desejo edipiano das filhas. Para as filhas, a eleição de um filho não pode significar outra coisa que sua rejeição pelo pai.

Depois da encenação, os participantes voltaram-se logo para o deslocamento do conflito dos irmãos sobre as irmãs, uma variação sobre o motivo do "Rei Lear". O Pai é cego, mas eles ficam em silêncio quanto à sua "loucura" e seu gosto pelo poder. Lembro-lhes então que por ocasião da sessão precedente, fora levantada a questão da capacidade de ver, que me concedia minhas lunetas onipotentes. Imaginar o pai se tornando cego teria sido uma maneira de matá-lo, mas deixando às mulheres a corresponsabilidade do assassinato. As três mulheres dizem que no fim da cena não podiam mais aguentar, depois de elas terem se associado para atacar a Bertrand que havia suscitado a querela entre elas. A análise da transferência sobre Bertrand, sobre os psicodramatistas e sobre o grupo de "irmãs" e "irmãos", os remeteu à violência suscitada pela inveja fraterna.

A aliança totêmica implica a apropriação da herança

Na sessão seguinte, uma participante, Jeanne, propõe o tema da encenação a partir do relato de um sonho que ela tivera na noite precedente: "Uma de minhas amigas dava banho em suas três filhas e num de seus filhos; ela estava muito competente e atenta, e as crianças estavam felizes, mas uma das filhas estava em vias de se afogar e ela submergia a cabeça na água". O sonho é impressionante para os participantes: ele mobiliza o fantasma do infanticídio, mas também uma representação arcaica do grupo: o fantasma de existir muitos irmãos e irmãs reunidos no líquido amniótico do ventre materno e a figura *mortífera* da mãe incestuosa contendo ou dominando o grupo fraterno.

O tema do psicodrama proposto reintroduz a figura parental combinando alguns elementos da encenação das três irmãs e seu pai com o sonho de Jeanne: um pai compra três tapetes para suas três filhas e pede a elas que escolham cada um o seu. As três irmãs hesitam, combinam entre si, inquietam-se sobre a escolha possível das demais observando as reações do pai que permanece impassível, depois elas se sentem incapazes de escolher e se acusam mutuamente por isso. Depois do *jogo*, elas falam sobre o que elas temiam: que uma dentre elas escolhesse aquele que fosse o mais apreciado pelo pai e que as demais ficassem assim diminuídas. Mas elas dizem também que se sua escolha não recaísse sobre aquele que mais agradasse o desejo do pai, elas temiam decepcioná-lo. Elas colocam-se a princípio de acordo em não escolher, depois uma dentre elas se decide e envolve as demais na escolha, duas delas confiam naquilo que sua mãe teria escolhido. Ao longo do tempo da elaboração, os homens e as mulheres refletem sobre os riscos da exclusão que implica a escolha edipiana e sobre os efeitos da inveja e do ciúme que são mais uma vez mobilizados.

Um novo psicodrama leva adiante a questão, e é Jeanne que propõe o tema: um notário lia a lista dos bens que um pai viúvo tinha estabelecido como herança a ser partilhada entre seus filhos, três irmãos e três irmãs.[16] As três filhas deverão partilhar os bens da mãe defunta. Os objetos e os bens do pai vão para dois meninos, o terceiro não recebe nada. As três irmãs entram logo em conflito, elas buscam destruir os objetos herdados da mãe para privar cada uma das outras desses bens. Os irmãos ficam silenciosos e entristecidos pelo fato de que um dentre eles não recebera nada: o que teria ele feito para ser assim deserdado? Um dos filhos declara que está para renunciar sua parte da herança em vistas de manter

---

16 Uma vez mais, eles fazem morrer minha colega. Assinalarei essa repetição e o efeito será fecundo quanto à análise da transferência.

a unidade da fratria. Ainda que não receba nada de material, ele estima ou valoriza o fato de ter recebido de seu pai aquilo que estava para receber. As três irmãs e os dois irmãos terminam por recusar a herança: eles denunciam a arbitrariedade e a injustiça do pai e pedem a ele para estabelecer a partilha da herança de um modo equânime. O pai responde que foi ciúme que os levou a pensar que foram lesados: cada um recebeu o que devia receber e aquilo que fizer com isso será a sua herança.

Essa sessão foi decisiva: as figurações que estão colocadas na encenação permitem que se efetive a passagem da inveja à renúncia, e esse é o preço da solidariedade entre os irmãos e as irmãs, cada um reconhecendo a parte distinta ou diversa que recebeu dos pais e que é necessário conquistar (lutar) para se apropriar dela.[17]

O contrato de renúncia à satisfação imediata dos objetivos pulsionais

Como o pacto fraterno e a aliança simbólica com o Pai, o contrato de renúncia à satisfação imediata dos objetivos pulsionais realiza uma função estruturante na formação da psique. Ele busca o mesmo objetivo e assegura a transmissão dos interditos e dos ideais comuns. Ele é uma exigência para o trabalho psíquico imposto pela cultura para estabelecer e manter a comunidade.

Esse segundo tipo de aliança foi apenas esquematizada por Freud no motivo do pacto fraterno, mas a noção nos é proposta mais explicitamente em *O futuro de uma ilusão* e em *O mal-estar na civilização*. Freud sustenta ali que a renúncia mútua à satisfação imediata dos objetivos pulsionais é a condição para que se constitua uma "comunidade de direito" que, em troca, é a avalista ou a garantia da segurança de cada um e torna possíveis as relações de amor e a cultura. Freud afirma ali a similitude

---

17 Isso é um eco dos versos de Goethe no Fausto (o que você herdou dos pais, a fim de possuí-lo, você precisa ganhá-lo...), que aqui assumem todo o seu sentido.

do processo cultural com o desenvolvimento libidinal do indivíduo. A sublimação dos objetivos pulsionais "traço saliente do desenvolvimento libidinal do indivíduo" é também o resultado do trabalho da formação da civilização: tanto um como o outro são obtidos por limitações.[18]

O tema da renúncia (*der Verzicht*) acompanha todas as obras de Freud sobre o trabalho da cultura e da relação. Anunciado desde 1908, com o artigo sobre "A moral sexual *civilizada* e a doença nervosa moderna", o tema da renúncia está bastante bem desenvolvido nas três obras tardias: *O futuro de uma ilusão, O mal-estar na civilização* e *Moisés e o monoteísmo: três ensaios*.[19]

O mal-estar na civilização e o sofrimento de origem social

Em *O mal-estar na civilização* Freud se interroga sobre as fontes do sofrimento humano e especialmente, sobre essa terceira fonte de sofrimento, o "sofrimento de origem social". Ao lado do sofrimento que nos é imposto pela natureza e aquele que vem de nosso próprio corpo, o sofrimento social deve-se à incapacidade dos seres humanos de *regrar* suas relações entre eles, no seio de suas famílias, do Estado ou da sociedade. Ainda que tenhamos que admitir que a natureza nos *arrasa*, nós tentamos dominá-la por nossas técnicas. E mesmo sabendo que nosso corpo está destinado à morte, nossos investimentos em atividades superiores, como a arte e o pensamento, para tentar, se não evitar, pelo menos atenuar o sofrimento, servem para nos distrair e manter a crença numa imortalidade.

---

18 FREUD, S. *O mal-estar na civilização*. Edição Standard brasileira das obras psicológicas completas. Rio de Janeiro: Imago, (1929) 1979, vol. 21, p. 116.

19 FREUD, S. *Moral sexual "civilizada" e a doença nervosa moderna*. Edição Standard brasileira das obras psicológicas completas. Rio de Janeiro: Imago, (1908) 1979, vol. 9, pp. 187-212; FREUD, S. *O futuro de uma ilusão*. Edição Standard brasileira das obras psicológicas completas. Rio de Janeiro: Imago, (1927) 1979, vol. 21, pp. 15-71; FREUD, S. *O mal-estar na civilização*. Edição Standard brasileira das obras psicológicas completas. Rio de Janeiro: Imago, (1930) 1979, vol. 21, pp. 81-171; FREUD, S. *Moisés e o monoteísmo: três ensaios*. Edição Standard brasileira das obras psicológicas completas. Rio de Janeiro: Imago, (1939) 1979, vol. 23, pp. 19-161.

Freud se pergunta por que as instituições das quais somos nós mesmos os autores não nos proporcionam somente poder e benefícios. Ele escreve:

> *Se refletirmos sobre o deplorável fracasso, nesse domínio, precisamente, quanto às nossas medidas de preservação contra o sofrimento, nós nos deparamos a suspeitar que aqui ainda se dissimula alguma lei da natureza invencível e que trata-se dessa vez, de nossa constituição psíquica.*[20]

A opinião mais admitida sustenta, a propósito, ser a civilização a responsável pela nossa miséria: deveríamos abandoná-la para voltar ao estado primitivo que nos garantiria muito mais felicidade. Tal ponto de vista hostil tem sua origem naquilo que exige a vida em comum e é essa exigência que contraria a busca do prazer.

Para dar conta com mais detalhes dessa curiosa conduta que faz de nós artesãos de nosso próprio sofrimento, Freud propõe a seguinte explicação: entre os traços que caracterizam a civilização, o modo como são regradas as relações dos seres humanos entre si é decisiva.

> *O elemento civilizado seria dado pela primeira tentativa de regramento das relações sociais [...]. A vida em comum dos seres humanos não se torna possível senão quando a maioria (uma pluralidade) chega a reunir-se num grupo mais forte que cada indivíduo em particular e tiver sucesso em manter-se junto diante de todo indivíduo particular.*[21]

Essa passagem da pluralidade ao agrupamento é na realidade a passagem do direito do mais forte ao direito da comunidade. O direito da comunidade tem como consequência que "ninguém, desde então, poderá ser submetido ao comportamento arbitrário de quem quer que

---

20 Trago aqui a tradução *Standard*, apenas para efeito de comparação. O texto não é exatamente o mesmo. 'Contudo, quando consideramos o quanto fomos mal sucedidos exatamente nesse campo da prevenção do sofrimento, surge em nós a suspeita de que também aqui é possível jazer, por trás deste fato, uma parcela de natureza inconquistável – dessa vez uma parcela de nossa própria constituição psíquica'. (NT). FREUD, S. *O mal-estar na civilização*. Edição Standard brasileira das obras psicológicas completas. Rio de Janeiro: Imago, (1930) 1979, vol. 21, p. 105.

21 FREUD, S. *O mal-estar na civilização*. Edição Standard brasileira das obras psicológicas completas. Rio de Janeiro: Imago, (1930) 1979, vol. 21, p. 115.

faça parte da comunidade". Em contrapartida, poderá ser submetido ao comportamento arbitrário o que não fizer parte do grupo. O que dá bases à comunidade é, portanto, a emergência do direito. Mas para beneficiar-se das proteções da comunidade, em troca, devemos renunciar à satisfação imediata de alguns prazeres.

A renúncia e a limitação

Em todas as suas respostas aparece a necessidade da *renúncia*. A palavra utilizada por Freud, *der Verzicht*, pode aplicar-se muito bem à renúncia de uma parte da herança, de um favor, de um direito ou de uma ajuda.[22] Ela pode expressar um afastamento ativo ou um abandono passivo: pode ser imposta ou voluntariamente consentida, obtida sob constrangimento ou livremente adotada. A palavra francesa que a traduz – *renoncement* – traz outra dimensão, aquela da marca da negação: renunciar indica uma adesão primeira a um objeto, a um estado, à uma expressão psíquica.[23]

Nos textos de Freud, a noção de renúncia esteve sempre ligada àquela de um constrangimento exercido sobre o sujeito para obtê-la:

> *Toda cultura (deve) necessariamente edificar-se sobre a coerção e a renúncia pulsional; não parece mesmo garantido que cessando a coerção, a maioria dos indivíduos continuasse a trabalhar o que fosse necessário para conseguir os víveres novamente. É necessário, segundo penso, contar com o fato de que, em todos os seres humanos, as tendências destrutivas e, portanto, antissociais, e anticulturais estão presentes e que eles são, na grande maioria, suficientemente fortes para determinar seu comportamento na sociedade.*[24]

---

22 Os sinônimos die Entsagung e die Ablehnung comportam a nuança da "recusa". A noção de "repressão" é também usada como equivalente.

23 Pode ter lá sua validade essa tentativa de significação semântica do termo. De qualquer modo, parece-me forçado. Tanto o termo francês "renoncement" como o termo português "renúncia" têm como origem o termo latino *renūntiāre*, cuja origem está no latim jurídico, século XIII, com o sentido de "anunciar como resposta" e somente mais tarde obteria o sentido derivado que temos hoje (NT).

24 FREUD, S. *O futuro de uma ilusão*. Edição Standard brasileira das obras psicológicas completas. Rio de Janeiro: Imago, (1927) 1979, vol. 21, p. 17.

Sublinhemos aqui a importância que Freud atribui às tendências destrutivas para justificar tal renúncia e a fragilidade desta.

Mais adiante, no mesmo texto, afirmando que a coerção seria indispensável para levar a bom termo o trabalho da civilização, ele escreve:

> *Não menos que a coerção ao trabalho cultural, não se pode dispensar o domínio sobre as massas por uma minoria, uma vez que as massas são inertes e desprovidas de discernimento elas não têm interesse algum por renúncia pulsional, não podem ser convencidas por argumentos de que isso seja inevitável, e os indivíduos de que se compõem confortam-se mutuamente dando livre curso aos seus desregramentos.*[25]

As afirmações se sucedem, nesse mesmo sentido, insistindo sobre a "enorme *aplicação* de coerção, amedrontadores e inevitáveis...",[26] ante o reconhecimento de que "toda a cultura repousa sobre a coerção para o trabalho e a renúncia cultural, e que disso, decorre que ela suscita inevitavelmente uma oposição entre os que estão preocupados com essas exigências".

Os objetos da renúncia

A renúncia imediata de algumas pulsões

A limitação necessária para obter a renúncia se exerce prioritariamente sobre a satisfação imediata de algumas pulsões. "Os desejos pulsionais *recusados* são os do incesto, do canibalismo e do desejo-prazer de assassinar".[27] A ideia já fora o motivo central de *Totem e tabu*, e será uma constante até *Moisés e o monoteísmo*. Ao mesmo tempo, afirma-se o paralelismo entre o desenvolvimento libidinal do indivíduo e o trabalho da cultura

---

25 FREUD, S. *O futuro de uma ilusão*. Edição Standard brasileira das obras psicológicas completas. Rio de Janeiro: Imago, (1927) 1979, vol. 21, p. 18.

26 FREUD, S. *O futuro de uma ilusão*. Edição Standard brasileira das obras psicológicas completas. Rio de Janeiro: Imago, (1927) 1979, vol. 21, p.18.

27 FREUD, S. *O futuro de uma ilusão*. Edição Standard brasileira das obras psicológicas completas. Rio de Janeiro: Imago, (1927) 1979, vol. 21, p. 21.

que "pressupõe a não satisfação de pulsões poderosas". Freud admite que a coerção exercida sobre elas apresenta um problema: "Não é fácil compreender como lidar para se retirar de uma pulsão a satisfação (a ela vinculada)".[28] Portanto, está estabelecido já de longa data que a repressão ou a renúncia das satisfações sexuais descartadas pelos interditos inscrevem-se na resolução da crise edipiana e no processo da sublimação.[29]

A renúncia à violência e o trabalho da morte

O mito que organiza o pensamento de Freud em *Totem e tabu* nos levou a um modelo de transformação da estrutura de um grupo que, diante da violência que o ameaça de morte, inventa uma *saída* que muda a relação que seus membros mantêm entre si. Logo de início, a submissão passiva ao poder tirânico é invertida para uma força que une os Irmãos numa relação capaz de sustentar ativamente a violência assassina contra o Pai arcaico. A segunda transformação está no trabalho do pensamento que confronta os assassinos com o caráter repetitivo de sua violência pulsional destrutiva. Esse momento decisivo transforma sua relação, inventa conjuntamente a paternidade, a filiação e a fraternidade, e funda assim uma realidade intersubjetiva comum sobre a base da qual se singulariza para cada sujeito sua relação com a lei simbólica. Numa nota acrescida em 1935, ao *A questão da análise leiga*, Freud acrescenta outra precisão sobre o objeto da renúncia:

> *O pendor inato à agressão é naturalmente incompatível com a conservação da sociedade humana. A questão nem se coloca: nossa cultura repousa sobre a repressão das pulsões. A questão é saber se é edificada a expensas de pulsões eróticas em vez de às custas das pulsões destrutivas.*[30]

---

28 FREUD, S. *O mal-estar na civilização*. Edição Standard brasileira das obras psicológicas completas. Rio de Janeiro: Imago, (1930) 1979, vol. 21, p. 121.

29 Sobre as alianças estruturantes e a sublimação, veja nas páginas: 81-101.

30 FREUD, S. *A questão da análise leiga: conversações de uma pessoa imparcial*. Edição Standard brasileira das obras psicológicas completas. Rio de Janeiro: Imago, (1926) 1979, vol. 20, pp. 205-285; na edição brasileira está ausente esta nota de 1935 (NT).

A questão continua aberta

O que se deve perder em termos de prazer para que a relação possa formar-se

Para dar conta da origem da renúncia, Freud supõe que "aquele que por primeiro renunciou ao prazer de urinar sobre o fogo pôde levá-lo consigo e submetê-lo ao próprio uso. Essa grande conquista cultural seria, portanto, a recompensa de uma renúncia pulsional".[31]

A renúncia é aquilo que se deve perder de prazer para que a relação e a cultura possam formar-se e manter-se: "cada indivíduo cedeu uma parte de sua propriedade, de seu poder de soberania, das tendências agressivas e vingativas de sua personalidade. É dessas contribuições que provêm as propriedades culturais comuns de bons materiais e de bens ideais. Para além das exigências da vida, existem sentimentos familiares que se desvinculam do erotismo que levaram os indivíduos tomados isoladamente a essa renúncia".[32]

Mas Freud percebe que as privações (isto é, o estado que leva à interdição e fixa a renúncia à satisfação pulsional) formam ao mesmo tempo o cerne da cultura e da hostilidade à cultura. Elas são seguramente o motor de seu desenvolvimento, por sublimação, mas também o gerador de problemas graves, de neuroses atuais e de psiconeuroses, como ele já havia assinalado em 1908.

Os termos do contrato da renúncia

O mal-estar na civilização coloca em evidência uma segunda linha de reflexão. Ela diz respeito às compensações e ao *contrato* obtido em contrapartida à coerção e à renúncia. "O homem civilizado faz uma troca de

---

31 FREUD, S. *O mal-estar na civilização*. Edição Standard brasileira das obras psicológicas completas. Rio de Janeiro: Imago, (1930) 1979, vol. 21, pp. 109-110n.

32 FREUD, S. *Moral sexual "civilizada" e doença nervosa moderna*. Edição Standard brasileira das obras psicológicas completas. Rio de Janeiro: Imago, (1908) 1979, vol. 9, p. 192.

uma parte da felicidade possível, por uma parte da segurança", escreve Freud. "O resultado final deve ser a edificação de um direito ao qual todos, ou pelo menos, todos os membros que possam aderir à comunidade, tendo contribuído com o sacrifício de sua pulsão instintiva pessoal e que, de outra parte, não deixa nenhum dentre eles vir a ser vítima de força brutal, à exceção daqueles que não aderiram em hipótese alguma".[33] Compreende-se que a comunidade de direitos deriva de um contrato de renúncia à satisfação imediata dos objetivos pulsionais, que ela remedia (compensa) os seres humanos por seus sacrifícios, que ela protege cada um contra a violência do indivíduo, impõe sua necessidade e torna possível o amor.

Notemos que a violência da comunidade, dela mesma, sobre o indivíduo não é aqui uma preocupação de Freud. Chama atenção também o realismo da análise de Freud: a comunidade não garante a proteção de cada um pelo simples fato de ele assumir ali seu lugar e de contribuir para a manutenção e o desenvolvimento do grupo. Aqueles que são ali estrangeiros, ao pé da letra, uns fora da lei: eles podem, portanto, ser submetidos à força brutal.

O que chama aqui a nossa atenção é que Freud descreve nesse texto um *bifacial psíquico:* a renúncia pulsional e o advento da comunidade de direito têm uma função e uma significação ao mesmo tempo no espaço psíquico singular e no espaço psíquico dos grupos sociais e institucionais. Freud nos descreve de uma só vez a sede psíquica do fundamento jurídico da instituição e a da afiliação legítima dos sujeitos num contexto social. O modelo da resolução edipiana foi aqui transposto para a formação da comunidade.

Implicações e consequências do contrato de renúncia à satisfação imediata dos objetivos pulsionais

Examinemos mais de perto as implicações e as consequências desse contrato.

---
33 FREUD, S. *O mal-estar na civilização*. Edição Standard brasileira das obras psicológicas completas. Rio de Janeiro: Imago, (1930) 1979, vol. 21, p. 116.

A renúncia e o narcisismo

O trabalho da cultura e suas aquisições são uma conquista sobre as pulsões assassinas e sobre o narcisismo. No texto de 1914, *Sobre o narcisismo: uma introdução*, Freud escreve que as aquisições da civilização são extorquidas, não sem alguma dor, do narcisismo: "A satisfação narcísica proveniente do ideal cultural encontra-se também entre as forças que alcançam êxito no combate à hostilidade para com a cultura dentro da unidade cultural".[34] Cada vez que o narcisismo for gravemente ameaçado, essas conquistas são postas em perigo.

Renúncia e repressão

Três enunciados são constantes na reflexão freudiana sobre a renúncia. O primeiro aparece em *O futuro de uma ilusão*: "A criança deve domar suas reivindicações pulsionais por um ato de repressão".[35] O segundo aparece em *O mal-estar na civilização*: "Se uma tendência pulsional sucumbe à repressão, seus elementos libidinais são transformados em sintomas, seus componentes agressivos em sentimentos de culpa".[36] O terceiro aparece de novo em *O futuro de uma ilusão*, onde ele nos assegura que "estamos agora em condições de dizer que a hora verdadeiramente chegou, como no tratamento analítico da neurose, de substituir o sucesso da repressão pelos resultados do trabalho racional do espírito".[37] Sobre esse último ponto, não é de todo impossível que Freud mesmo esteja envolvido numa ilusão ou num equívoco daquilo

---

34 FREUD, S. *Sobre o narcisismo: uma introdução*. Edição Standard brasileira das obras psicológicas completas. Rio de Janeiro: Imago, (1914) 1979, vol. 14, p. 89-121; FREUD, S. *O futuro de uma ilusão*. Edição Standard brasileira das obras psicológicas completas. Rio de Janeiro: Imago, (1927) 1979, vol. 21, p. 24.

35 FREUD, S. *O futuro de uma ilusão*. Edição Standard brasileira das obras psicológicas completas. Rio de Janeiro: Imago, (1927) 1979, vol. 21, p. 56.

36 FREUD, S. *O mal-estar na civilização*. Edição Standard brasileira das obras psicológicas completas. Rio de Janeiro: Imago, (1930) 1979, vol. 21, p. 163.

37 FREUD, S. *O futuro de uma ilusão*. Edição Standard brasileira das obras psicológicas completas. Rio de Janeiro: Imago, (1927) 1979, vol. 21, p. 58.

que significa o trabalho da cultura, que sem cessar recomeça como a secagem do Zuidersee!³⁸

A enunciação dos interditos e a correpressão

Essas operações não são apenas o efeito de uma necessidade intrapsíquica. Se nos colocarmos do ponto de vista do sujeito em sua primeira relação com o outro, as experiências elementares de renúncia à satisfação imediata dos objetivos pulsionais inscrevem-se num processo mais complexo que o da correpressão entre a mãe e a criança. A renúncia supõe uma instância de enunciação dos interditos fundamentais, a constituição de um superego confrontado com a culpabilidade das transgressões e suas saídas sublimatórias. A renúncia implica também que o contrato narcísico traga a segurança de base para o sujeito para que encontre um interesse por assumir seu lugar na comunidade. Quando uma saída for essa, de tal modo que a renúncia seja possível, o modo "da melhor das repressões" (Castoriadis-Aulagnier) e o modo da sublimação instalam-se no lugar da repressão severa e cruel.

Renúncia pulsional e sentimento de culpa

Freud escreve muitas vezes que na formação do contrato de renúncia à satisfação imediata dos objetivos pulsionais o obstáculo às pulsões agressivas enseja o crescimento do sentimento de culpa.³⁹ Ele atribui a dois fatores o surgimento do sentimento de culpa: O primeiro provém da angústia diante da autoridade externa que impõe a renúncia pulsional aceita pelo indivíduo para conservar seu amor; a segunda, ulterior, nasce da interiorização da coerção externa e da angustia diante do Superego: essa instância estaria na base da formação da consciência moral: "Ele

---

38 O Zuidersee é na realidade a parte abaixo do nível do mar, entre os diques e o continente, na Holanda. A secagem dessa parte das terras é um trabalho sem-fim; um verdadeiro trabalho de Sizifo (NT).

39 FREUD, S. *O mal-estar na civilização*. Edição Standard brasileira das obras psicológicas completas. Rio de Janeiro: Imago, (1930) 1979, vol. 21, pp. 152; 163.

remete, por outro lado, à punição, sendo claro que não se pode esconder do Superego a persistência dos desejos interditados".

Freud assinala muitas vezes o papel eminente do Superego na formação do contrato: "O fortalecimento do Superego é uma vantagem cultural psicológica eminentemente preciosa. As pessoas em que ele se efetivou, tornam-se de adversários da cultura que eles eram, em portadores da cultura".[40] Ele mostra também como se instala um movimento circular que garante a renúncia e está ali, escreve Freud, uma ideia própria da psicanálise:

> *No início a consciência moral (mais exatamente, a angústia que se torna mais tarde a consciência moral), claro, é a causa da renúncia pulsional, porém mais tarde a relação se inverte. Toda renúncia pulsional torna-se então uma fonte dinâmica da consciência moral [...]. Estamos tentados a professar essa tese paradoxal: a consciência moral é a consequência da renúncia pulsional; ou: a renúncia pulsional que nos é imposta de fora cria a consciência moral, a qual exige, em seguida, uma nova renúncia pulsional.*[41]

O processo ativo nesse movimento é a identificação com a autoridade: "O obstáculo ante as pulsões eróticas enseja já de início uma agressão contra a pessoa que perturba a satisfação, mas essa agressão deve, por sua vez, ser reprimida".[42]

Dessa análise pode-se facilmente inferir que para Freud o Complexo de Édipo é o pivô organizador da renúncia e da formação da comunidade de direito. Mas Freud mostra também que é por que esse contrato existe que o Complexo de Édipo pode se constituir e ser ultrapassado.

---

[40] FREUD, S. *O futuro de uma ilusão*. Edição Standard brasileira das obras psicológicas completas. Rio de Janeiro: Imago, (1927) 1979, vol. 21, p. 22.

[41] FREUD, S. *O mal-estar na civilização*. Edição Standard brasileira das obras psicológicas completas. Rio de Janeiro: Imago, (1930) 1979, vol. 21, p. 152.

[42] FREUD, S. *O mal-estar na civilização*. Edição Standard brasileira das obras psicológicas completas. Rio de Janeiro: Imago, (1930) 1979, vol. 21, p. 153.

As formações sublimatórias e a religião

Uma consequência maior da renúncia é tornar possível, por via da sublimação, as formações superiores da psique e da vida em comunidade. Contanto que haja renúncia, o amor e as satisfações obtidas a partir dos ideais e da criação artística tornam-se possíveis. E ainda uma constante em Freud: a arte permite obter "as satisfações substitutivas para a renúncia e aos sacrifícios consentidos pela cultura".

O contrato oferece a cada um a garantia da segurança necessária para a formação do pré-consciente, para o trabalho do pensamento e para a manutenção das relações. Essa consequência afeta de um modo especial, o processo de simbolização e de transformação das pulsões, das emoções não elaboradas; esse processo simboliza e transforma as ações de *descarga* da angústia diante de eventos desconhecidos em elementos de figuração, de representação e de significações capazes de articular-se com os outros elementos prefiguradores do pensamento. Segundo essa perspectiva, compreende-se que o exercício da função *alfa* descrita por Bion supõe um contrato de renúncia.

De modo mais geral, o contrato de renúncia instaura o desvio, a não imediaticidade: o desvio imposto emana da autoridade cuja função é fazer chegar o pensamento na relação corpo a corpo.

A religião e a cultura dos ideais são, nesse caso, outras duas consequências:

> *A humanidade, escreve Freud, realizou renúncias pulsionais indispensáveis para a vida em comum dos seres humanos por forças puramente afetivas. A religião seria a neurose de coerção universal da humanidade [...] ela contém por outro lado um sistema de ilusão e de desejos com negação da realidade efetiva.*[43]

---

43 FREUD, S. *O futuro de uma ilusão*. Edição Standard brasileira das obras psicológicas completas. Rio de Janeiro: Imago, (1927) 1979, vol. 21, p. 57.

Quando o contrato de renúncia fracassa

Quando o contrato de renúncia fracassa, os elementos pulsionais não vinculados, com forte carga tópica, não podem ser utilizados na construção de cadeias simbólicas. Eles influenciam bastante o psiquismo, uma vez que atacam a estrutura. Os objetos não transformados, incorporados ou convertidos em ações ou ato, fabricam uma máquina antipensamento que, paradoxalmente, assume funções de continente,s mas sem transformação (sem a função de *contentor*). Esses objetos brutos são evacuados de diversas maneiras: pela identificação projetiva, pelo depósito ou exportação massiva na psique de outrem. Uma das origens da violência do grupo reside nesse fracasso de contrato de renúncia. Eles, os objetos brutos, podem também ser tratados pelas alucinações, pelas expressões psicossomáticas, ou psicoideológicas. Isto é, pelo pensamento ideológico, sectário e fundamentalista. Os diversos efeitos do fracasso do contrato de renúncia qualificam as expressões do sofrimento psíquico contemporâneo; eles estão em relação estreita com a violência destrutiva e com o fracasso na formação do pré-consciente.

Pela abertura do debate sobre o mal-estar da civilização, Freud introduz um degrau superior de complexidade na abordagem psicanalítica da alma humana. Suas obras não são um estudo de psicanálise aplicada: na realidade, elas são uma contribuição central para a teoria geral da psicanálise. Na *Psicologia do grupo e análise do Ego,* Freud concebe a questão do sujeito sob outro modo de determinação que o solipsista do aparelho psíquico individual. Ele prefigura essa noção que creio ser decisiva e que expressei como a exigência do trabalho psíquico que se impôs à psique devido ao fato de sua relação fundamental com a intersubjetividade e o trabalho da cultura.

Os avalistas das alianças inconscientes secundárias

Nas alianças estruturantes, a palavra está eminentemente ordenada para a função simbólica da relação para cada sujeito. É pela palavra dita ou escrita por todos que se formulam os inter*ditos*, a nomeação, os relatos ou sagas de origem e os termos da aliança. A palavra é pública e convoca um terceiro, que a testemunha, que a consigna ou que é reconhecido neste caso como porta-voz. A função da palavra é de início assegurar, no *diferenciado,* o suspenso, o deslocamento ou a derivação do ato em direção ao simbólico. Existe aqui uma mudança radical em relação às alianças fundadas no corpo a corpo.

Para que o pacto dos Irmãos, a aliança com o Pai e o contrato de renúncia à satisfação imediata dos objetivos pulsionais sejam alianças estruturantes, é necessário que eles se fundamentem sobre avalistas (garantias) simbólicos que os preservem de toda derivação perversa alienante.

A desorganização dessas alianças como a transgressão dos tabus revelam a estrutura e a dinâmica da relação social, elas expressam as mutações coletivas, e ensejam a presença de perturbações sociais e psíquicas.

3ª Parte
AS ALIANÇAS DEFENSIVAS E AS ALIANÇAS PATÓGENAS

As alianças estruturantes derivam em alianças defensivas e em alianças patológicas. Elas tornam-se assim fontes de sofrimento psíquico e de desorganização ou de destruição no espaço interno e no espaço das relações. As alianças defensivas são metadefensivas, elas são uma posição meta em relação às defesas próprias do sujeito, uma vez que essas são endógenas ou mobilizadas pelas vicissitudes do encontro intersubjetivo. Mas elas têm também uma função defensiva ou patógena na relação mesma, para sua própria conservação ou para manterem-se como meio de realização de desejos interditos.

As alianças defensivas e suas derivadas patógenas são aqui disparadas por mecanismos de defesa capazes de fazer face às angústias arcaicas e às angústias de castração. Elas são organizadas por certo tipo de relação com o Negativo, categoria que introduzimos aqui para diferenciar das defesas mobilizadas nas alianças: além da repressão, da negação e também da rejeição, a desaprovação, a forclusão, a clivagem. Resulta daqui uma grande variedade de alianças inconscientes: o pacto denegativo e sua dupla valência organizadora e defensiva, o pacto de negação comum, o contrato perverso, as alianças psicopáticas...

Capítulo 5.
Figuras e modalidades do negativo nas alianças inconscientes: o pacto denegativo

A introdução da categoria do negativo na análise dos processos de relação marcou uma guinada em minhas pesquisas sobre as alianças inconscientes. De início, utilizei essa categoria para trabalhar as relações de grupo (1985-1987). A clínica me ensinou que o grupo – e de um modo mais amplo, toda relação – não é somente um meio e lugar de realizações de desejos inconscientes individuais,[1] e de "sonhos de desejos *irrealizados*",[2] mas que ele é também o meio e o lugar da experiência do ódio, da destruição, da morte, do impensável. Dito de outro modo, os sujeitos estabelecem inclusive suas relações sobre a base daquilo que eles negam ou denegam. Com a categoria do negativo, a relação e a aliança podem ser pensáveis na dimensão do fracasso, daquilo que falta ou daquilo que está perdido, daquilo que desafia a morte, daquilo que marca a relação com características de impossibilidade. É a negatividade em suas diversas figuras que deve ser reprimida ou negada, rejeitada ou escondida. É ela também que, em suas diferentes configurações de relação, nos casais, nos grupos, nas

---

1 Anzieu, D. Études *Psychanalytiques des Groupes Réels. Les Temps Modernes,* 1966, 242, pp. 56-73; Anzieu, D. *Le Groupe et l'inconsciente.* Paris: Dunod, 1975. "O grupo é como um sonho".

2 São nesses termos que Freud propôs conceber o apoio do narcisismo de "Sua Majestade o Bebê" sobre o negativo dos sonhos de desejos parentais, sobre sua incompletude narcísica.

famílias, nas instituições está na origem da ilusão, no sentido de ilusório que Freud dá a esse termo. Aqui ainda, do mesmo modo como para a realização dos desejos inconscientes, o tratamento da negatividade não pode ser realizado sem uma aliança com o outro, com até mais de um. E a clínica nos ensina que as tentativas para "positivar" o que está para vir são muitas vezes tentativas de fazer aliança para que essa negatividade não seja nem mencionada.

Ao longo do desenvolvimento de minhas pesquisas, o negativo me apareceu como um dos componentes constantes de alianças inconscientes: isto é, no contrato de renúncia à satisfação imediata das pulsões interditas, no pacto entre Irmãos e na aliança com o Pai, no contrato narcísico, nos pactos denegativos, bem como em todas as outras formas de alianças defensivas e alienantes.

Os obstáculos para se pensar o negativo

Essa proposta suscita diversos tipos de dificuldades. Umas são tributárias da resistência que opõe o narcisismo ao pensar que a relação fundamenta-se sobre o negativo, para não insistir senão na positividade da relação. As outras estão associadas aos obstáculos epistemológicos que são suscitados pelo pensamento do negativo e isso já desde Freud: como pensar o inconsciente das alianças inconscientes com o negativo quando, segundo Freud, "aquilo que chamamos de nosso *inconsciente* [...] não conhece absolutamente nada de negativo, negação alguma - nele os opostos coincidem? [...]".[3] Podemos prender-nos a essa proposição do momento em que Freud afirma também que estão presentes no inconsciente de materiais ligados à negação e à denegação.

---

3 FREUD, S. *Reflexões para os tempos de guerra e morte*. Edição Standard brasileira das obras psicológicas completas. Rio de Janeiro: Imago, (1915) 1979, vol. 14, p. 335.

Três modalidades do negativo e seu destino nas alianças

Distingui três modalidades do negativo: a negatividade da obrigação, a negatividade relativa e a negatividade radical. Essas três modalidades são objetos de alianças inconscientes, de pactos ou de contratos entre os sujeitos das primeiras relações. Elas se apresentam na origem da psique humana, estão também na origem da formação e manutenção das relações entre diversos sujeitos. Antes de descrever essas três modalidades do negativo e de seguir seus efeitos nas alianças estruturantes, defensivas e alienantes, é importante chamar a atenção para o fato de que toda a negatividade não pode ser absorvida, reabsorvida, transformada pela relação e pelo trabalho psíquico que se efetiva aqui. Da mesma maneira e pelas mesmas razões, o pensamento não pode pensar senão uma parte do negativo sobre o qual ele se apoia e fundamenta. Um resto irredutível que, quando não se deixa figurar pelas imagens ou representar pelo pensamento, surge como ato ou enigma no real.

A negatividade da obrigação

Entendo por negatividade da obrigação aquilo que é realçado da necessidade, pelo aparelho psíquico:

- seja para efetuar operações defensivas para suprimir, reduzir ou modular as representações ou as percepções que ameaçam a constância e a integridade do aparelho psíquico, ou a das relações nas quais dois ou mais sujeitos estão envolvidos;
- seja para abandonar ou afastar certas formações psíquicas individuais em proveito da relação;
- seja para renunciar à satisfação imediata dos objetivos pulsionais que o ameaça.

As operações psíquicas que suscitam a negatividade da obrigação têm por objetivo preservar o interesse maior da organização psíquica, a do sujeito mesmo e a dos sujeitos aos quais ele está vinculado por um interesse maior.

Repressão, negação e rejeição como tratamento da negatividade da obrigação

Essas operações defensivas têm um custo psíquico variável, dependendo dos interesses a serem preservados e da ameaça da qual é necessário se proteger. Elas efetivam-se por meios e mecanismos que descrevi acima: principalmente a repressão e a (de)negação de uma parte e a negação e desaprovação, a rejeição e a forclusão de outra parte. As operações psíquicas que especificam essa forma de negatividade voltam-se para a representação inadmissível – ela deve ser reprimida – ou seja, sobre uma percepção inaceitável por uma instância do aparelho psíquico – ela deve ser negada, desaprovada, rejeitada ou forcluída. A negação e a rejeição são, em sua origem, processos e organizações inconscientes extratópicas: exportação, depósitos, criptas.

A noção de obrigação acentua por sua vez a *coerção* que se exerce sobre o aparelho psíquico para que tais operações sejam efetuadas, e a *relação* que se estabelece por consequência disso entre essas e os interesses (motivos) intrapsíquicos e interpsíquicos assim preservados.

As alianças que geram a negatividade da obrigação são, essencialmente, alianças "para" realizar e manter a repressão ou a negação e "contra" o retorno do recalcado ou das percepções negadas. Segundo o mecanismo de defesa que estiver prevalecendo em sua organização, as alianças estruturantes, as defensivas ou as alienantes são fundamentadas por esse primeiro tipo de negatividade.

O tratamento da negatividade da obrigação pela repressão e/ou pela negação é necessário para que se forme e se mantenha a relação. Ele é constante e é exigido de cada sujeito da relação. Nessa perspectiva, o tratamento psíquico pelo sujeito, de sua própria negatividade de obrigação por meio da repressão, lidará desde a origem com o tratamento da negatividade no outro.

Lembro aqui que a negatividade da obrigação propus muitas vezes, uma vez que se inscreve nas funções da psicanálise: a repressão na aliança *sanguinolenta* de Freud e de Fliess, a propósito da operação das fossas nasais de Emma Eckstein, depois da negação da culpabilidade.[4] O que devia ser reprimido e negado para se fazer a aliança é o amor homossexual entre dois homens, o ódio pela feminilidade, o desejo de explorar o corpo do "continente negro".

Outras exigências psíquicas impostas pela negatividade da obrigação

De um modo mais amplo e à parte da repressão de uma representação, do negado de uma percepção ou da rejeição de outras operações, essas exigências psíquicas não defensivas, são necessárias para que a vida em comum seja possível, para que a relação se organize e para que seus elementos constitutivos permaneçam juntos.

Lembro, de início, o *esquecimento* dos limites do Ego que as identificações impõem, o abandono dos ideais pessoais em favor do ideal comum. Em *Psicologia do grupo e análise do Ego*, Freud escreve que a relação do *agrupamento* é estabelecida sobre essa parte ou dimensão da negatividade inerente à renúncia de uma parte da satisfação pulsional, ao abandono de uma parte dos ideais. O retraimento parcial dos limites do Ego e da identidade singular é um momento necessário para o estabelecimento de identificação: então o que for perdido no Eu é depois readquirido na relação.

Nesse mesmo texto, a análise do contágio de uma crise histérica num pensionato de moças traz à luz o modo como se forma a identificação

---

[4] KAËS, R. *Le Pacte Dénégatif dans les Ensembles Intersubjectifs*. In MISSENARD, A., ROSOLATO, G. *et al* (Ed.), *Le Négatif. Figures et modalités*. Paris: Dunod, 1989; KAËS, R. *Alliances Inconscientes et Pacte D*énégatif das les *Instituitions. Revue de Psychothérapie Psychanalytique de Groupe*. 1989, 13, pp. 27-38; KAËS, R. *La Matrice Groupale de L'Invention de la Psychanalyse*. Esquisse pour une analyse du premier cercle autur de Freud. In KAËS, R. (Ed.), *Les Voies de la psyché. Hommage à Didier Anzieu*. Paris: Dunod, 1898; KAËS, R. *Le Groupe et le Sujet du Groupe. Éléments pour une Théorie Psychanalytique des Groupes*. Paris: Dunod, 1993; KAËS, R. *Un Singulier Pluriel. La Psychanalyse à L'Épreuve du Groupe*. Paris: Dunod, 2007; KAËS, R. The Question of the Unconscious in Common and Shared Psychic Process. In CALICH, J. C., HINZ, H. (Ed.). *The Unconscious: Further Reflections*. London: International Psychoanalytical Association, 2007.

imaginária mútua *pelo negativo*. As amigas de uma jovem que recebe uma carta de um amor secreto experimentam ciúmes e entram na mesma crise histérica: elas se identificam entre si *por aquilo que elas não têm* (o namorado que as tornam ciumentas de sua companheira). É, senão, o fato de terem apenas identificações que se formam a partir de um traço comum que as liga entre elas: a comunidade do sintoma. O não-representável do qual nenhuma delas pode falar, mas que todas conhecem "de um saber que elas ignoram", produz uma crise de sobreinvestimento das relações intersubjetivas por uma identificação histérica "em negativo". Sob a influência da situação patógena, a identificação desloca-se sobre o sintoma: "A identificação pelo sintoma torna-se, assim, o índice de uma relação de coincidência de dois Egos, relação que deve ser mantida recalcada".[5] A repressão volta-se para um acordo de não saber nada e de não dizer nada a fim de não ser confrontado com um conteúdo pressentido como perigoso para a relação no grupo.

Esse exemplo faz pensar que não é somente a relação (o contato) de cada jovem com seu sintoma histérico que deve ser recalcado, mas as tramas inconscientes da relação que elas pactuam entre elas das próprias alianças, graças às identificações projetivas cruzadas. Esses *jogos* ou processos relacionam-se com os desejos e os sistemas defensivos cujas realizações requerem que se ponha em ação processos identificatórios recíprocos. As alianças e identificações definem assim um espaço psíquico que já é comum e compartilhado.

Outra maneira de tratar a negatividade da obrigação consiste na renúncia à satisfação imediata dos objetivos pulsionais submetidos à interdição do incesto, canibalismo ou assassinato. Esse tema foi tratado de um modo pioneiro e incipiente no *Totem e tabu*, desenvolvido em *O futuro de uma ilusão*, em *O mal-estar na civilização* e até mesmo no *Moisés e o monoteísmo*. Adentrar na negatividade da obrigação das alianças

---

5 FREUD, S. *Psicologia de Grupo e análise do Ego*. In FREUD, S. Edição Standard brasileira das obras psicológicas completas. Rio de Janeiro: Imago, (1921) 1979, vol. 18, p. 136.

estruturantes é o mesmo que entrar no âmbito do trabalho da cultura para a vida social, como o do Édipo o é para a psique individual.

Se seguirmos o modelo de resolução do Complexo de Édipo para pensar as alianças fundamentadas sobre a renúncia e o interdito, devemos admitir que a repressão não é suficiente para garantir a formação. Certamente, o processo que conduz ao declínio e à resolução do Complexo de Édipo supõe o recalcamento dos desejos incestuosos. Mas o processo de resolução exige mais que uma repressão, e bem o assinala Freud quando escreve no *A dissolução do Complexo de Édipo*: "Se o Ego na realidade não conseguiu muito mais que uma repressão do complexo, este persiste em estado inconsciente na identidade e manifestará mais tarde seu efeito patógeno".[6] Entendemos que o Complexo de Édipo não pode ser resolvido se não houver uma instância de interdição em condições de barrar o acesso às satisfações pulsionais incestuosas; não será resolvido se a renúncia não se realizar segundo as modalidades de menino e menina; se as identificações consecutivas não ocuparem seus lugares. Então, a instância do Superego, e do ideal do Ego podem se constituir e instalar a permanência das aquisições pós-edipianas.

O contrato fraterno, a aliança simbólica com o Pai e o contrato de renúncia a satisfação imediata das pulsões destrutivas, requerem do mesmo modo e pelas mesmas razões, uma instância de interdição que exija a renúncia para formar a comunidade.

O tratamento da negatividade da obrigação na relação efetua-se segundo diversos tipos de alianças: os pactos denegativos correspondentes àquelas alianças que se organizam sobre a repressão somente ou sobre a negação e a rejeição enquanto que com o pacto dos Irmãos, a aliança com o Pai e a renuncia à satisfação imediata dos objetivos pulsionais correspondem às alianças que estão estruturadas pelo interdito, pela repressão e pela renúncia. Sob esse aspecto, as negatividades da

---

6 FREUD, S. *A dissolução do Complexo de Édipo*. Edição Standard brasileira das obras psicológicas completas. Rio de Janeiro: Imago, (1924) 1979, vol. 19, p. 222.

obrigação estão ordenadas à produção da positividade da relação e à sua manutenção.

A negatividade relativa e o campo do possível

A negatividade relativa[7] define outro espaço e outra experiência psíquica. O negativo tem como foco de atenção nesse momento, aquilo que não é realizado na realidade psíquica, o que ficou na forma de sofrimento na formação dos continentes e nos conteúdos psíquicos, aquilo que não pôde existir ou que não encontrou um lugar ou meios de existir. Essa negatividade é relativa na medida em que ela permanece aberta ante a possibilidade de uma satisfação, que essa potencialidade se efetive ou que ela permaneça em projeto. Em todos os casos, a potencialidade manifesta-se como perspectiva organizadora de um projeto ou de uma origem. Poder-se-ia dizer: alguma coisa não pôde existir, mas poderia ter existido; ou ainda, alguma coisa que tendo sido, não o foi suficientemente, seja por excesso ou seja por falta, e poderia ter sido de modo diverso. O objeto e a experiência do objeto se constituíram, mas seu desaparecimento, sua insuficiência, seu fracasso deixa em aberto uma espera, um desejo. A negatividade relativa define, assim, um campo do *possível*. Ela sustenta um espaço potencial da realidade psíquica.

É esse tipo de negatividade que sustenta o investimento narcísico e objetal no neonato e dos pais no contrato narcísico; o mesmo vale para os amantes em seu processo de *afinação*, o do paciente ante o terapeuta na aliança terapêutica.

Quando pensamos que a negatividade relativa é o espaço do possível na relação, levamos em consideração o que em nosso espaço psíquico seria tributário da psique do outro; ou mais precisamente, sua capacidade de lidar com a negatividade e de constituir um continente

---

7 Traduzimos "relative" por "relativo" e não "relacional" para deixar mais claro o teor semântico concernente ao conceito, isto é, de "satisfação parcial" (NT).

e uma atividade temporários do pensamento sobre as quais virá apoiar-se o processo psíquico enfraquecido ou carente, para que ele possa vir a ser possível.

As alianças que geram a negatividade relativa são, antes de tudo, alianças "para", ainda que também possam construir-se como alianças "contra". Nos domínios dos sistemas de pensamento, a utopia – cujo nome traz consigo a marca do negativo: *utopia,* isto é, que é sem lugar – é um efeito da negatividade relativa.[8] A negatividade relativa é fonte de pensamentos e de projetos de ação: ela suscita a esperança de uma transformação da realidade, de uma volta possível ou da vinda de outra ordem da realidade. Desse ponto de vista ela implica sólidas relações com a capacidade de gerar ilusões, no sentido que Winnicott fala de ilusão. A formação descrita por D. Anzieu como ilusão grupal deve ser interpretada, de um lado, sob esse ângulo: como uma aliança fundamentada sobre a negatividade relativa. Mas por outro lado, ela se organiza sobre a negatividade radical.

A negatividade radical

Das três formas de negatividade, a negatividade radical é a mais difícil de ser conceituada, uma vez que ela nos confronta com o impossível, com o irredutível, com a morte. Ela poderia caracterizar aquilo que Lacan chama de real.

A negatividade radical qualifica-se como "aquilo que não existe". Ela se atualiza na experiência da falta, pela prova ou experiência da ausência, pelo encontro com o desconhecido ou pelo não encontro de um sujeito ou de um objeto. Ela poderia ser descrita de um modo paradoxal como

---

8 Nesse sentido, interessei-me pela utopia como construção literária e do imaginário social, mas também como uma construção grupal que define uma posição da mentalidade grupal e como uma construção individual. KAËS, R. *L'Utopie dans L'Espace Paradoxal: Entre jeu et Folie Raisonneuse*. Bulletin de psychologie, 1978, 31, 336, pp. 853-879; KAËS, R. *Chronique d'un Groupe: Observation et Présentation du Groupe du "Paradis Perdu"*. Paris: Dunod, 1976 (em colaboração com D. Anzieu); KAËS, R. *L'Appareil Psychique Groupal. Constructions du Groupe*. Paris: Dunod, 1976; KAËS, R. Une Utopie hospitalière. *Adolescence*, 1996, 27, pp. 11-24.

o real não percebido, não contido. As figuras do vazio, do branco podem dar-nos uma representação aproximada: porém somente uma vez que esse fundo do não-representável da negatividade radical tem como pano de fundo a separação e a angústia originária quando ela não foi (ou não é) tratada nem pelo recalcamento e nem pela negação.

A negatividade relativa deixa-se abordar nas experiências primitivas de abandono e de agonia, que afetam os sujeitos submetidos às angústias extremas nas quais os funcionamentos psíquicos mais rudimentares, tais como os significantes de demarcação (Rosolato) e os significantes formais (Anzieu) deixam subsistir somente uma sobrevida psíquica.[9]

Nessa perspectiva, a negatividade radical é a relação de contacto paradoxal do pensamento com o que não existe, com quem não existe e com aquilo que ela não pode pensar: ela é o que permanece refratário a todo e qualquer vínculo. É nisso que a negatividade radical é e continua sendo um *não vinculado* irredutível e que assim se distingue do *desvinculado* que afeta as outras modalidades do negativo.

A negatividade radical está na origem da angústia que é suscitada no psiquismo pela relação de contato com aquilo que não existe. Essa angústia pode encontrar sua saída, na falta de continente do pensamento, na destruição do pensar para, assim, suprimir o intolerável. Ela pode também ser tratada segundo outras modalidades da negatividade de obrigação ou da negatividade relativa, essas se tornariam então, um consentimento da negatividade radical.

Esse encontro do pensamento com seu limite pode ser vivido no atordoamento, no terror ou no êxtase. Ele pode elaborar-se nas figuras do absurdo. Essa confrontação com aquilo que em si não existe (ou que não é) senão somente *como estrangeiro para si mesmo* (Barannes, 1966) é

---

9 WINNICOTT, D. W. *L'angoisse Liée à l'Insécurité*. In WINNICOTT, D. W. *De la Pédriatrie à la Psychanalyse*. Paris: Payot, (1952) 1969; ROUSSILON, R. *Agonie, Clivage et Symbolization*. Paris: PUF, 1999.

vertiginoso e intolerável para o narcisismo.[10] Nesse espaço vazio, nessa periferia sem margem que se furta a se deixar habitar com o "eu" e seus objetos, podemos alojar a experiência mística, a ausência de Deus, o Absoluto, a espera do Todo na busca do Nada. Outros desenvolvimentos teóricos podem elaborar essa experiência da não experiência: filosofias apofáticas, teologias negativas.[11]

Entretanto, ainda que ela, a negatividade radical, não se resolva inteiramente nem no pensamento e nem na relação, ela é um motor possante do pensamento e da relação.[12] As questões que ela suscita interroga a origem, o desconhecido, o inconcebível, o outro, o impossível. Essas são as questões sobre o sexo, o desejo e não desejo. Essas questões somente podem ser apresentadas com a condição de que o sujeito não as tenha previamente obturadas pelo recalcamento ou negação. É necessário, portanto, que o pensamento daquilo que não veio ou não virá (a ser) possa constituir-se sem prejuízo ou obstáculo para que o aparelho psíquico possa representar essa negatividade, quando da possibilidade de operação da castração simbólica.

Podemos conceber ainda de um modo mais amplo, o papel da negatividade radical na formação e na manutenção da vida psíquica: ela torna disponível o espaço vazio não patógeno necessário a essa vida psíquica. A

---

10 BERANES, J. J. À *Soi-même Étranger*. Revue française de psychanalyse, 1986, 50, 4, pp. 1079-1096.

11 A teologia negativa foi mais ou menos essa tentativa de levar em conta a negatividade radical como percurso da abordagem do ser pelo negativo: não representar Deus por seus atributos, nem ligá-lo a termo algum que o definisse na contingência de seus atributos ou que domine o seu ser por um conhecimento e com isso se pudesse chegar a um dado positivo.

12 Não foi, provavelmente, senão num estágio tardio do desenvolvimento da psique que se tornou possível pensar-se a negatividade radical. Foi necessário que experiências fossem transformadas para que assim se constituísse um acesso à fantasmatização e ao pensamento da identidade do sujeito. Podemos supor que esse desenvolvimento seja coetâneo das primeiras questões que a criança coloca sobre os limites do interno e externo, mas também sobre as diferenças entre o animado e o inanimado, entre o que é vivo e o que é morto. Ela começaria assim a pensar o que não é mais ela, e o que não é mais coisa, o não-eu e o não-tu. Ela apresentaria isso através da interrogação sobre o que tudo isso teria sido quando ainda não seria (existiria), e mais tarde, o que não existe porque ela existe, mas também de um modo mais radical, aquilo que não existe e jamais poderá existir.

experiência da não experiência (do não experimentável), daquilo que não existe, vem então definida como a negatividade necessária para a experiência psíquica e para o trabalho do pensamento contra sua tendência de enclausurar seus objetos, seu próprio espaço nos limites do conhecido, e de esgotá-los na representação que ela apresenta disso para si mesma. A não aceitação da negatividade radical produz efeitos destrutivos para o pensamento.

A negatividade radical não pode ser abolida (ou dissolvida) na positividade a qual tentamos sem cessar reduzi-la. Essa negatividade diz respeito ao ser (e ao não ser), mais que ao ter.

As alianças suscitadas pela negatividade radical

A negatividade radical pode sustentar uma aliança para fazer frente à dor e ao inconsolável. Sem dúvida o sentimento e a relação religiosos são eles mesmos uma das fontes dessa forma de negatividade.

Não podemos dizer que a negatividade radical seja instransformável. Relendo o *Totem e tabu* por essa perspectiva, podemos perceber uma transformação da negatividade radical em negatividade de obrigação. As angústias e a violência assassinas, destrutivas, que brotaram da negatividade radical conduziram, inicialmente, os Filhos até ao risco de seu aniquilamento recíproco. A necessidade de sobreviver e de coexistir impôs a cada um e a todos a urgência de se fazer uma aliança com seus semelhantes ao custo de uma renúncia à violência pulsional que até então regia seus intercâmbios. Eles tiveram então que tratar a negatividade de obrigação com a união dos Irmãos em torno de um ideal totêmico comum: essa aliança simbólica estruturante exigia que fosse recalcada e mantida inconsciente toda a destrutividade contra a qual eles tinham que se defender e ante a qual a lei comum os conduzia à renúncia da destrutividade.

Entretanto, fizemos bem em nos vincular contra a força de atração do vazio e em lutar contra as angústias de aniquilamento individual ou coletivo que ela, a destrutividade, suscita; a negatividade radical continua a existir para além daquilo que seja pensável, para além das alianças que ela mesma possa engendrar.

A experiência do luto nos *convoca* com certo espaçamento ao irremediável da perda daquilo que foi e que não existe mais, e mais ainda, à perda daquilo que jamais foi (ou existiu). Estamos então, no melhor dos casos, em contato com a negatividade radical. É sob seu império que se instala o luto impossível. No fundo, a infelicidade, a melancolia é a forma última de que se reveste a negatividade radical, e nesse estado, vínculo algum e nem aliança alguma são possíveis, a não ser com o "sol negro" e as alianças do suicídio coletivo que ela inspira.

Para aquém dessas formas extremadas, um pacto sobre a negação da negatividade radical está na base de algumas relações e de algumas alianças. É esse pacto que mantém a ilusão (no sentido do ilusório freudiano) de que a relação pode desfazer a negatividade radical e a precariedade que a acompanha. A ilusão grupal, portanto, consiste de uma aliança dos membros do grupo para instituir e manter o imaginário transcendental da ideia, do ideal e do ídolo – isso é da ideologia – figuras do objeto primário, para além do mal, da dor, do vazio e da morte. As alianças fundadas sobre a negatividade radical são pactuadas para lutar contra as revivências destrutivas de um estado de infelicidade mal contido. Elas tiram seu gozo daquilo que foi inicialmente um terror sem nome, uma incerteza fundamental sob sua própria existência.

A ilusão entre a negatividade relativa e a negatividade radical

A ilusão grupal, tal como foi concebida por D. Anzieu, oscila entre o ilusório freudiano e a zona de ilusão sobre a qual se fundamenta o espaço transicional. Esses dois aspectos não são sempre distintos – tratados com a distinção que merecem – no artigo de Anzieu de 1971.[13] Entretanto, num caso, ela é uma formação defensiva idealizante contra o renascimento da realidade, ela *solda* os indivíduos em torno de uma

---

13 Provavelmente o autor se refira a ANZIEU, D. *L'Illusion Groupale*. Nouvelle revue de psychanalyse, 1971, 4, pp. 73-93; este material aparece também em ANZIEU, D. *Le Groupe et l'Inconsciente*. Paris: Dunod, 1975 (NT).

visão imaginária transcendental unificadora, para além da infelicidade, da dor, do vazio e da morte. Por outro ângulo, ela é uma formação paradoxal onde a incerteza sobre os limites entre o interno e o externo, o eu e o não eu, torna possível as experiências de exploração e de criação de relações internas e externas – aos olhos de um observador.

Existem, portanto, duas polaridades na ilusão grupal e cada uma dá lugar a alianças distintas. Umas organizam-se sob a prevalência da negatividade radical: a ameaça da destruição unifica o grupo e seus membros. As outras se *agenciam* sob o primado da negatividade relacional: a incerteza é explorada sem perigo (temor) graças à crença no melhor dos grupos possíveis.[14] A ilusão grupal fundamentada sobre a negatividade radical não tolera desilusão: ela persegue quem quer que seja que pense colocá-la (a desilusão) dentro do campo do possível. Ela é geradora de violência, especialmente por meio da identificação projetiva com a figura do Mal (um inimigo, um estrangeiro, um bode expiatório), uma vez que ela não tolera *passagem* alguma entre o mundo interno e o externo. Ao contrário, a ilusão grupal ancorada sobre a negatividade relativa, aquela de uma união possível na separação, de uma sobrevivência criativa à destruição, essa é capaz de sustentar uma relação aberta para o encontro do "si-mesmo" com o outro, nesse momento precioso em que eles não se excluem.

Os pactos denegativos

Para descrever a tópica da relação intersubjetiva e as lógicas processuais que a governam, introduzi em 1985, o conceito de pacto denegativo.[15] De início, propus esse conceito para designar diversos tipos de

---

14 Se examinarmos essas duas polaridades de um ponto de vista bioniano, podemos estabelecer uma gradiente nas suas proposições de base: a "dependência" será absoluta ou transitória, o "acoplamento" poderá ser persecutório ou portador de esperança e o "ataque-e-fuga" poderá ser imperativamente salvador ou destrutivo, ou ainda, oscilante entre dois movimentos exploratórios.

15 Provavelmente o autor tenha em mente as obras de 1989: KAËS, R. L*e Pacte D*énégatif dans les *Ensembles Intersubjectifs*. In MISSENARD, A., ROSOLATO, G. et al (Ed.), *Le Négatif. Figures et Modalités*. Paris: Dunod, 1989; KAËS, R. *Alliances Inconscientes et Pacte D*énégatif dans les *Instituitions*. Revue de Psychothérapie psychanalytique de groupe. 1989, 13, pp. 27-38 (NT).

mecanismos de defesa e diversas modalidades de emergências do negativo nas relações do grupo. Esse conceito abrange, assim, as defesas pela denegação, pela negação, pela desaprovação ou rejeição. De um modo mais geral, ele qualifica o resultado do trabalho de produção do inconsciente necessário para a formação e manutenção da relação intersubjetiva ou quando os sujeitos da relação são mobilizados por diferentes figuras e modalidades do negativo: negatividade de obrigação, negatividade relativa e negatividade radical. Propus muitas vezes a ideia de que o pacto denegativo é um pacto sobre o negativo.

Como todas as demais alianças inconscientes descritas até o momento, o pacto denegativo situa-se no ponto de enovelamento das relações que são mantidas pelos sujeitos e pelos grupos dos quais eles estão ligados, seja como parte que *recebe,* seja como parte constituinte. A especificidade desse pacto é que ele é estabelecido para garantir as necessidades defensivas dos sujeitos quando eles formam ou estabelecem uma relação ou para manter essa relação. Tal pacto realiza, assim, uma função metadefensiva para cada um dos sujeitos que estiver envolvido nele. Ele é estabelecido, portanto, como tendo em mente uma modalidade de resolução de conflitos intrapsíquicos e conflitos que perpassam uma configuração de relações.

O pacto denegativo no grupo do *Paraíso Perdido*

Minhas primeiras pesquisas clínicas sobre as alianças inconscientes estiveram associadas com a emergência da posição ideológica nos grupo de breve duração, ditos "de formação". Nomeávamos assim, nos anos 1960, os instrumentos psicanalíticos de grupos organizados para ali fazer experiências de certos efeitos do inconsciente. Com tais instrumentos, submetidos à regra fundamental e aos efeitos da transferência, a atenção foi progressivamente se voltando para a produção conjunta de formações do inconsciente na relação entre sujeitos reunidos em grupos. Em 1965, Anzieu e eu concebêramos o projeto de inaugurar (ou estabelecer) as condições de um trabalho psicanalítico nesses grupos, e de proceder no sentido da elaboração conjunta dos movimentos transferenciais e contratransferenciais que se produziam no conjunto da situação.

O grupo a que me refiro foi o primeiro desse tipo. Foi conduzido por Anzieu, eu tinha então preparado a organização e compartilhava com um de meus jovens colegas a função de observador; mais tarde fiz a função de editor da publicação do protocolo clínico desse grupo. Por todas essas razões, esse grupo foi fortemente investido pelos participantes que se inscreveram nele, até pela presença de Anzieu e dos dois observadores que assistiam ou compartilhavam a análise das sessões.[16]

Entre as formações do inconsciente comum produzidas na relação entre os sujeitos reunidos nesse grupo, Anzieu deduziu, numa ocasião, o conceito de ilusão grupal.[17] De minha parte, elaborei a ideia de uma posição ideológica[18] e aquela, conceituada mais tardiamente de aliança inconsciente. Propus que o retorno dos conteúdos inconscientes das alianças inconscientes da relação do grupo se efetua a partir de seus efeitos no discurso associativo grupal, nas transferências e nos sintomas.

Limitar-me-ei a descrever aqui os dois momentos em que se constitui no grupo o que chamarei de posição ideológica, sustentada por um pacto do qual vamos descobrir ou aclarar seus componentes.

O nascimento da posição ideológica e do pacto que a sustenta

O primeiro momento situa-se por ocasião da sétima sessão.[19] Cada sessão fora precedida por um evento importante: por ocasião da quinta

---

16 KAËS, R. *Chronique d'un Groupe: Observation et Présentation du Groupe du 'Paradis perdu'*. Paris: Dunod, 1976 (em colaboração com D. Anzieu).

17 ANZIEU, D. *L'Illusion Groupale*. Nouvelle Revue de Psychanalyse, 1971, 4, pp. 73-93.

18 KaËs, R. *Processus et Fonctions de l'Ideologie dans les Groups*. Perspectives psychiatriques, 1971, 33, pp. 21-48; houve ainda desenvolvimentos ulteriores destes estudos, como em KAËS, R. *L'Ideologie*, Études Psychanalytiques. *Mentalité de l'Ideal et Esprit du Corps*. Paris: Dunod, 1980; KAËS, R. *La Polyphonie du Rêve*. Paris: Dunod, 2002.

19 O grupo comporta doze sessões de uma hora e meia cada uma; cinco mulheres e cinco homens estão inscritos.

sessão, a obstinação que não cessa de crescer depois de seu início contra um participante, Nicolas, um judeu portador de todas as diferenças insuportáveis para um grande número de participantes e se cristaliza na passagem à ação (atuação – *acting out*): roubam seu caderno no qual ele escrevera suas observações. Essa agressão será interpretada, bem mais tarde, como um ato de castração que visa tanto Nicolas quanto Anzieu e os observadores com os quais Nicolas se identifica e que, eles mesmos, fazem suas anotações. Naquele momento, a atuação, aconteceu em silêncio, reprimida por uns e negada por outros. Essa passagem (ou esse evento) em silêncio criará uma *falha* ou brecha invisível no enquadre em que o analista é o avalista. E isso não será sem efeitos.

Na sétima sessão, um primeiro enunciado ideológico toma a forma e conteúdo seguintes: "No grupo, cada um é e *deve ser* igual ao outro". O enunciado, seco e perentório, afirma aquilo que nem deveria ter sido posto em questão: a igualdade estrita, "a necessidade de nivelar altos e baixos, repudiar toda e qualquer pretensão de se distinguir". Todos devem entrar no esquema (no mesmo rango), ninguém deve distinguir-se, todos são reduzidos ao denominador comum. Somente com essa condição, "todos vão ser simpáticos com todos".

Os participantes constatam então que, quanto a eles, são bem diferentes de Anzieu, já nessa altura julgado autoritário e frio. É, portanto, pela admiração por seu poder e talento que a sessão tinha começado: no dia anterior, Anzieu havia dado na Universidade, uma conferência à qual a maior parte dos participantes tinham assistido.[20] Eis então a segunda brecha do enquadre: o psicanalista do grupo compartilha seu saber com outros e ele fizera alusão, de um modo claramente anônimo, a movimentos psicológicos que se haviam produzidos no grupo, remetendo assim o interno para o externo (o interior para o exterior), atingindo ao mesmo tempo a intimidade do grupo e a ilusão que garantia seu narcisismo. Os participantes

---

20 Tema da conferência: "O imaginário nos grupos". D. ANZIEU. *L'Imaginaire dans les Groupes*. Cahiers de Psychologie, 1966, 9(1), pp. 7-10.

estão divididos entre a idealização a ser mantida e o ódio contra Anzieu; uma parte descarrega sobre Nicolas. A maior parte dentre eles fazem uma aliança sobre o enunciado ideológico que trata do conflito (para alguns, clivagem) pela afirmação da onipotência da ideia do grupo igualitário, e eles pretendem impor isso a todos. As pulsões agressivas têm em vista a destruição das diferenças. Elas deslocam-se mais uma vez: Léonore é agredida ou atacada; logo ela que encarnava até então para todos, o ideal da benfeitora do grupo; dela os homens falam de sua fascinação sedutora que ela exerce sobre eles. Ela fora uma porta-voz do ideal igualitário.

Desde a primeira sessão, ela se apresentara ao mesmo tempo como uma mulher-orquestra e como uma mãe da qual se pode solicitar (ajuda) por causa de sua experiência de vida. Ela se lembra de uma participação sua em um grupo de formação conduzido por um psicossociólogo: um grupo feliz, constituído por mulheres trabalhadoras de um mesmo setor profissional, um grupo onde todos se entendiam às mil maravilhas e que não experimentaram *fracasso* ou fiasco algum de separação. Uma promessa de eternidade, de qualquer modo.

A posição que Léonore ocupa no grupo fora se afirmando ao longo das sessões seguintes: para a maior parte ela era uma figura feminina forte, providencial e nutriz; um baluarte contra o poder perigoso atribuído a Anzieu. Para outros, entretanto, e para as mulheres em especial, ela seria abominável em seu desejo de vincular, por ela e nela, esse grupo unido na fusão igualitária que ela exige. O duplo ataque contra Anzieu e contra Léonore e a culpabilidade que resulta disso, mergulha os participantes na angústia de ter levado o grupo ao fracasso.

O segundo enunciado ideológico aparece duas sessões mais tarde (a nossa sessão). Antes de começar a sessão, os participantes desenharam no quadro-negro que está na sala, um barco cujo mastro leva uma bandeira amarela rasgada ao meio. Mas esse desenho será ignorado quase que o tempo todo da sessão. Relata-se uma atuação fora da sessão. Por ocasião da refeição no almoço, ao meio dia, a garçonete do restaurante teria sido ameaçada e humilhada por um dos participantes, que justificara seu ato dizendo que a garçonete queria, por motivos práticos de seu serviço, *dispersar* os participantes em duas mesas.

Anzieu interpreta o temor do fracasso e o marasmo dos participantes colocando esses dois aspectos em relação com a transferência da qual ele teria sido objeto, depois com o ataque contra ele e Léonore (ela fora precedentemente idealizada). Ele aponta o deslocamento do ataque contra a empregada e seu temor de que as relações em duplas (pares) poderiam comprometer a unidade e a igualdade no grupo. Mas sua interpretação suscita entre os participantes uma nova *afirmação* quanto à exigência da igualdade: "Nosso grupo não pode funcionar de modo satisfatório a não ser se cada um aqui for igual ao outro". Uma exigência universal: "Todos os seres humanos são iguais e igualmente dignos", é flexionado com certo imperativo local: "Esse grupo *é e deve ser* um grupo unido pelo amor". Vemos aqui claramente, em ação, um caso de negação, sustentado pelo imperativo de Ego Ideal que prescreve "o que deve ser feito", mas que deixa entrever "o que não está sendo feito como se deve".

Algumas consequências dessas proposições serão desenvolvidas segundo uma lógica implacável ao longo da sessão: diz-se que a exigência da igualdade impõe imperativa mente que cada um se submeta igualmente à regra do grupo: cada um deve falar de si, ninguém pode *vazar* a outrem os pensamentos e as emoções de cada um. Tudo deve ser dito, colocado em comum, nada deve ser guardado nem seu íntimo. Trata-se de um sacrifício que cada um deve fazer ao Ideal do grupo: esse desvio sádico da regra fundamental é imposto como um preço ou custo da unidade e da igualdade no grupo. Contra a regra fundamental enunciada pelo psicanalista, o grupo se institui uma regra ditada por um Superego cruel e arcaico, regra que, na pausa, formulo para Anzieu, em seu caráter paradoxal: "A liberdade de associação é obrigatória".

O caráter paradoxal dessa proposição, por outro lado, foi revelado por dois participantes: "Se cada um falar sem entraves, as diferenças vão se revelar através do discurso de cada um e a igualdade se manifestará como sendo uma ilusão, a unidade estará comprometida; a exigência da liberdade de associação credita, portanto, a da igualdade e da unidade". O fato de que essas duas exigências sejam mantidas unidas nessa forma paradoxal é a consequência do esforço colossal despendido pelos participantes para controlar o perseguidor (o persecutório) e obedecer ou seguir o ideal. Mas como ninguém sabe controlar nossos ideólogos, a contradição será projetada – portanto, reconhecida e negada – sobre o psicanalista que será declarado como sendo a causa (disso tudo): "É sua distância, sua reserva que cria a distância e a desigualdade: exatamente do mesmo modo como aqueles que se fazem de modelo, ele separa em vez de unir o grupo". Do mesmo modo como Nicolas e a servente.

Aquilo que a repressão, a negação e a clivagem conjugam na aliança ideológica não pôde ser resolvido senão, parcialmente, sob o efeito do trabalho psicanalítico que *desmancha* aqui os aportes, focando de início sobre os sintomas e no real através de duas passagens ou atuações violentas. A aliança se desfaz quando se denuncia o paradoxo da obrigatoriedade da liberdade; tal é a obrigação de se associar para manter a unidade do grupo, e essa aparece por aquilo que ele é: uma metonímia da unidade interna de cada um. É nesse movimento que reinicia o recurso ao registro da expressão mítica, com o desenho do barco, depois com o da ilha do *Paraíso Perdido*.

Elementos para a análise

A análise do grupo *Paraíso Perdido* desvela numerosas características constantes da posição ideológica.

– A *ameaça de uma catástrofe* ou de um acidente no início de um grupo; tudo se passa como se o desejo e o perigo não representáveis de uma aproximação com Anzieu ameaçasse os participantes em sua tarefa de enfrentar uma experiência caótica. *Uma brecha no enquadre* pode atualizar (ativar) e fixar essa ameaça (o *acting* contra Nicolas, contra a servente). A conferência pública de Anzieu provavelmente contribuiu para instalar essa brecha no enquadre;

– A impregnância do imago parental arcaico, mista, onipotente, controladora e sedutora; ela seria objeto de pulsões invejosas;

– A idealização de seu poder fálico sob o efeito das pulsões invejosas e seu reverso persecutório nessa idealização;

– O fantasma de colisão (*collision*) numa cena primitiva sádica com as angústias paranoides associadas a abordagem sexual sádica;

– O recurso e mecanismo de defesa associados à dupla idealização--perseguição: a clivagem e a negação;

– A supervalorização narcísica e defensiva do saber é um dos principais elementos do instrumento colocado em palco para lutar contra a catástrofe, o fracasso, a dúvida e a perseguição. Ela serve, inicialmente, como objeto de crença de onde uma das derivadas é a ideologia como objeto fetichizado;

– O fato de colocar em ação um instrumento grupal de assinalação (subscrição) e de autoassinalação de estilo imperativo em alocamentos instanciais fixos, nas cenas fantasmáticas não transformáveis e nas figurações de imagos violentas, de tal sorte que seja assim assegurada de modo imutável a tríplice identidade da ideia, do grupo e da psique;

– O desenvolvimento de uma temática igualitária, em relação com a urgência de um controle sádico-anal das pulsões parciais ao mesmo tempo em que o domínio sobre os objetos abstratos, portanto, manipuláveis ao custo de uma abstração negadora.

As alianças que sustentaram a posição ideológica nesse grupo

A posição ideológica consiste em um sistema de representações e de mecanismos de defesa estabelecidos sob a tríplice fidelidade narcísica para com as formações do *ideal*, com a onipotência das *ideias* e com o *ídolo* fetichizado. Esses três componentes da posição ideológica estão presentes no grupo: o ídolo (a potência atribuída a Anzieu e a Léonore), o ideal (o do grupo unido pelo amor contra a divisão engendrada pela inveja) e a ideia onipotente (a igualdade imposta a todos contra a diferença). O recurso à ideologia tem por meta solucionar magicamente a desorganização psíquica e a do grupo confrontado com a diferença e com os movimentos destrutivos que ela suscita. Ele (o recurso) impõe uma causa única e última para a crise, e um remédio indiscutível para conseguir safar-se dela.

Uma das funções da ideologia é manter pela negação a coesão interna (psíquica) e, juntamente, a do grupo. Para constituir-se e manter-se, a posição ideológica exige de cada sujeito que este aliene algumas de suas formações psíquicas nas alianças inconscientes; as formações que ele aliena representam para si um valor ou uma função superior ao das formações sacrificadas ou abandonadas.

É imperioso que essas alianças sejam mutuamente garantidas. A condição para que a aliança ideológica seja *selada* é a obrigação de sacrificar as anotações feitas por Nicolas, suporte manifesto de seus pensamentos íntimos, "pequena coisa" exigida para dar conta da economia do reconhecimento da parte de cada um, daquilo que lhe falta e daquilo que ele inveja. A ideologia unitária no mesmo movimento das alianças inconscientes de base: o contrato narcísico e o pacto denegativo.

Esse caso é também interessante porque ele nos ensina algo sobre a atuação da violência, consequência da não resolução do conflito pela aliança ideológica. Nesse sentido, temos aqui um exemplo de conjunção de dois tipos de alianças: a aliança de segurança defensiva, mas também uma aliança ofensiva.

Mostra também como a ilusão grupal é uma aliança inconsciente, e ao mesmo tempo uma aliança estruturante, se a considerarmos do ponto de vista winnicottiano, e é uma aliança defensiva, se a focarmos do ponto de vista de Freud, sobre a ilusão.

A última chamada de atenção diz respeito à participação dos próprios analistas na formação do pacto denegativo. Meu colega e eu mesmo, idealizamos muito Anzieu e essa experiência inovadora que havia concebido com ele. Apercebemo-nos mais tarde que cada um entre nós descobria sua participação nessa aliança narcísica e que a aliança ideológica que se havia pactuado no grupo tinha, provavelmente, alguma relação com o que eu considerei mais tarde como sendo o nosso próprio pacto denegativo. Penso que por essa aliança narcísica e pacto denegativo que se conformavam como uma espécie de anverso, evitamos de nos confrontar com a desilusão que experimentaríamos se Anzieu estivesse em alguma dificuldade. E Anzieu servia-se também ele, por sua vez, desse pacto para proteger-se de um eventual fracasso. A consequência foi que, por uma inversão paradoxal, aconteceu de isso não atrair sua atenção sobre aquilo que poderia tê-lo colocado em dificuldade.

Um dos ensinamentos que tirei desse grupo foi a noção de que existe uma conjunção impressionante entre o estabelecimento de uma aliança defensiva e uma situação vivida como catastrófica. Nessas condições, a ilusão grupo encontra sérias dificuldades para se formar, e uma posição ideológica passa a substituí-la.

Alguns traços específicos do pacto denegativo

As polaridades e as modalidades do pacto denegativo

Desde que comecei a lidar com o conceito de pacto denegativo, tive presente em minha mente que a relação intersubjetiva organiza-se segundo duas polaridades simultâneas. Uma se fundamenta *positivamente* sobre os investimentos mútuos, sobre as identificações comuns, sobre uma comunidade de ideais e de crenças, sobre um contrato narcísico, sobre modalidades admitidas em conjunto para a realização de determinados desejos, sobre a ilusão geradora do espaço potencial. A outra organiza-se *negativamente* sob as diversas operações defensivas que, em toda e qualquer relação, são requisitadas de cada sujeito para que a relação possa se constituir e se manter, com o risco, caso isso não ocorra, de ela se destruir: essas operações defensivas vão desde a repressão até a negação, da clivagem até a rejeição.

O pacto denegativo apresenta assim uma dupla face: para alguns aspectos ele faz parte das alianças necessárias à estruturação da relação, e para outros aspectos, ele funciona como uma das alianças alienantes. Em todos os casos, os pactos denegativos são estabelecidos entre os casais, nas famílias, nos grupos, nas instituições pela pactuação entre inconscientes de sujeitos que entram em acordo de produzi-lo. Seus efeitos se manifestam nas repetições e nos sintomas compartilhados, nos objetos bizarros ou enigmáticos, nos *actings out*.

Quando o pacto denegativo se constrói sobre o recalcamento e sobre a renúncia à satisfação imediata dos objetivos pulsionais destrutivos, resulta daí que os conteúdos reprimidos, os "deixados de lado" e os restos, cujos *brotamentos* são sempre capazes de voltar para as relações sob a forma de sintomas de estrutura neurótica, resultado de conflitos entre desejos e defesas.

Quando os pactos denegativos entram em cena sob uma base de negação, de rejeição ou de desaprovação, eles também têm suas consequências: eles criam na relação e em cada um dos sujeitos, o enigmático, o não significável, o não transformável. Essas dimensões escondidas, zonas de silêncio, *bolsas* de intoxicação, esses espaços "latão de lixo" ou linhas de fuga mantêm o sujeito estranho à sua própria história e à história do outro. Estamos aqui, nesse caso, sob a influência das tendências patológicas das alianças inconscientes.[21]

O terceiro tipo de pacto denegativo possui *características mistas*, ou heterogêneas: por exemplo, a negação é o mecanismo de umas enquanto que outros recorrem à repressão. Os dois exemplos de pacto denegativo que acabei de dar até o presente, mostram que a repressão funciona como um mecanismo dominante no esquecimento coletivo descrito por

---

21 ROUSSILON, R. *Espaces et Pratiques Institutionelles. Le Débarras et L'Interstice.* In KAËS, R., J. BLEGER, et al (Ed.), L'Instituition et les Instituitions. Paris: Dunod, 1987, pp. 157-178.

Reik, enquanto que a negação e o recalcamento funciona na história contada por M. L. Bamberg no filme *De eso no se habla* (1993).

Um acordo inconsciente sobre o inconsciente é estabelecido e, em certos casos, imposto para que a relação se organize e se mantenha em termos de complementaridade convergente ou desigual de interesses dos sujeitos, para que seja assegurada a continuidade dos investimentos e dos benefícios ligados à subsistência da função dos ideais comuns, do contrato ou do pacto narcísico. O preço disso é o desconhecimento daquilo que está em jogo para cada um na relação. Isso seria mais ou menos o mesmo caso quando ele não soubesse que há problemas entre aqueles que estabelecem o pacto, em seu interesse mútuo, em vista da dupla economia cruzada que rege o espaço interno de cada sujeito e as relações que ele estabelece com os outros da relação em que eles são membros.

Para que esse acordo seja de compromisso (de envolvimento) e que se mantenha um trabalho (uma elaboração) é necessário da parte de cada sujeito: ele consiste precisamente em pôr em ação, de modo simétrico ou assimétrico, seja operações de repressão, seja operações de negação, de desaprovação, de rejeição ou de enquistamento em cada sujeito e na relação que os vincula. Para realizar essas operações, o concurso do outro, de mais que outro, é necessária.

O pacto denegativo requer a aliança de diversos sujeitos

O pacto denegativo, como qualquer outra aliança, não pode formar-se a partir do espaço interno somente. Ele exige uma aliança que atribua a cada um o seu lugar e a função de guardião ou de avalista do pacto. A hipótese que me levou a voltar minha atenção para a ideologia como pacto denegativo pôs em relevo esse fato de que não se pode crer sozinho, é necessário que cada um acredite (ou pelo menos faça uma cara de que acredita), para que cada um (todos) continue a crer naquilo (ou a fazer cara de que crê naquilo). O pacto numa crença comum protege da desilusão e do luto do objeto da crença. Observa-se também a angústia que se manifesta com intensidade quando as crenças são ameaçadas e o ódio ou abominação que se apodera do sujeito quando ele restabelece outra relação com a realidade.

O pacto denegativo é uma aliança inconsciente e uma metadefesa

O pacto denegativo faz parte das *funções metadefensivas* descritas já há algum tempo por E. Jaques quando mostrou que os membros de um grupo adotam seus próprios mecanismos individuais de defesa contra as angústias psicóticas e arcaicas reativadas pela regressão na situação de grupo. Essa proposição vale para todas as relações intersubjetivas.[22]

A partir dessa proposição desenvolvi a ideia de que a formação e a manutenção de uma relação exige um *tratamento* (um saber lidar) em conjunto dos mecanismos de defesa individuais e dos mecanismos de defesa próprios à relação enquanto um aspecto de um grupo ou de conjunto de pessoas específico. As metadefesas são postas em ação para os benefícios desses sujeitos e para o bem da relação. Sabemos hoje que elas são componentes específicos das alianças inconscientes, e que essas, desempenham um papel decisivo na formação da realidade psíquica inconsciente própria de cada sujeito e da relação que o vincula a outros sujeitos. Dito isso de um outro modo, essas operações não têm somente uma função de apoio ou de enquadramento das formações individuais do inconsciente. Elas contribuem para produzir o inconsciente sob o efeito da dinâmica conjugada das defesas individuais e das defesas metadefensivas. Reitero aqui que *a função metadefensiva das alianças inconscientes exerce-se não somente sobre os conteúdos inconscientes, mas também sobre a própria aliança, donde brota sua existência, e a fortiori os seus aportes são inconscientes. Dessa função advém que elas regem o destino*

---

22 Jaques, e. *Social System as a Defense Against Persecutory and Depressive Anxiety.* In Jaques, E. (Ed.), *New Directions in Psychoanalysis.* London: Tavistock, 1955, pp. 478-498; versão francesa Jaques, E. *Psychologie Sociale.* Paris: Dunod, 1955.

da repetição na relação. Essas operações são efetivadas em comum pelos sujeitos de uma relação, mas elas podem ter pesos diversos para cada um dentre eles e dar à sua aliança um caráter de composto.

Nas sequências (casos) clínicas que acabo de apresentar encontram-se reunidos a maior parte dos mecanismos de defesa que compõe o pacto denegativo: a repressão em conjunto das representações insuportáveis e as denegações sucessivas que elas suscitam, a negação da realidade percebida, a confusão que se segue e as artimanhas para sair do impasse do negado.

Em toda relação, um pacto denegativo lida com a negatividade seja pela desaprovação da mesma, seja pelo processo de ligá-la, vinculá-la aos seus sujeitos numa aliança inconsciente. Diversas formas de negatividade são *tratadas* pelo pacto denegativo: a negatividade radical, que se reporta ao real, àquilo que não pode ser, que não pode se realizar; a negatividade de obrigação que diz respeito àquilo que se impõe como exigência de repressão, de renúncia e de negação; a negatividade relativa que gera o pensamento daquilo que poderia vir a existir.

O exemplo do grupo do *Paraíso Perdido* confirma que o pacto denegativo não absorve toda a negatividade radical e toda a negatividade de obrigação. Ele subsiste à negatividade relativa que suscita outro componente da relação, aquele que se apoia sobre o pensamento, no caso, a utopia, daquilo que "poderia ser" ou "deveria ter podido ser": um *Paraíso Perdido* a ser buscado ou encontrado.

O retorno dos conteúdos inconscientes do pacto denegativo

O fato de se levar em conta a categoria do negativo e suas diversas modalidades nas alianças inconscientes, permitiu compreender que a maior parte entre elas estão enoveladas ou são pactuadas com o objetivo de lidar com essa questão insuportável: não somente a falta, a castração, a separação e a perda, mas especialmente a destruição, o impossível, o impensável.

Consideradas sob esse ângulo, as alianças buscam objetivos múltiplos: tratar o negativo, lutar contra alguns de seus componentes, negar o negativo, preservar certo estado de relação ou de atividade de ligação, reforçar a positividade da relação.

Diversas questões tornam-se mais precisas com isso. *Toda a negatividade não pode ser absorvida, reabsorvida ou transformada pela relação* e pela elaboração psíquica que aqui acontece; da mesma maneira, o pensamento não pode pensar, senão, uma parte da negatividade sobre a qual ele se apoia e se fundamenta. O que vai acontecer com o que fica irredutível que pode deixar-se representar sem se exaurir pelo pensamento, nem ser absorvido por uma aliança?

Se o negativo fundamenta a relação, *o negativo é induzido pela relação mesma*. O estabelecimento e a manutenção da relação fabricam a negatividade relativa e de obrigação para preservar a relação mesma e os interesses (distintos ou idênticos) de seus sujeitos. Qual parte do trabalho ou da elaboração da negatividade está em ação para se desvincular de uma relação onde os componentes alienantes ou mortíferos entravam a capacidade de ligação das pulsões da vida? Enfim, como o analista em contato com o desconhecido, com o enigmático, com as vivências de morte que ele trabalha com instrumentos de tratamento individual ou em grupo, como elabora ele a confrontação com as figuras, as modalidades e os efeitos da negatividade?

Capítulo 6.
As alianças alienantes: negações em comum, pactos de rejeição, contratos perversos

As alianças alienantes obstaculizam a função repressiva dos sujeitos que se relacionam dentro dessas modalidades. Elas se fundamentam sobre a negação ou sobre a desaprovação, a rejeição ou a forclusão. Essas alianças são alienantes porque elas tornam os sujeitos que se aliam assim, radicalmente estranhos a si mesmos. Elas se apresentam sob modalidades variáveis: o pacto narcísico, o pacto de negação em comum, a aliança denegativa, as alianças psicopáticas, o contrato perverso.

Ainda que elas não sejam analisadas como alianças inconscientes, suas manifestações são conhecidas já de longa data nas loucuras ditas coletivas, especialmente na forma de histerias coletivas.[1] Sua forma delirante foi observada já há mais de um século, pelos *alienistas* e especialmente por Lasègue e Falret em seu célebre estudo sobre as loucuras a dois e em grupos de diversas pessoas.[2] Seu trabalho está na origem de uma longa sequência de debates e pesquisas nas quais diversos trabalhos contemporâneos encontram suas filiações, por exemplo, os estudos

---

1 COCHET, E. *Mythes des Origines et Hystérie Collective*. Deux modes d'élaboration d'une crise de transmission psychiques (Morzine, 1857-1873). In GUYOTAT, J., FÉDIDA, P. *et al* (Ed.), *Généalogie et Transmission*. Paris: Écho-Centurion, 1986, pp. 139-147; J. C. MALEVAL, *Folies Histériques et Psychoses Dissociatives*. Paris: Payot, 1981.

2 LASÈGUE, J., FALRET, J. *La Folie à Deux, ou Folie Communiquée*. Annales médico-psychologiques, 1877, 18, pp. 321-355.

sobre as psicoses familiares.³ Em outras configurações de relações, o trabalho de Harmann Simon poderia ser relido com o conceito de aliança inconsciente alienante.⁴ Temos, portanto, algumas pedras miliares que constituíram as bases de uma psicopatologia das relações institucionais.

Um precursor das alianças alienantes: o modelo psiquiátrico da loucura a dois de Lasègue e Falret

Em seu artigo de 1877, Lasègue e Falret⁵ estabelecem três condições para os delírios a dois que eles apresentam como sendo as leis que regem o contágio da loucura: (1) a lei da diferença intelectual e do caráter entre os codelirantes: um dos dois indivíduos, o mais ativo e o mais inteligente, cria o delírio, o induz e o impõe a um segundo, que reage sobre o primeiro "para emendar, retificar e coordenar o delírio que passa então a ser comum e idêntico"; (2) para que esse trabalho se realize paralelamente, a lei "do meio fechado" é imperativa: "os dois indivíduos devem viver uma vida em

---

3 HOUZEL, D., CATOIRE, G. *La Famille Comme Instituition*. Paris: Collège de psychanalyse groupale et familiale, 1994.

4 Hermann Simon introduziu a noção de neurose institucional. Hermann Simon (1867-1947), em 1914, fundou em Gütersoh, com os próprios pacientes, o "hospital ativo", para superar três males: a inação dos pacientes, a ambiência desfavorável e o preconceito quanto à irresponsabilidade do doente diante dele mesmo. SIMON, H. Aktivere Krankenbehandlung in der Irrenanstalt. Leipzig: Verlag de Gruyter,1929 (NT).

5 Sobre este modelo e seus desenvolvimentos, consultei LASÈGUE, J., FALRET, J. *La folie à Deux, ou Folie Communiquée*. Annales médico-psichologiques, 1877, 18, pp. 321-355. Além disso contei com estudos mais antigos e recentes: Heuyer, G., Dupouy, Montassut, Ajuriaguerra. Un cas de délire à cinq. *Annales Médico-Psychologiques*, 1935, 93, pp. 254-270; DELAY, J., DENIKER, P., LEMPERRIÈRE, T. *et al.* Délire à duex e à plusieurs, étude clinique de 22 familles delirantes. In DELAY, J., DENIKER, P. LEMPERRIÈRE, T. *et al* (Ed.). *Compte-rendu du Congès des Médicins Aliénistes et Neurologues de France et des Pays de Langue Française*, Nice, *1955*. Paris: Masson, 1955, pp. 188-199; 200-207; LACAN, J. Folies simuntanées. *Annales médico-psychologiques*, 1931, 1, pp. 483-490; Lacan, J. *De la Psychose Paranoïaque dans ses Repports Avec la Personalité*. Paris: Éditions du Seuil, 1975; E. PORGE, La folie à deux. *Littoral*, 1982, 3-4, pp. 113-134; TREMINE, T. *Folie à Det Fonction du Délire Pour l'Autre*. L'évolution psychiatrique. 1983, 48, 1, pp 115-127; BOYER, C. *Interêts D'Une Étude Clinique Approfondie d'un Délire à Deux*. Tese para o doutorado em medicina. Tours: Université François Rabelais, 1987; Nicolò, A. M. La folie à deux: hypotèse-modèle d'un fonctionnement interpersonnel. *Psicoanalisis y Intersubjetividad*, 2006, 1 <www.intersubjetividad.com.ar>; VIDAL, J. P. Folie alliés (folie à deux, folie à plusieurs: folies simultanées, délires convergentes ou folies communiquée?). Comunicação no Seminário do GAIRPS, junho de 1998.

comum, compartilhar o mesmo modo de existência, os mesmos sentimentos, os mesmos interesses, os mesmos temores acima de toda influência externa"; (3) por fim, "o delírio deve ter um caráter de verossimilhança. Essa condição o torna comunicável de um indivíduo para o outro e permite o convencimento da parte de um de implantá-lo na mente do outro".

Lasègue e Falret distinguem o delírio a dois da participação induzida entre pessoas próximas (não delirantes) do delirante. Eles chamam atenção para o papel mínimo desempenhado pela hereditariedade nesse tipo de delírio, que atinge no mais das vezes mulheres e não homens e que raramente se estende, em termos de número de participantes, para mais de duas pessoas. Eles reconhecem a separação dos codelirantes como *conditio sine qua non* para a cura.

A tese foi vivamente discutida e apresentamos aqui os principais argumentos, enunciados, especialmente por E. Régis: um delírio verdadeiro não pode ser transmitido, a loucura a dois não é senão uma aparição concomitante de um mesmo delírio entre dois indivíduos diferentes, mas com traços hereditários favoráveis e predispostos.[6] A credulidade de um membro da família de um delirante não é comparável com uma convicção delirante, mas depende da sugestionabilidade. Essas críticas, juntamente com outras, estabelecem uma distinção entre a loucura simultânea (causas comuns a dois sujeitos simultaneamente alucinados) e a loucura comunicada (ou comungada, isto é, sob a influência de um sobre o outro, somente o sujeito indutor estaria em estado alucinatório; uma teoria da imitação dá conta da posição do segundo). O verdadeiro delírio a dois vem descrito como uma loucura parcial, geralmente de perseguição, que sobrévem simultaneamente em dois indivíduos predispostos, vivendo em contato íntimo e sob o efeito de influências ocasionais que desempenham o papel de causas determinantes. Mais tarde, Clérambeault introduz a noção de "divisão de trabalho" para dar conta

---

6 Provavelmente o autor refira-se a RÉGIS, E. La Folie à Deux ou Folie Simultannée. Paris, 1880.

do processo de indução recíproca entre os codelirantes, cada um assumindo uma parte ativa na elaboração delirante e em sua evolução.[7]

Sem entrar na análise dos desenvolvimentos desse modelo, aqui é suficiente assinalar o desafio ainda atual desse debate.[8] O conceito de delírio a dois foi admitido no campo da psiquiatria somente sob o aspecto de um delírio não questionando o caráter individual da psicose.[9] A psicose é e continua sendo, antes de tudo, um evento individual e pessoal. A diferença entre o delírio e a psicose, estabelecida por Clérambault e Kraepelin, ancora-se na ideia de que uma convicção delirante pode ser compartilhada por diversos indivíduos, transmitida de um sujeito para outro, mas uma psicose não; essa psicopatologia depende de uma etiologia provavelmente orgânica. Dito de outro modo, no delírio a dois ou num grupo maior, o tema e a convicção delirante deixa entrever ou supor uma perturbação profunda da personalidade de cada um dos codelirantes. A psicose (isto é, os mecanismos genéticos do delírio) não é transmitida.

Lacan também interessou-se pelas pesquisas de Lasègue e Falret, mas para opor-se à tese deles da indução e da sustentação, a propósito das duplas delirantes mãe-filha e a propósito do crime das irmãs Papin, a importância primordial da influência do meio para explicar a transmissão da perturbação. Em sua tese de 1970, D. Porot põe em campo a noção lacaniana do desejo para dar conta da relação objeto arcaico e angústia na dinâmica delirante e, sobretudo, para acentuar as interferências entre os desejos que se impõem entre os delirantes.

---

7 FRETET, J. (Ed.) *Œuvres Psychiatriques* de G. Gatian de Clérambault. Paris: PUF, 1942 (obra reunida e publicada pelos amigos e alunos de Clérambault). Algo disso está também presente na coleção "Insania". FRETET, J. *Les Introuvables de la Psychiatrie*. Paris: Frénésie, 1987.

8 Heuyer, G., Dupouy, Montassut, Ajuriaguerra Un cas de délire à cinq. *Annales médico-psychologiques*, 1935, 93, pp. 254-270; DELAY, J., DENIKER, P., LEMPERRIÈRE, T. *et aliança*. Délire à duex e à plusieurs, étude clinique de 22 familles delirantes. In DELAY, J., DENIKER, P., LEMPERRIÈRE, T., *et aliança* (Ed.), *Compte-rendu ducongès des médicins aliénistes et neurologues de France et des pays de langue française*, Nice, 1955. Paris: Masson, 1955, pp. 188-199; 200-207.

9 MINKOWSKI, E. Intervenção diante da apresentação de Hamon no congresso de psiquiatras de língua francesa de 1955.

As pesquisas sobre as alianças inconscientes que qualifico de alienantes trazem outra dimensão para o debate. Elas sustentam pelo menos a hipótese central proposta por Lasègue e Falret: as loucuras comuns (comungadas) e compartilhadas requerem a cumplicidade de outro ou de diversos outros e que concorram para o reforço e a estabilização do delírio ou de outras formas de perturbações psíquicas graves. O debate focaliza hoje em dia a natureza dos processos psíquicos envolvidos nessas alianças e concentra-se nas formações do inconsciente que elas mobilizam.

O conceito de estado de alienação (loucura)

O conceito de alienação é um conceito saturado. Ele passou a ser elaborado e usado por diversas disciplinas ou áreas do saber (direito, filosofia, sociologia, economia, politologia, psiquiatria) que acabaram por influenciar-se mutuamente para descrever as diversas formas do estado de alienação.

A palavra alienação inscreve-se inicialmente no vocabulário jurídico (transferência de propriedade). Ela adquire um significado específico na filosofia: em Hegel com a dialética do Senhor e do Escravo, na formação da consciência de si que busca o reconhecimento de outra consciência e de um mestre no qual se aliena. Em Marx a alienação é essencialmente a desapropriação do trabalhador, da finalidade de seu trabalho, uma *despossessão* que faz com que ele mesmo torne-se estranho para si. Adotamos a palavra de Marx: "O ser humano tornou-se estrangeiro para o ser humano".

Quando os médicos *alienistas* introduziram o conceito de alienação mental, eles atribuíram a ele a definição de origem da degenerescência. O debate proposto por Lasègue e Falret mistura a questão desse registro ainda mais, introduzindo-o no campo daquilo que chamaríamos hoje em dia de intersubjetividade. É com profissionais formados pela psicanálise que o conceito encontrará uma dimensão verdadeiramente psíquica.

Lacan, de um modo estreito, associou a noção de alienação ao registro do imaginário no qual o Ego se constitui alienado e instância de alienação. Para Lacan, o Ego busca o compromisso, a unidade, mas não a atinge finalmente, senão no imaginário no qual ele se objetiva. Considerado sob o registro do imaginário, o Ego é o agente da alienação do sujeito original, herdeiro da criança (*enfant*) sujeitado à sua mãe: a identificação imaginária do *enfant* ao objeto *phallus* é o maior processo dessa alienação.[10]

Petra Castoriadis-Aulagnier[11] apresentou a questão do estado de alienação, em termos próximos aos lacanianos; ela, entretanto, *flexiona* o conceito para o lado do *encontro* alienante. Ela escreve: "defino por esse termo um destino do *Eu* e da atividade do pensar em que a visão está voltada para o estado conflitual,[12] para abolir todas as causas de conflito entre o identificante e o identificado, mas *também* entre o Eu e seus ideais, o que significa vir a esperar a abolição de todo o conflito entre o Eu, seus desejos e os desejos do Eu, desses outros investidos por ele".[13]

Petra Castoriadis-Aulagnier resgata o essencial dos processos psíquicos que sustentam o estado de alienação em seus aspectos complementares: a idealização massiva do alienante – apoio ao desejo de alienar – e a retomada pelo sujeito alienado "desse mesmo desejo e dessa mesma função em relação aos demais sujeitos, mas dessa vez enquanto adepto, combatente, partidário de uma 'causa' para a qual contribui a potência alienante do poder para assim demonstrar e garantir sua verdade, supremacia e 'bondade' ".[14]

A alienação não é, pois, um fenômeno singular. Aulagnier sublinha diversas vezes que "a alienação exige o encontro do sujeito com um outro sujeito desejoso de alienar". Mais exatamente, com o desejo de

---

10 Mantivemos o termo "enfant" ainda que possa ser traduzido por filho ou criança – mais pelo sentido de "aquele que não fala", dentro da gama de conceitos lacanianos (NT).

11 Castoriadis-Aulagnier, P. *Les Destins du Plaisir*. Aliénation, amour, passion. Paris: PUF, 1979; Castoriadis-Aulagnier, P. *L'Apprenti-historien et le Maître Sorcier*. Du discours identifiant au discours aliénant. Paris: PUF, 1984.

12 Sublinho aqui a visão dessa atividade: estabelecer um estado conflitivo ou conflitual. Consideramos aqui, mais uma vez, essa dimensão de resolução do conflito inerente à alianças.

13 Castoriadis-Aulagnier, P. *Les Destins du Plaisir*. Aliénation, amour, passion. Paris: PUF, 1979, p. 37.

14 CASTORIADIS-AULAGNIER, P. Les Destins du Plaisir. Aliénation, Amour, Passion. Paris: PUF, 1979, p. 37.

alienar que deve poder encontrar na *cena social* um outro sujeito cujo pensamento ou ação *induzem* à alienação de uma parte ou da totalidade de seus semelhantes.¹⁵

Por fim ela sustenta a especificidade da experiência psíquica da alienação: "A alienação, diversamente da psicose, comporta e preserva um estado de *total desconhecimento* da parte do alienado relativa ao *acidente* que sobreveio ao pensar. Em outros termos, a 'alienação' é um conceito que não é pensável a não ser por um pensador externo. O psicótico pode ignorar o termo 'psicose', mas resta-lhe a possibilidade de pensar o estado de dependência, de exclusão, de conflito, de mutilação imposto à sua atividade de pensamento. A alienação pressupõe um vivenciado *não nomeável, não perceptível* pelo que o vivencia".¹⁶

Com a alienação assim concebida, suponho que possamos dar conta ou lidar com uma forma de negatividade radical.

Reuni neste capítulo e em outros lugares desta obra, estudos que descrevem as diversas formas de alianças inconscientes alienantes. Elas têm diversos pontos em comum: elas colocam no nível de primeiro rango de sua determinação, os mecanismos de defesa fora da repressão: negação ou desaprovação, rejeição ou forclusão. Elas acentuam a intersubjetividade (ou aquilo que Aulagnier chama de *encontro*) e os interesses conjuntos dos sujeitos em vista de que pactuaram uma aliança desse tipo. Elas recusam a noção explicativa do contágio mental para dar conta da transmissibilidade de um delírio ou de uma alienação de um sujeito a outro sujeito. Elas criticam como excessivamente vaga a noção da determinação pelo meio.

Diversos estudos perscrutam a formação de uma aliança alienante na relação mãe-filha.¹⁷ Aquela de que vou expor os resultados abaixo, introduz

---

15 CASTORIADIS-AULAGNIER, P. Les Destins du Plaisir. Aliénation, Amour, Passion. Paris: PUF, 1979, p. 38.

16 CASTORIADIS-AULAGNIER, P. Les Destins du Plaisir. Aliénation, Amour, Passion. Paris: PUF, 1979, p. 38.

17 Leia-se no capítulo 7, a história do tratamento de Lucie, o estudo de C. Ternnick sobre a aliança originária da filiação entre mãe e filha, a de J. Godfrind sobre o "pacto negro" selado no

a noção de *aliança denegativa*[18] na análise das coproduções alienantes trazidas à luz e tratadas na terapia conjunta de uma mãe e de sua filha.

O pacto denegativo alienante, heterogêneo e assimétrico: a aliança denegadora

A noção de aliança denegadora caracteriza uma situação em que a relação é utilizada para manter fora da repressão secundária na mãe, as representações rejeitadas por meio da negação em sua filha. Trata-se, portanto, segundo as distinções que propus introduzir, de um pacto denegativo alienante, de uma estrutura heterogênea e assimétrica fundada sobre o sobreinvestimento alucinatório pela filha de representações não reprimidas e conjuntamente negadas pela psique materna, o que conduz essa a induzir na filha o que seria seu próprio delírio. "As duas mulheres", escreve M. Th. Couchoud, "desempenham, tanto uma como a outra, um papel ativo em relação a uma *empresa* (influência) que aparece como tentativa feita para manter *no palco* do cotidiano a permanência daquilo que na mãe não pôde ser elaborado ou recalcado. Mas trata-se, por outro lado, de manter isso de tal modo que ele seria totalmente desprovido de sentido, que ele não possa ser acreditado pela mãe senão em nome da loucura de sua filha, ainda que possamos nos perguntar já de início, se a mãe não fora preservada do delírio graças ao fato de que ela ter podido reprimir o conteúdo dos traumatismos. Assim podemos dizer que ela induz em sua filha aquilo que seria próprio de seu delírio, ou melhor ainda, que a filha delira para que a mãe continue a esquecer aquilo que, para ela, não é *retomável*".[19] A mãe credita assim na conta do delírio da filha "toda a possibilidade da descoberta daquilo que ela,

---

vínculo (attachment) primeiro com mãe pela relação de ódio e a tarefa mortífera que vinculam essa à sua filha quando elas não conseguem se separar de sua aliança alienante entre mãe e filha.

18 COUCHOUD, M. Th. *Le Refoulement à la Function D*énégatrice. Tópique, 1986, 37, pp. 93-133.

19 COUCHOUD, M. Th. *Le Refoulement à la Function D*énégatrice. Tópique, 1986, 37, pp. 128.

a mãe, não quer pensar (e isso) é claramente a posição prévia de toda a relação entre elas".[20]

A análise de M. Th. Couchouc a conduziu a individuar os traços diferenciais do recalcamento na transmissão neurótica e psicótica. Para qualificar a repressão neurótica ela se apoia nos trabalhos de Aulagnier e sustenta a noção de uma "transmissibilidade de interditos a serviço de um ideal comum". Ela mostra que "o que é visado nessa transmissão de interditos e nesse esforço de repressão imposto à criança é também o fato de que seja preservado o que já está recalcado pela psique parental, uma vez que é com base nesse recalcamento que se realiza o trabalho de *historização* do *Eu* nos pais". Essa apresentação da repressão neurótica acentua a conjunção da genealogia da repressão com as determinações repressivas geradas em cada história singular.

Em contraste, os caracteres particulares da repressão na psicose seriam os seguintes: a repressão na psicose é decidida pela mãe; ela, a repressão, é instaurada pela mesma segundo uma ordem arbitrária, em benefício de *sua* lei. Disso resulta um *fracasso na repressão*, em vez de uma genealogia das repressões transmitidas pela neurose. Esse fracasso torna-se o *móbile* dos meios postos em ação para assegurar a inauguração daquilo que deve ser negado.

Esse fracasso do recalcamento é compensado pela iniciativa da mãe, por duas medidas defensivas. A primeira é uma manobra de desvio quanto ao objetivo da repressão: trata-se para ela de tornar impossível a inauguração de um não reprimido em ação. Esse objetivo tira a base de toda a possibilidade para o *Eu* de se envolver num movimento de historiação. A segunda medida, consiste no pacto de uma aliança, naquilo que não deve ser reprimido e negado de comum acordo: "trata-se, então, de despossuir (desapropriar) a criança de toda a capacidade de pensar o

---

20 COUCHOUD, M. Th. *Le Refoulement à la Function D*énégatrice. Tópique, 1986, 37, pp. 93-133, 1986, 37, p. 115.

enunciado e assim dar-lhe sentido". A resposta psicótica enseja a possibilidade de colocar em palavras o que não pôde ser reprimido na psique materna. A condição prévia de toda relação entre mãe e filha é "uma alienação de um dos protagonistas da aliança em benefício do outro".

Em resumo, conclui M. Th. Couchoud, a economia da repressão psicótica pode ser concebida como uma aliança em vista do desconhecimento de um enunciado do desejo: "Não se cumpre sobre o modo de uma transmissão vertical dos interditos onde se reconhece os ideais comuns. O clima de repressão é limitado à relação estendida apenas. A abrangência do projeto é imediata e não se inscreve na linha da renúncia cultural".

A comunidade de negação ou o pacto de negação em comum

O pacto de negação em comum é outro exemplo de aliança inconsciente alienante. M. Fain indicou isso brevemente num artigo de 1981, com a noção de comunidade de negação no enquadre de uma discussão bem precisa.[21] Tratar-se-ia para ele, de dar conta de uma modalidade de identificação da criança (do filho) com sua mãe. No momento em que essa, não podendo se *separar* dele pela *assinalação* num outro registro, que não seja o de filho objeto de desejo (o pai), a negação da existência do desejo pelo pai é ao mesmo tempo a *realidade* da criança e a da mãe. A *comunhão* de negação entre a mãe e a criança mantém assim sua não separação. Ela está na base de um tipo de identificação que M. Fain qualifica de projetiva e que ele opõe à identificação histérica precoce, essa sim, sustentando a identificação da criança com a mulher quando a mãe faz o movimento na direção de um outro objeto de desejo sedutor, que a

---

21 FAIN, M. *Diachronie, Structure, Conflit Œdipien*. Quelques réflexions. *Revue Française de Psychanalyse*, 1981, 45(4), pp. 985-997. Veja-se também a sua colaboração na obra de D. Braunschweig. Braunschweig, D., Fain, M. *La Nuit, de Jour*. Paris: PUF, 1975. Veja-se também sua colaboração na obra de D. Braunschweig. BRAUNSCHWEIG, D., FAIN, M., La Nuit, de Jour. Paris: PUF, 1975.

criança deverá descobrir ou conhecer. Esse reconhecimento é correlativo àquele, da parte da mãe, de sua feminilidade.

A identificação projetiva, na comunhão de negação, é um fracasso no processo de simbolização: "constantemente percebida, a realidade é rejeitada enquanto objeto de abordagem possível ao sistema representativo".[22] Os modos de construção dessas identificações fazem com que elas sejam constantemente ameaçadas por uma intensa coexcitação sexual e pela imposição da realidade negada, projetivamente identificada com um sedutor. Rejeitada, a realidade negada não deixa por isso mesmo de existir em menor grau e de exercer uma pressão sobre os limites do Ego para abrir seu caminho em vista do objeto. Tal como o indica em seu artigo M. Fain, em 1981, essa noção tem uma abrangência precisa, mas restrita.

Aqui busquei dar uma ideia da abrangência mais ampla na medida em que, em toda relação, a comunhão de negação *projeta-se* sobre a realidade do objeto de desejo do outro e onde ela mantiver um estado de não separação entre os sujeitos de uma relação. Ela, além do mais, acompanha-se com o fato de um regime de identificações narcísicas e projetivas cruzadas. Cada um dos sujeitos encontra lá seus motivos para manter a negação, com a condição de que alguém se faça de avalista dessa negação. Essa *comunidade* constitui-se num dos modelos de base do destino da negatividade na relação. Eis alguns exemplos:

A negação em comum do luto

Muitos autores já trabalharam sobre a economia e a tópica familiares quando essas se caracterizam pela negação do luto e sua manutenção por um pacto que *sela* uma comunidade de negação.

Em todos os casos observados, a negação do luto congela o processo de luto. P. C. Racamier levanta a ideia segundo a qual, nos pacientes psicóticos, luto "não fantástico", "desmentalizado", "não representado"

---

22 FAIN, M. *Diachronie, Structure, Conflit Œdipien*. Quelques réflexions. *Revue Française de Psychanalyse*, 1981, 45(4), p. 995.

encontra-se privado das conexões fantásticas, ele se torna indiscernível e dificilmente elaborável: "Existem coisas com as quais estamos bastante acostumados no caso de famílias bastante perturbadas e de pacientes, os mais sofridos. O paciente psicótico é muitas vezes o avalista do fechamento negado, do luto fechado, ele é "o opérculo da negação, aquele que sufoca e consegue sufocar a negação familiar".[23]

O luto negado por um pai não fica somente congelado, ele se imiscui segundo diversas modalidades (por expulsão, injeção, depósito) na psique da criança e em todo o grupo familiar. Essas expulsões, injeções, são tipos de ações tóxicas, traumas e dívidas insolúveis que produzem fantasmas.

Outros estudos clínicos mostram como a negação do luto *cumpre* funções psíquicas idênticas para cada um dos sujeitos vinculados numa relação depressiva: negação e onipotência contra a experiência do luto e da separação.[24] Em outros pacientes, como o tratado por P. Penot, a impossibilidade de se constituir como sujeito seria o efeito da negação familiar de experiências de separação traumáticas repetidas ao longo de diversas gerações.[25] Para se constituir e fixar-se, a maior parte desses cenários requer uma defesa em comum em relação à criança e em relação a um dos pais (ou aos dois) contra a não separação, na iminência de uma separação, diante da morte. Essas análises mostram que as relações que então pactuam-se estão fundamentadas em alianças inconscientes patógenas: o pacto denegativo que se direciona sobre a negação comungada da perda, pode ser descrito do ponto de vista da função psíquica que ele cumpre para cada um dos sujeitos comprometidos na relação depressiva. Esses pactos são verdadeiros *antidepressivos* na medida em que eles mantêm o foco sobre a separação.

---

23 RACAMIER, P. C. *Questions à Paul-Claude Racamier à Propôs des Processus de Dueil et des Résurgences Familiales*. Groupal, 1995, 1, p. 61.

24 Penso aqui na psicoterapia conduzida por Berger em relação a Cédric e à sua família. BERGER, M. Le Travail Thérapeutique Avec la Famille. Paris: Dunod, 1995.

25 PENOT, B. Figures du Déni. En Deçà du Negatif. Paris: Dunod, 1989.

As negações coletivas

As negações coletivas são defesas contra os efeitos não toleráveis de uma catástrofe social, quer se trate de negar a causa e a responsabilidade, quer se trate de minimizar os efeitos. Essas negações estão a todo vapor nos genocídios, nos massacres, nas guerras, nos atos bárbaros como a tortura ou mesmo nos casos de catástrofes naturais. Eles assumem a forma social e política do negacionismo.

Os contratos perversos

Os psicanalistas estiveram atentos desde cedo aos *empreendimentos* que o perverso exerce sobre os parceiros de grupo, quando eles sublinham, por exemplo, que o discurso do fetichista com seu fetiche não assume seu peso senão a partir do poder que o fetiche tem de fascinar o outro e de suscitar sua complacência a submeter-se à perversão. Alguns desses estudiosos foram mais sensíveis às alianças que os unem.[26]

Entre eles, o estudo de J. Clavreul sobre o casal perverso continua sendo um grande texto de referência.[27] Clavreul sublinha a importância do segredo no contrato que vincula dois parceiros do casal ou dupla perversa. É a denúncia do segredo, a divulgação de terceiros, o escândalo que constitui a ruptura: "a ruptura final de tais contratos tem um sentido totalmente oposto e um alcance diverso daquele do fracasso do amor entre sujeitos normais ou neuróticos. O fato de serem secretos, que seus termos e práticas não sejam conhecidos senão por eles, os interessados, não significa de modo algum que terceiros estejam ausentes. Ao contrário: é essa ausência mesma de terceiros, é seu descarte que constitui a peça mais importante desse contrato estranho. Esse terceiro que

---

26 Khan, M. *Figures de la Perversion*. Paris: Gallimard, 1989; Puget, J., Berenstein, I. Le socle inconscient du couple I. *Gruppo*, 1986, 2, pp. 83-98; Puget, J., Berenstein, I. Le socle inconscient du couple II. *Gruppo*, 1987, 3, pp. 83-102; Eiguer, A. *Le Pervers Narcissique et son Complice*. Paris: Dunod, 1989; Eiguer, A. *Le Cynisme pervers*. Paris: L'Harmattan, 1995.

27 CLAVREUL, J. *Le Couple Pervers*. In CLAVREUL, J. (Ed.), Le Désir et la Perversion. Paris: Seuil, 1967.

está necessariamente presente para *assinar* ou antes, para *contra-assinar* a autenticidade de uma relação amorosa normal, deverá ser excluído, ou mais exatamente, estar presente, mas numa posição tal que ele seja cego, cúmplice ou impotente".[28]

Por sua vez, Aulagnier colocou em evidência as exigências da *encenação* perversa de onde o azar ou o fortuito é excluído, de tal modo que se opera uma coincidência estrita entre um fragmento do real e a cena onde exercerá seu papel, o fantasma do perverso. A lei que rege o contrato e garante a coincidência é a lei do gozo: "O que é solicitado e o que é aceito pelo parceiro remete – não à mediação do amor ou à confiança amorosa –, mas ao prazer tomado como objeto. O prazer é o único avalista da existência do objeto de desejo (a falta é negada) da anulação da separação entre o objeto da demanda (objeto mediador) e o objeto de desejo (o objeto metafórico e perdido)".[29]

O "segredo" diante de terceiros, a cena da coincidência entre o fragmento do real e o fantasma, a estereotipia na forma e no conteúdo constituem os fundamentos do contrato.[30] O gozo é a lei que o rege. O que Clavreul escreve sobre o casal ou dupla perversa, vale também para outras relações, como a de Céline com sua avó: "(...) se o parceiro perverso sabe quais recursos ele pode contar para fazer da mulher uma peça de seu jogo, essa também percebeu que, sob a máscara *apática* de seu perseguidor, se esconde a infelicidade inacessível que ela pressente poder levá-lo

---

28 CLAVREUL, J. *Le Couple pervers*. In CLAVREUL, J. (Ed.), Le Désir et la Perversion. Paris: Seuil, 1967, p. 98.

29 CASTORIADIS-AULAGNIER, P. Le Désir et la Perversion. Paris: Le Seuil, 1967, p. 122.

30 As figuras perversas na obra de Sade ilustram essas proposições. O Casanova de Fellini mostra bem como nada deve ser deixado ao azar no processo de agenciamento e de encenação do desejo; defender-se e gozar exige a estereotipia tanto na forma como no conteúdo. O fetiche garante que nada esteja fora do controle ou por conta do azar: é a função princeps e a causa do contrato.

a um desastre. Salvar o outro é recorrer à compaixão para mantê-lo em cena onde se esconde a ilusão amorosa, uma das razões de seu silêncio".[31]

O contrato narcísico perverso: *Principio y fin*, um filme de A. Ripstein

O contrato perverso envolve uma relação estreita com o definido pela Lei, alianças estruturantes e, especialmente, pela subversão do contrato narcísico.

Um filme de Arturo Ripstein – *Principio y fin* – de 1993, conta a história de um pacto narcísico familiar perverso. Tudo começa com a morte do pai, pela negação de sua morte: tudo deve continuar a ser como se o pai estivesse ainda ali, de tal modo que ele seja a testemunha impotente da realização dos sonhos sem rumo que subvertem a família através de relações incestuosas e imposturas que a mãe encena com seus filhos. O mais velho é de início, o portador das esperanças familiares, mas ele já fracassou em sua missão de realizá-las. Tudo se desloca para o mais novo, que vive numa relação incestuosa com a mãe. A filha é a parte sacrificada pela mãe, uma vez que ela não traz consigo o emblema fálico que a mãe quer reconhecer nos filhos. Todos participam de um pacto denegativo de negação em comum que a morte do pai passa a revelar.

As consequências são pesadas, soturnas, pessimistas como tudo em Ripstein. O projeto identificatório das crianças (filhos), alienados no desejo da mãe, acaba sendo barrado pelo componente narcísico – poderíamos até dizer de um modo mais radical que é antinarcísico – do pacto. Nenhum deles, e especialmente a filha, pertence a si mesmo pelo fato da aliança conjunta de influência materna e do consentimento do grupo da fratria com essa influência. Resulta disso também que a homossexualidade primária entre os dois irmãos os mantém vinculados

---

31 CLAVREL, J. *Le Couple Pervers*. In CLAVREUL, J. (Ed.), Le Désir et la Perversion. Paris: Seuil, 1967.

numa relação sádico-masoquista que não deixa saída alguma para a elaboração de sua rivalidade: a traição é o negativo de suas relações. Finalmente, a morte conclui a história, a das crianças, como no início ela havia eliminado o pai.

O contrato perverso nos grupos e nas instituições

Quando estudei o funcionamento do grupo *Paraíso Perdido*, chamou-me a atenção a dimensão da perversão que aparecia com a *negação* do pênis que faltaria à mãe.[32] Era também o fantasma organizador do grupo dos "monitores acasalados". A negação da diferença entre os sexos e o fantasma que o sustenta contra a angústia da castração, mantêm por clivagem do Ego, a crença de que o pênis do pai não desempenha papel algum na vida sexual da mãe e que ela o possui.[33] O efeito dessa negação no grupo do *Paraíso Perdido* foi a supremacia atribuída a Léonore e conjuntamente ao grupo de que ela era a metonímia enquanto objeto não castrado. A ideologia igualitarista que se desenvolveu na cultura do grupo sustenta a aliança de todos contra aqueles que queriam *afirmar* a diferença.

Esse trabalho serviu-me de base para a análise do funcionamento perverso de um instituto médico-pedagógico que recebia umas sessenta meninas entre 6 e 14 anos, *etiquetadas* de débeis leves e que, em sua maior parte, apresentava aquilo que se chamava então globalmente de "diversos problemas de comportamento". As crianças foram repartidas em diversos grupos: de pensão (moradia), de classes (aulas) e de atividades organizadas. Esse último tipo de grupo, curiosamente chamado de "a família", estava sob a responsabilidade de uma educadora. A instituição era dirigida por dois religiosos e a equipe era composta, em sua maioria, por pessoal feminino (diretora, educadores, psicólogos, psiquiatra, fonoaudióloga,

---

[32] KAËS, R. Chronique d'un Groupe: Observation et Présentation du Groupe du "Paradis perdu". Paris: Dunod, 1976 (em colaboração com D. Anzieu).

[33] ROSOLATO, G. *Paranoïa et Scène Primitive*. In ROSOLATO, G. (Ed.), *Essais sur le Symbolique*. Paris: Gallimard (1963) 1969; MAC DOUGALL, J. *Scène Primitive et Scénario Pervers*. In BARANDE, I., DAVID, C. *et al* (Ed.), *La Sexualité Perverse*. Paris: Payot, 1972.

fisioterapeuta...). Os homens (um especialista em psicomotricidade em tempo parcial, um jardineiro (que fazia também o papel de motorista e de manutenção das dependências e um padre idoso) estavam *fundidos* com a decoração (faziam parte da paisagem de um modo um tanto neutro).

As relações entre esse pessoal eram quase inexistentes. Os poderes estavam nas mãos de duas religiosas; uma dentre elas centralizava o conjunto das decisões que ela tomava de modo autoritário, o que desenvolvia tanto entre os funcionários como entre as crianças uma agressividade surda e um temor constante em relação a ela. Para evitar o conflito, eles comportam-se como dependentes e são submissos, e para manter a unidade da instituição, a diretora prega a solidariedade e o respeito do ideal: ela pensa que assim poderá conter as angústias de dispersão que sente a maior parte dos membros da instituição. A outra religiosa tem uma função de segundo nível: ela é a educadora-chefe, supervisiona o ensino e os tempos 'familiares', garante a formação do pessoal segundo o modelo a ser imitado que ela mesma encarna; com a irmã diretora, seleciona o pessoal e as estagiárias tendo por base a mesma formação religiosa e ideológica que é a da dupla na chefia: cada um assim é um *nascido* da mesma família. As crianças são recrutadas a partir de um princípio análogo: elas vêm de início, passar um mês como uma experiência ao longo do verão; durante esse período, a observação visa determinar se o seu perfil está conforme com aquilo que se espera delas na instituição: "qualquer uma delas foi feita ou não foi feita para nós", declara dupla diretora. Isso significa que se a menina não se deixa "fazer" (de acordo com os padrões), ela não será aceita no retorno. Para levar a cabo tais procedimentos que regem as admissões, as saídas e as relações e para manter a integridade do corpo institucional, um pacto é imposto. A negação da diferença e a rejeição são os meios de defesa mais constantes: todos os que não se integram no lugar que lhe é destinado na organização fantasmática da instituição ou que perturbam o seu funcionamento, são rejeitados. Cada um deve seguir à não somente o regulamento interno, mas também regras implícitas que se deduzem "naturalmente" do espírito da instituição. Toda e qualquer inovação está proscrita, por mínima que seja, a não ser que ela receba *de acordo* da dupla da diretoria, a única autoridade instituinte. Toda e qualquer diferença de visão, todas as mudanças devem ser evitadas, uma vez que elas poderiam ensejar o que é mais temido pela dupla-gêmea das religiosas: uma cisão, uma falha na instituição e provavelmente em seu universo. Todas as leis locais, que são vistas como universais, todas as normas implícitas e explícitas têm por função manter a dupla isomorfia entre os sujeitos, o grupo e a instituição. Todas as regras se referem à coesão da equipe, à unidade da instituição, à similaridade dos membros, o que implica na negação de suas diferenças funcionais e estatutárias.

A pertença à instituição é *significada* de diversos modos, especialmente pelo vocabulário comum imposto a todos os seus membros: por exemplo, todas as educadoras e as instrutoras são chamadas de *moiselles* pelas crianças.[34] As que são recém chegadas são percebidas imediatamente em seu vocabulário: elas dizem *mademoiselle*, chamam por tu (ei você!) ou chamam os membros do *staff* pelo sobrenome.

A função da representação comum, que a aliança exige, é garantida em seu essencial, pela referência religiosa. A reunião de toda instituição é feita, praticamente sempre, a partir de pretextos religiosos, e mesmo quando o motivo não o é, a reunião do grupo começa e termina sempre com um cântico ou uma oração. Os discursos ou as reflexões são sempre organizados pelo seguinte tema: "Somos um só corpo, um só espírito, o de Jesus; nele nós nos fazemos um". A referência religiosa é colocada a serviço da coinerência ou imanência de cada um na instituição. Ela, a reunião, é a ocasião de proclamar e de ritualizar a união de todos os participantes em um só corpo; ela fornece os argumentos necessários para a neutralização das angústias de perda e de *despedaçamento*, reavivados por

---

34 Termo inexistente em francês; talvez equivalha ao nosso termo, "tia".

cada uma das partidas (das internas) e ela suscita essa promessa: "rezeremos por ela, nós nos encontraremos no céu".

É através das referências religiosas que os membros da instituição se reconhecem como um todo inseparável: a religião é aqui utilizada para ancorar a aliança numa sacralização da unidade, garantindo um discurso de isomorfia estrita entre a instituição e cada um de seus "membros". A medalha tida por miraculosa é distribuída pelas religiosas a todos os membros da equipe e às crianças e tem por função manter de um modo significativo (com significado) a relação de pertença ao grupo através de uma marca que, sobre o corpo de cada um, se transforma em signo do corpo grupal. Numa tal instituição, cada um está envolvido na engrenagem que o mantém no estatuto de objeto parcial. As crianças, de início, mas também os adultos, são mantidos numa relação de extrema dependência vital. A angústia que elas (eles) experimentam ante à ideia da expressão, de sua parte, de um anseio ou de um desejo, acaba por terminar na divisão dos *pais* (o estilhaçamento do casal das irmãs e da instituição), agrava ainda mais aquelas angústias que eles viveram em sua família, uma vez que a "família" local ainda por cima repete esses aportes. As meninas e as adolescentes não podem expressar nada em seu nome próprio, mas somente em nome da 'instituição' que faz o papel de pai e de mãe combinados. Pode-se falar, nesse caso, de um processo perverso gerador da psicotização das crianças.[35]

A aliança sectária

A aliança que rege as relações entre os sujeitos desse tipo de instituição poderia ser caracterizada como a posição sectária,[36] e mais pre-

---

35 Já publiquei sobre esse assunto uma análise detalhada. KAËS, R. L'Appareil Psychique Groupal. Constructions du groupe. Paris: Dunod, 1976, pp. 239-244. Veja-se também nessa publicação, a apresentação do pacto de influência perversa imposta aos sujeitos dependentes, como muitos estudos já o mostraram a propósito de certas comunidades que cuidam de toxicomaníacos: Syanon fundada em 1958 na Calofórnia, depois Daytop Villagge em Nova Iorque, 1963. A aliança patógena imposta pela força mantém a relação de alienação que ela pretende interromper.

36 CHOUVIER, B. *La Position Sectaire*. Revue de psychothérapie psychanalytique de groupe, 2007, 49, pp. 25-38.

cisamente, de aliança sectária: é também uma aliança perversa. E. Diet estudou a alienação sectária sob o aspecto essencial da influência que ela exerce, da incestualidade que organiza a realidade psíquica compartilhada e da repetição de cenários perversos.[37] Sua tese, de Diet, tem por objeto a violência destrutiva que está no fundo da influência perversa e dos "assassinatos de almas", o princípio da alienação sectária. As entrevistas clínicas com sujeitos pesadamente traumatizados pela experiência sectária mostram que esses sujeitos foram muitas vezes confrontados com uma experiência incestuosa e com sua negação, com emboscadas na colusão e de conivência em situações traumáticas, e que essas experiências são geradoras de profunda incerteza sobre a verdade das afirmações diante do terror suscitado pela violência da experiência sectária. Evitando a cilada da causalidade linear, Diet mostra que a história infantil e a estrutura psíquica que a sustenta nos sujeitos que passam a ser membros de uma seita, não encontram sua "eficácia" na alienação sectária senão no encontro aleatório com a seita e o guru. As estruturas desse tipo não se convertem automaticamente em adesão alienante.

A análise diferenciada das seitas permite compreender a dupla acolhida da patologização dos sujeitos adeptos de uma seita e do papel central atribuído ao "guru" quando ele é colocado como o princípio organizador da manipulação alienante: uma tal análise deixa de lado a estrutura do grupo sectário. Uma constante está sempre em ação na qualificação do grupo primário de pertença, em proveito da seita. O encontro entre a vontade de alienar do grupo sectário e a estrutura psíquica de um sujeito marcado pelo incesto ou pela incestualidade se produz por meio de truques fraudulentos: uma filiação renegada contra uma promessa de afiliação salvadora. Diet expressa esse jogo na paradoxalidade que ele coloca no coração da experiência sectária: uma promessa de vida total e

---

37 DIET, E. L'Aliénation Sectaire: Emprise, Incestualité et Repetition. Tese de doutorado em psicologia. Lyon: Université Lumière Lyon II (28 junho de 2000); E. DIET. *L'Aliénation Sectáire, Syndrome Ethnique Dans la Monsialisation Libérale*. Le Coq-héron, 2007, 190, pp. 103-117.

ideal, com a condição da morte psíquica e do abandono do pensamento. Resta ainda a questão da aliança necessária para que a vontade de alienar se encontre com a necessidade – ou o desejo – de autoalienação.

As alianças psicopatológicas destrutivas

J. P. Pinel propôs em 2001,[38] a noção de aliança psicopática para dar conta de uma modalidade geral de agir violento, com objetivos de destruição nos confrontos com o outro "através do meio da coalizão mais ou menos aberta e consciente entre um ou mais agentes (atuantes) e um ou mais cúmplices mudo(s) contra uma vítima que sofre a ação violenta. [...] O conjunto ou grupo supõe ou propõe na interatividade em que cada um está designado, um funcionamento comprometido".[39] Presenciado na análise de instituições de infância desadaptada, esse tipo de aliança está em ação em outros tipos de instituições e estende-se aos bandos mais ou menos organizados. As alianças psicopáticas são alianças alienantes ofensivas.[40] Algumas entre elas têm componentes perversos.

Pinel mostra como a cumplicidade entre crianças e adultos *sob o olhar passivo dos educadores ou dos professores* conforta as crianças ou os adolescentes em seus modos de funcionamento onipotente. As alianças permitem constituir as crianças como modelos de ação e testemunhas de uma negação da diferença das gerações. Elas testemunham também o "fracasso do polo institucional", isto é, a terceira avalista instância da lei.

---

38 Pinel, J. P. *Enseigner et* Éduquer en Instituition *Spécialisée: Approche Clinique des Liens D'Équipe.* Connexions, 2001, 75, 1, pp. 141-152.

39 PINEL, J. P. Enseigner et éduquer en instituition spécialisée: approche clinique des liens d'équipe. Connexions, 2001, 75, 1, p. 149.

40 Lembro que as alianças ofensivas têm como característica geral a de estabelecerem-se sobre a base de uma coalizão organizada em vista de um ataque contra o outro ou até mais de um outro, a fim de exercer sobre ele(s) a influência, de dominá-lo(s) ou de destruí-lo(s): uma equipe de futebol, um comando, uma equipe de trabalho mas também uma gangue ou uma seita organizam-se sobre tais alianças.

Retomando o enquadre geral da problemática das alianças inconscientes, Pinel sublinha a temática dos processos em comum da aliança psicopática e do pacto perverso e da negação em conjunto:

> A aliança psicopática pressupõe a presença de uma testemunha, passiva ou ativamente erigida para a função de cúmplice. A constituição de um trio – o agente, o cúmplice e a vítima – permite satisfazer as pulsões destrutivas de cada um e aferrolhar os espaços psíquicos pela manutenção da negação em comum. O modo de funcionamento, não denunciado da perversão, é assim pactuado na cumplicidade da testemunha passiva.[41]

Pinel finaliza fazendo uma distinção entre as alianças perversas, fundamentadas essencialmente sobre a negação em comum *acordo* da diferença dos sexos e as "alianças psicopáticas que encontram o seu fundamento na negação em comum *acordo* da diferença entre as gerações".

Entretanto, o que predomina nesses dois tipos de alianças alienantes, para além do tratamento ou do modo de lidar com a diferença, é a destrutividade que se exerce em vista do outro enquanto que ele passa a ser objeto da necessidade de destruir e meio de gozar a destruição. É para preservar essa satisfação pulsional destrutiva, ativa e passiva, que tal aliança é pactuada na delinquência.

As alianças defensivas para a "adaptação a não importa ao quê"

Pelo desenvolvimento do conceito de pacto denegativo no campo social, Amati-Sas nomeou de "adaptação a não importa ao quê" essa aliança invisível da familiaridade com as circunstâncias catastróficas, como se não tivesse acontecido nada.[42]

---

41 PINEL, J. P. Enseigner et éduquer en instituition spécialisée: approche clinique des liens d'équipe. Connexions, 2001, 75, 1, p. 149.

42 Amati-sas, S. *Situations sociales traumatiques et processus de cure*. Revue française de psychanalyse, 2002, 66(3), pp. 923-933; S. Amati-sas La transsubjevitivité entre cadre et ambiguïté. Aix-les-Bains: Le Goupe Lyonnais et la Societé psychanalytique de Paris, 2005 (comunicação no colóquio "Autour de l'œuvre de René Kaës" em 9 de abril de 2005).

Se através de diversos traços, o pacto denegativo e a "adaptação a não importa ao quê" se assemelham, não seria pertinente diferenciá-los pelas suas funções? São defesas complementares? Esquematizando uma resposta a essas questões, Amati-Sas supõe que a "adaptação a não importa ao quê" corresponde mais a uma relação pré-subjetiva (a-subjeitada) enquanto que o pacto denegativo corresponde mais ao relactivo, já inscrito nas relações do objeto e na subjetividade; ele estabelece uma relação com a sociabilidade sincrética e a socialidade (sic) em Bleger. Depois disso, ele busca pensar suas diferenças tendo em vista as relações das mesmas com a vergonha:[43]

> Deixando o contexto traumático, os pacientes que sofreram situações extremas têm vergonha em relação ao vivido, de terem podido ou tido se acomodar às circunstâncias infames, porque eles descobrem neles mesmos uma capacidade adaptativa que nem sabiam que possuíam. Podemos dizer, paralelamente, que eles têm vergonha de ter feito um 'pacto denegativo'? Nesse caso, sua vergonha relacionar-se-ia com o fato de terem sido obrigados, pela manipulação de outrem e pelas circunstâncias, a aceitar tornarem-se falsos, desleais ou transgressivos em relação ao Ideal de Ego (ou ao Superego) de seu grupo de pertença; ou então, de terem sido obrigados a estar numa 'conivência' não desejada com outros para que não ficassem claros os equívocos.[44]

Amati-Sas demonstra bem que o pacto denegativo e a "adaptação a não importa ao quê" são dois fenômenos diferentes:

> Se adaptar-se é mais que identificar-se, fazer um pacto denegativo implica mais que se tomar uma posição mais diferenciada. No que diz respeito às mudanças sociopolíticas, o pacto denegativo poderia lembrar mais ou relacionar-se mais com as mudanças duráveis do contexto social

---

43 A questão da vergonha foi considerada várias vezes por A. Amati-Sas. Cf. S. Amati-sas, Récupérer la honte. In Puget, R., Kaës, R. (Ed.), *Violence D'État et Pscychanalyse*. Paris: Dunod, 1989; Amati-SAs, S. Honte, ambiguïté et espaces de la subjectivité. *Revue franlçaise de psychanalyse*, 2003, 67(5), pp. 1771-1775.

44 Amati-sas, S. *La transsubjectivité entre cadre et ambiguïté*. Aix-les-Bains: Le Goupe Lyonnais et la Societé psychanalytique de Paris, 2005 (comunicação no colóquio 'Autour de l'œuvre de René Kaës' em 9 de abril de 2005).

(repressão política, por exemplo), mas a 'adaptação a não importa ao quê', estaria mais voltada para a consequência de situações de violência social com um caráter mais agudo e inesperado.[45]

A questão merece ser examinada em maior profundidade. Nós a retomaremos quando a tratarmos com mais atenção no capítulo 9, em vista das relações entre as alianças inconscientes e as mudanças catastróficas.

---

45 AMATI-SAS, S. La transsubjectivité entre cadre et ambiguïté. Aix-les-Bains: Le Goupe Lyonnais et la Societé psychanalytique de Paris, 2005 (comunicação no colóquio "Autour de lo'uvre de René Kaës" em 9 de abril de 2005).

4ª Parte
AS ALIANÇAS INCONSCIENTES E AS CONFIGURAÇÕES DA RELAÇÃO

O trabalho psicanalítico em situação de grupo me levou a descobrir o essencial daquilo que aprendi sobre o assunto e a consistência da realidade psíquica na relação intersubjetiva, sobre os espaços psíquicos comuns e compartilhados, sobre a emergência do sujeito na relação e o trabalho ou a elaboração da intersubjetividade, sobre as alianças inconscientes.

Nesta quarta parte, apresentarei como as alianças inconscientes se pactuam nas famílias e nos casais, grupos e instituições. Centrarei minha atenção em certas características dessas alianças inconscientes. As alianças inconscientes estruturantes, defensivas ou patógenas formam-se de início, nas relações familiares e elas se transmitem às vezes de geração em geração: alianças narcísicas arcaicas, alianças de filiação, alianças de segredo compartilhado. As alianças inconscientes que se formam nos casais ancoram-se, uma parte decisiva das mesmas, nas escolhas dos objetos (semelhantes ou antagônicos) dos parceiros, e sobre os mecanismos de defesa que eles atuam contra algumas implicações de suas escolhas. Nos grupos, tais como os observamos a partir dos instrumentos psicanalíticos que utilizamos, as alianças formam-se desde os primeiríssimos momentos do encontro; elas evoluem e transformam-se ou se enrijecem; elas formam o essencial da realidade psíquica no grupo (a psique do grupo).

Essas pesquisas abriram um caminho de observação e de análise das alianças inconscientes nos conjuntos complexos que são as instituições. Algumas hipóteses especulativas foram formuladas sobre a razão e os efeitos das alianças inconscientes no campo social, especialmente em suas relações com as situações catastróficas.

Um canteiro de obras ainda a ser explorado, especialmente no que tange ao modo como se articulam, ou não se articulam, são os níveis metapsíquicos e metassociais.

Capítulo 7.
As alianças inconscientes nas famílias e nos casais

As alianças que organizam um casal e uma família são fundamentadas, segundo modalidades específicas, mas constantes, sobre a sexualidade e sobre seus conflitos, especialmente quanto às exigências do narcisismo. Essas modalidades contam com as exigências psíquicas necessárias para que a relação de família ou de casal se forme e se mantenha. Ao lado dessas exigências psíquicas e com interferências nelas, as alianças inconscientes inscrevem a relação da família e do casal no campo social e cultural.

Nas sociedades tradicionais, o casal – e especificamente, o casal casado – é o elemento fundamental do sistema de trocas ou de intercâmbios entre as famílias: o casamento pactua alianças entre essas num mesmo movimento em que ele vincula os sexos e as gerações. Nessas condições determinar o que seja da família ou do casal está, antes de tudo, na ordem da determinação psíquica e sociais das alianças, remete à aporia do ovo ou a galinha: se não houver aliança familiar – e portanto, de família – sem casal, e sem aliança de casal, nada de família de onde os sujeitos procedem e de onde eles se instituem.

Nas sociedades modernas, a estrutura familiar bem como a dos casais mudou consideravelmente. A consistência social e jurídica das alianças, os conteúdos e a estabilidade dessas, modificaram-se com a mudança do estatuto das pessoas, em vista de relações cosanguíneas que definiam a família (famílias recompostas, monoparentais, relações intergeracionais complexas), as normas sexuais que caracterizavam as relações entre os parceiros casais (mudança do estatuto da mulher e do homem, casais temporários, casais com parceiros múltiplos, casais homossexuais...) e as transformações que esvaziaram o estatuto do pai e da mãe.

Se as alianças de base que constituem a relação familiar hoje estão perturbadas sob o efeito do desmantelamento das garantias metassociais e metapsíquicas que as sustentavam, é possível descrever as alianças inconscientes cujos conteúdos, estruturas e funções seriam as constantes nas famílias e nos casais? Tomar em consideração o caráter inconsciente das alianças autoriza pensar que as estruturas sólidas permanentes ou mesmo contingentes que nascem dessas mudanças observáveis seriam, no final das contas, negligenciáveis? As alianças inconscientes são invariantes porque o inconsciente não muda, mas sim, somente as suas manifestações? Não seria melhor pensar que ao contrário, observamos modificações estruturais e funcionais significativas? Que incidências a mudança do papel e da função do pai têm sobre a função paterna e sobre as alianças estruturantes nas quais esta desenvolve um papel determinante?

É provável que as alianças familiares e as alianças entre casais também mudaram, e que elas funcionam como causa ou como consequência dessas mudanças. Mas é preciso avançar com prudência e de um modo modesto nesse assunto e abrir-se para além de qualquer campo de estudo e de pesquisa, uma vez que até o presente a tomada de consciência do caráter inconsciente das alianças que fundamentam a relação familiar e a do casal não suscitou ainda grandes pesquisas. Este capítulo busca dar conta disso e apresentar algumas delas, sem propor ainda uma síntese, o que fica para ser feito ulteriormente.

As alianças familiares

Como toda e qualquer instituição, a família fundamenta-se sobre alianças inconscientes entre seus sujeitos. A realidade psíquica que se forma assim e a identidade familiar que dali resulta repousam sobre um conjunto de alianças, de pactos e de contratos diversos e variáveis não somente em suas formas, seus conteúdos e suas funções, mas também quando qualidade e a quantidades de parceiros que elas relacionam. Sobre este último ponto, a família relaciona famílias, os casais parentais, as gerações, os filhos e as filhas, os irmãos, as irmãs, as mães e os pais com seus bebês, com suas crianças, com seus adolescentes, com seus próprios pais e com a parentela toda. O "segredo de família" foi por muito tempo considerado como o surgimento da repressão familiar. Resta tratar ainda a forma mais compartilhada de alianças familiares.[1]

As famílias, como os grupos, são organizados por alianças das quais participam ou às quais são submetidos todos os sujeitos daquele contexto; mas existem os não-contextos (os não-grupos) que fazem alianças contra os outros, contra o contexto ou um conjunto de dados de pessoas. A experiência mais comum desses não-contextos ou não conjuntos é o da fratria.

Um traço comum ao casal e à família é a dimensão sexual da relação. As alianças que eles pactuam, essencialmente o contrato narcísico e o pacto denegativo, os interditos que os limitam e que estruturam as condições de realização dos desejos, são tributários dessa dimensão. Quando escrevi sobre as alianças estruturantes primárias, coloquei em evidência os conteúdos inconscientes das alianças de afinação primária, das alianças de prazer-desprazer compartilhadas e a ilusão criativa entre o bebê e o seu primeiro meio-ambiente familiar.[2] Analisei as dimensões narcísicas desses contratos, evoquei a ferida do "bebê insuficientemente bom", as alianças de amor e as alianças de ódio, os interditos estruturantes e as dimensões defensivas e alienantes dessas alianças.

---

1 Apesar de alguns estudos serem recentes, os de N. Abraham e M. Torok seriam os primeiros a chamar a atenção sobre os segredos inscritos na psique do sujeito. Os estudos de F. Vigouroux e de S. Tisseron desenvolveram ulteriormente outras proposições além do trabalho de M. Ciambelli. ABRHAM, N., TOROK, M. L'Écorce et le Noyau. Paris: Flammarion, 1978; F. VIGOUROUX Le Secret de Famille. Paris: PUF, 1993; S. TISSERON, Les Secrets de Famille. Mode d'Emploi. Paris: Ramsay-Archibaud, 1996; CIAMBELLI, M., *Segreti di Famiglia*. In CIAMBELLI, M. ONEROSO, F., PULLI, G. et al (Ed.) Il Segreto e la Psicoanalisi. Napoli: Gnocchi, 1996.

2 Para mais detalhes, veja-se o que está presente no capítulo 2.

Todas essas alianças são *atravessadas* por diversas organizações da sexualidade e, especialmente, pela separação entre a sexualidade infantil e a do adulto, entre essas, e a sexualidade do adolescente e da velhice. Todas essas alianças são moduladas pelo modo como se exerce as funções materna e paterna, e de um modo mais amplo, pelas funções *coparentais*. Recentemente, levadas em consideração essas últimas, tornam-se mais perceptíveis as relações entre as alianças familiares e as alianças de casal.

As alianças originárias de filiação

Algumas pesquisas começaram a separar ou a identificar as características das alianças originárias que garantem as relações de filiação e, através dessas, a consistência da identidade sexual.[3] Elas voltam-se mais precisamente para a relação entre mãe e filha, mais raramente sobre a relação entre pai e filho, e elas inscrevem ainda mais raramente essa aliança no enquadre da coparentalidade e no espaço mais amplo da família. Uma das razões dessa restrição, ainda que portadora de questões precisas e preciosas, deve-se ao método que permitiu o acesso a essa temática. Essas pesquisas têm por enquadre os instrumentos de tratamento individual. Um trabalho de reinscrição desses dados da família está ainda por ser feito.

Dona Lucie ou a aliança com a mãe no triunfo do ventre maternal contra a morte

Recebi Dona Lucie em análise depois de uma pausa de três anos. Ela veio me consultar para tentar compreender o que estaria em jogo nela pela sua relação difícil com a maternidade. É um sofrimento para ela que, a propósito, trabalha numa clínica de ginecologia. Ela tem também bastante dificuldade com sua feminilidade: ser mulher para ela é da ordem do insuportável e ela pensa que isso tenha alguma relação com sua dificuldade em vir a ser mãe.

---

3 A noção de aliança originária de filiação foi proposta por C. Terninck em diversos trabalhos com os quais lidaremos mais adiante. TERNINCK, C. L'Éprouve du Féminin à L'Adolescence. Paris: Dunod, 2000.

Ao longo de seus primeiros anos de tratamento, ela trabalhou sobre os investimentos de sua mãe sobre seus filhos. Dona Lucie é a mais velha de uma *fratria* de três filhas, e fala com insistência, e num registro onde misturam-se prazer e dor, do desejo de sua mãe a seu respeito: ela deveria ter sido (ela, a filha) um menino. Muitas vezes sua mãe a chama de Luc; ela, a mãe, desvalorizava as duas mais novas que sofriam com isso, mas Dona Lucie sente-se, apesar disso tudo, orgulhosa ao pensar que sua mãe tenha desejado que ela fosse um menino. Aparece-lhe de quando em quando que os investimentos narcísicos sobre ela sejam "sonhos de desejos não realizados" sua mãe teve por ela com um custo exorbitante; sabe também que a mãe tirou disso benefícios que ela não pode ainda avaliar: ela, entretanto, tem um sentimento confuso, mas que caminha na direção de que esse investimento custoso lhe permite existir no desejo de sua mãe, porém com a condição de sacrificar sua própria posição de filha.

Amada por sua mãe enquanto um menino, Dona Lucie sentiu-se rejeitada por seu pai, isso que ela *experimenta* como um ataque contra a sua posição de filha, mas sem poder pensar isso, uma vez que a aliança com a mãe a privaria de sua própria feminilidade. Na puberdade, a questão ressurgiu com as regras, sobre o modo como o corpo foi totalmente *atacado*, quando se instalaram perturbações de identidade através de um episódio grave de anorexia. Nesse momento então, não era ainda possível falar-se de sexualidade na família: tudo estava confuso, ela se sentia enredada como numa teia de aranha, presa com gosma. Ela empreendeu diversas fugas para sair da família e da confusão.

O tratamento toma um outro rumo quando o progresso da análise requer de Dona Lucie que se questione se esse lugar de menino que lhe foi assinalado seria somente o efeito do desejo de sua mãe ou se esse desejo não encontrou, ou esteve ancorado em seu próprio desejo: ser amada da mãe nessa condição, não da conta do prazer que ela experimentou em ser um "menino" falho, mas justamente "falho". O que faltava a essa menina que não era reconhecido, senão o fato de ser vista como menino falho?

Parece então decisivo que ela "divida" (do corte do ritual do pacto ou da aliança) no vívido dessa questão e nas incertezas que ela contém. Ela descobre o anverso de um fantasma da bissexualidade que lhe teria permitido ser para sua mãe e seu pai ao mesmo tempo, o seu menino e a sua menina: ela não era, de fato, nem um e nem outro.

Depois dessa descoberta, a análise encontrou numerosas descobertas: Dona Lucie pensava que se ela continuasse a falar em associação livre, ela colocaria todos em perigo. Retomo sua ideia de "cortar no vívido da questão" reportando à transferência: se ela põe-se a falar, pensa ela que vai me colocar em perigo manifestando-me sua cólera, que irei rejeitá-la, ou que ela perderá a consideração que espera de mim? Ela me pergunta com insistência se eu a considero como uma verdadeira mulher e ameaça suicidar-se se eu não lhe responder. Digo-lhe como esse momento perigoso em que ela fala de sua infelicidade e de seu pedido de reconhecimento, mas também uma saída para que ninguém saiba disso. Nesse momento, estamos mais próximos do pacto selado com a mãe, cujos elementos colocaram em perigo; do drama edipiano, da relação do sujeito com seus pais (pai e mãe). Estamos assim também bastante perto de seu *desligamento* e daquilo que deu consistência à relação com sua mãe.

A análise foi adiante. Dona Lucie e eu verificamos mais claramente a proposta do pacto que a vinculava à sua mãe: obter e manter o amor da mãe com a condição de que se ampute sua parte feminina, com a concordância de sua mãe. Ela compreende, no presente, os benefícios que ambas podem tirar dessa aliança. Para a mãe, não se desiludir com a filha; para esta, manter o amor de sua mãe e *sustentar* ou acalentar nela o fantasma segundo o qual sua filha *coincidia* com seu desejo de que ela fosse um menino. Ela toma consciência de alguns benefícios que decorrem daqui, mas também a contrapartida da violência e do ódio que deveria ser reprimido para manter a relação graças a esse pacto que evitava, tanto para uma como para outra, tem de se confrontar com a castração. Dona Lucie recupera o sentido do episódio anoréxico de sua adolescência: ela expressava em seu corpo a violência dessa amputação exigida conjuntamente pela sua mãe e consentida por ela.

Um pacto esconde outro, e não terminamos com isso as relações de Dona Lucie com sua mãe e com a maternidade. Ao longo de uma sessão onde ela se pergunta de novo sobre aquilo que viria do interior e o que viria do exterior, sobre o que vem de seus pais e sobre o que vem dela mesma. Dona Lucie tem uma fantasia: "uma mulher grávida, dourada como uma estátua está estendida sobre uma sepultura". Ela fica um tanto atemorizada, de início, com essa cena, mas não consegue ainda dizer o que a amedronta tanto. Ela tem uma intuição de que se trate de uma relação complexa, dolorosa e angustiante entre a idealização da maternidade (mulher grávida dourada como uma estátua) e aquilo de que ela está sendo privada. As palavras que lhe vêm para qualificar essa fantasia são "engano" e "ilusão": essas foram as palavras de que ela se servira para elaborar o pacto que selava o interesse conjunto com sua mãe e de ela mesma de considerar-se como um menino. Ela se apega a essas duas palavras e as opõe uma à outra: a ilusão viria do interior, mas ela não podia reforçá-la com o "engano", que viria do exterior. Qual seria o engano? Qual seria a ilusão? O que é o de fora e o que é o de dentro? As questões parecem que tomam subitamente uma forma (um sentido) nessa cena estranha, que a inquieta, como se se tratasse de uma visão ou uma fantasmagoria que surgiu para além de suas palavras. Ela não pode dizer nada sobre isso senão que tal cena remete à alguma coisa que lhe é difícil identificar, alguma coisa que ela não pode nomear, alguma coisa extraordinária que ela não conhece e à qual ela "não tem direito": a maternidade, claro, mas isso ela o sabe, é de outra *coisa* – a palavra vem sem demora – de que se trata.

Ela recorda-se que sua mãe lhe fazia *cintilar* (prometer coisas especiais) coisas extraordinárias, mas que ela não sustentava jamais suas promessas. Pergunto-lhe se essa *coisa* poderia estar associada àquilo que os meninos tem e que sua mãe fazia *cintilar* diante dela. Mas tudo acontece como se a elaboração que ela fizera sobre o desejo compartilhado, segundo o qual ela seria um menino, tinha sido reprimido. Minha interpretação é parcial e insuficiente, ela não a leva em consideração ou compreende aquilo que figura sua mãe grávida, "dourada como uma estátua" e a sepultura associada à maternidade e que a paralisa. Maternidade, poder fálico e morte estão estreitamente e perigosamente entrelaçados. Dona Lucie, para se defender, fala do calor do ventre materno, da proteção que ele garante contra todos os perigos, de sua busca desesperada por uma felicidade perdida. Sim, sua mãe tinha feito cintilar algo. Não, isso não era somente sua ilusão devido ao nascimento de duas rivais, é um ideal inacessível, uma contradição insuperável entre ser tida por menino e vir a ser mãe, por sua vez. Dona Lucie estaria sendo confrontada com o "negativo radical": a sepultura seria o signo disso, mas de quê exatamente?

Ela formula uma interpretação da cena: representa-se sua mãe grávida como em sua visão, uma mãe grávida com o ventre triunfante. Mas depois disso vem essa palavra: "seu triunfo é a minha morte". Digo-lhe que sua interpretação aporta uma resposta para sua dificuldade de nomear sua angústia, e avanço prudentemente a informação de que ela, a interpretação, leva a outras questões: se o triunfo da mãe implica a morte para ela, a filha, não seria isso que ela teme, uma represália à proposta de desejos de morte em relação à sua mãe triunfante de sua própria feminilidade e de seu acesso à maternidade? Ela parece reticente até o momento em que sua fórmula inicial se transforma numa sentença que mantém distância ante seus próprios afetos e abre o caminho para uma outra descoberta: "o triunfo da filha é a morte da mãe". Ter acesso à maternidade, é fazer morrer a mãe, e é também renunciar a ser menino. Trata-se claramente disso, não é exatamente isso que *atravessa* a história de Dona Lucie?

Algumas sessões mais tarde, o efeito do contragolpe da interpretação e seu *lapsus* conduziu-a em descobrir, com uma grande emoção, uma "espécie de aliança entre dois cintilamentos, o da ilusão e o do engano".

Ela prosseguiu: "Deixando-*me* enganar eu mantenho *sua* ilusão". Anoto sua fórmula com interesse: ela está em vias de apropriar-se de seu movimento interno de *ilusionamento* e de descobrir simultaneamente que ele foi posto em ação pela sua mãe, que ela o sustenta em sua filha e que ela mesma, por sua vez, o *alimenta* em sua mãe. Mas Dona Lucie continua ainda elíptica, o que entendo como resto a ser compreendido e apagar na aliança: quais seriam os interesses presentes – tanto para uma como para a outra – quando do estabelecimento da aliança? Que significa para sua mãe, se iludir e que sua filha tivesse podido viver a ilusão da mãe como seu próprio engano? Sua mãe lhe havia prometido alguma coisa a propósito da maternidade, alguma coisa que lhe parecia onipotente contra a morte? Ela se lembra desse período da exaltação de sua mãe quanto ela estava grávida, nada de perigoso poderia acontecer.

A elaboração abre novos caminhos: "pensei ainda uma vez nessa mulher na ou sobre a sepultura, ela triunfa da morte; mas ao mesmo tempo pensei na família da mãe onde três pessoas, três mulheres, uma irmã e duas primas, morreram no campo de concentração. Minha mãe e meu pai nunca me falaram disso, soube por uma de minhas tias. Por minha mãe, fui persuadida de que seu ventre triunfante vinha para afastar tudo isso, tive que perceber sem saber o que o ventre dizia: isso não existe, é necessário afastar tudo isso".

O desejo dessa mãe ferida pelo fato de sua primeira filha não ser um menino é provavelmente sua resposta a essa perda. E o ventre triunfante dessa mulher grávida seria seguramente um fantasma da jovem Lucie que tinha muitas razões para fazer com que sua mãe triunfasse. Uma dentre elas a conduziu a interpretar esse ventre *phallus* como a recusa oposta por sua mãe, mas consentida por ela, a ter seu próprio acesso à maternidade. Para sua mãe, se ela tivesse sido um menino poderia ou deveria liberá-la da morte à qual as filhas foram *prometidas*.

Ela reconhece agora a negação de sua mãe e o modo pela qual acredita nessa negação:

> *Fabriquei essa mulher que cintila sobre seu túmulo, ela foi esculpida de materiais duros, feita para durar para assim impedir a morte, mas minha mãe não pôde por nada impedir, e de minha parte eu lhe erigi uma estátua! Ela não pôde impedir, e é por isso que ela sofre, e é para preservá-la que não pude ser mãe. Ela tinha a necessidade de crer que ela seria onipotente, e de minha parte, eu estava possessa de raiva.*

O episódio de anorexia pode também ser lido de outro modo: ela não pôde recalcar o desejo que a filha fosse sem *phallus*, mas a filha não teve outra solução senão achar nessa aliança o gozo de se conformar com ela. Dona Lucie compreendeu o interesse que sua mãe tinha em manter a ilusão na filha, uma vez que é através dessa ilusão que ela se enganava a si mesma, mas também, reciprocamente, o interesse que ela tinha de se deixar iludir pelo engano representado por sua mãe. Ela percebe muito bem agora esse duplo jogo da ilusão e do engano onde cada um encontra seu modo de não ser desiludido. Cada um acredita no objeto da crença do outro e esse é um dos *mobili* do pacto denegativo.

A análise da parte que ela assume nessa aliança lhe permite compreender como sua posição no pacto com a mãe lhe barrou o caminho do conhecimento de seu desejo de ser mulher para seu pai. Foi isso que ela colocou em jogo na transferência quando ela me pediu de dizer-lhe, com essa aposta vital da ameaça do suicídio, não *se* eu a considero como uma verdadeira mulher, mas *que* a reconheça como tal. Ela me solicitava ali – no âmbito – onde lhe faltava a palavra de reconhecimento do pai.

Uma aliança complexa enovelada por desejos e angústias da mãe e de sua filha: um pacto narcísico as mantinha juntas na negação da morte e da castração, uma complementando a outra ali onde a falta lhe era insuportável e onde a onipotência era o motor da ilusão e do engano. Um pacto denegativo sustentava o pacto narcísico: você não é uma filha, você não é castrada, você não é mortal.

A dificuldade do tratamento estava em deixar emergir os diferentes níveis de alianças, as determinações de ordem diversas que haviam organizado esses níveis e os aportes distintos que as alianças comportavam para cada um, e sem dúvida também para a família em seu todo.

Nos meses que precederam o fim de seu tratamento, Dona Lucie pôde falar com sua mãe sobre as relações que elas tiveram, sobre o lugar de suas três filhas, da maternidade, da morte das três mulheres de sua família, de sua escolha profissional de fazer nascer crianças: de seu desejo de triunfar sobre a morte. Sua aliança pôde ser desfeita, porque ela, de início, fora desamarrada em sua filha e porque ela pôde se desfazer do apoio alienante que sua mãe lhe dava. Mas sobre o lugar do pai e seu papel, poucas coisas puderam ser ditas. Ela precisa, quanto a isso: "Nessas condições, é difícil encontrar-se um lugar, somos prisioneiros dessa relação, não se chega a estabelecer com seu pai uma relação que esteja fora de tudo isso. Minha mãe era coincidente ali dentro comigo".

A aliança originária entre mãe e filha

As pesquisas de C. Terninck sobre a emergência da identidade feminina traz outros esclarecimentos sobre alguns pontos nodais do tratamento de Dona Lucie.[4] A noção de uma aliança originária entre mãe e filha, aliança que pode tender para um pacto denegativo e para um contrato narcísico, dá conta das bases intersubjetivas sobre as quais se fundamentam as relações de filiação do feminino. C. Terninck aborda a filiação sob o ângulo do despertar do impulso pulsional na filha, de sua percepção pela mãe e da resposta que ela lhe apresenta. A questão que ela apresenta é então a seguinte: por que mensagens inconscientes a mãe facilita ou entrava a integração do impulso pulsional no desenvolvimento psicoafetivo de sua filha?

A aliança originária tacitamente instaurada entre mãe e filha se formularia, de início, nos termos de uma mensagem maternal de negação "visando inibir, desaprovar, ignorar todas as suas manifestações, isto é, da

---
4 TERNINCK, C. L'Éprouve du Féminin à L'Adolescence. Paris: Dunod, 2000.

sexualidade precoce [...]. Essa mensagem denegativa atesta em primeiro lugar uma estratégia defensiva. Existiria uma meta protecionista. Ela se voltaria para uma criança que, por identificação projetiva, para a qual sua mãe torna-se exposta aos perigos invasivos".[5] Por esse silêncio sobre a sexualidade genital de sua filha, a mãe tenta "desencorajar essa força pulsional que é intrusa, invasiva, gera desequilíbrios na psique e não pode, portanto, ser objeto de elaboração senão no âmbito mesmo da passividade originária que ela já prefigura que será a posição genital feminina".[6] C. Terninck sublinha que o partido maternal assumido é essencialmente narcísico e que para além de "sua dimensão negativa, verdadeiramente antipulsional, o pacto originário tem uma função unificadora. O acordo inconsciente entre a mãe e a filha sobre a rejeição comum de uma moção pulsional inaceitável, solicita e sustenta a sua não separação". Ela confirma assim essa polaridade organizadora do pacto denegativo, necessário para que entre elas a relação se estabeleça e uma vida em comum seja possível.

C. Terninck deduz a seguir, três figuras do pacto originário, tal como ele se formula no discurso feminino.

A *figura fálica* organiza a primeira versão da mensagem materna fornecendo um apoio à denegação "para ocultar o feminino primário, para silenciar as representações orificiais às quais o Ego não pode fazer frente sem correr o risco de se desorganizar". Graças ao pacto denegativo, uma primeira ordenação pré-genital das zonas erógenas é estabelecida em torno da presença fálica: "em sua totalidade, o primeiro contrato, de denegação, busca assim, depois de ter reconhecido, reprimir a representação vaginal e reprimir a pulsão incorporativa vaginal". A aliança é pactuada sobre a base de um pacto denegativo que se instaura ao redor do reforçamento requerido pela mãe e imposto à filha. Mas esse pacto é também estruturante: ele anuncia o desejo e o interdito edipianos:

---

[5] TERNINCK, C. L'Éprouve du Féminin à L'Adolescence. Paris: Dunod, 2000, pp. 13-14.
[6] TERNINCK, C. L'Éprouve du Féminin à L'Adolescence. Paris: Dunod, 2000, p. 14.

> *De um lado, ele obriga a criança a conservar, a colocar em ritmo de espera em sua psique, uma pulsionalidade feminina não integrável naquele estado (momento). De outro, impõe sobre a mãe a responsabilidade de se encarregar, de abrigá-la homossexualmente no interior de sua própria feminilidade [...]. Essa primeira interpretação do feminino não é possível senão se o inconsciente da mãe que significa, estiver estruturado pelo Édipo.*

A *figura de um hímen comum* constitui uma segunda interpretação materna. Enquanto que a figura fálica, "essencialmente móvel, portadora de conflitualidade e criativa do espaço fálico", induz a repressão da representação vaginal, a do hímen comum é estática:

> *Ela escapa a todo tensionamento, a toda dialética. Ela oculta menos do que seciona. Ela fecha, ela cliva, ela é sinônimo de restrição psíquica. Ela é a defesa narcísica por excelência, a proteção maior contra toda alteridade virtualmente invasiva. Sua ruptura, que sempre deve ser temida, simbolizaria a perda do objeto primário e a morte interior.*[7]

É sob essa segunda versão que se instala o pacto negro descrito por J. Godfrind.[8] A consistência narcísica do pacto prevalece aqui.[9]

Com a *figura de um órgão-orifício*, a interpretação materna está suscetível a ajudar a criança a metabolizar seu potencial libidinal inibido em sua missão denegativa:[10]

> *O objeto externo e indistinto do impulso pulsional, arromba, violenta e enlouquece o Ego imaturo. Esse muito 'seduzido' não pode fazer frente ao afluxo pulsional pré-genital que o submerge e o mergulha num estado*

---

7 TERNINCK, C. L'Éprouve du Féminin à L'Adolescence. Paris: Dunod, 2000, p. 16.

8 Godfrind, J. *Le Pacte Noir*. Revue française de psychanalyse, 1994, 58(1), pp. 135-146.

9 Veja-se acima à p. 149.

10 C. Terninck retoma a imagem proposta por M. Monrelay: "A sexualidade (feminina) precoce gira em torno de um único orifício, órgão ao mesmo tempo digestivo e vaginal que tende indefinidamente a absorver, a fazer tudo seu, a devorar. Se esse órgão-orifício insaciável está no centro da sexualidade precoce, ele reverte sobre si todo o movimento da sexualidade psíquica segundo esquemas circulares e fechados". MONTRELAY, M. *Investigaciones Sobre la Feminidad*. In Nasio, J. (Ed.) Acto Psicanalítico Teoria y Clínica. Buenos Aires: Nueva Vision, 1979.

de grande insegurança, o que é devido ao mesmo tempo ao superinvestimento erógeno das zonas orificiais e à sua confusão. Privada de um apoio denegativo, insuficientemente inibido e muito 'despertada', a filha pequena encontra-se só e presa à tormenta pulsional que um 'orgão-orifício' que não está ainda reprimido pela figuração fálica, nem reprimido sob o selo do hímen.[11]

Para sobreviver à angústia, a criança às vezes não tem outra solução se não a de se "desanexar" dessa loucura do feminino, deixá-la totalmente, pela clivação. Uma tal dissociação que tem como efeito a desconflitualização do Ego, poderá ficar muda durante a infância e se revelar traumática por ocasião dos remanejamentos pubertários.

A aliança originária de filiação na história de Dona Lucie

O modo como se pactuou a aliança originária de filiação entre a mãe da Dona Lucie e sua filha, as vicissitudes na formação de sua identidade feminina e de sua relação com a maternidade ficam claras com o trabalho de C. Terninck. O fato de colocar em cena figura fálica, por parte da mãe, tinha claramente uma pretensão protecionista, mas ela tem por objetivo antes de tudo, proteger a mãe, e não inicialmente a filha, contra os riscos invasivos que ela incorreria se ela estivesse sem defesas ante as moções pulsionais e as representações inaceitáveis associadas ao feminino primário. A figura que se impõe a ela não é aquela de um hímen comum, mas a de um falo comum ou antes, do espelho, estático e não conflitual, que a mãe procura impor à sua filha e a pequena Lucie aceita, até a solução sem saída da anorexia e das ameaças de suicídio. O desvio pulsional que suscita a figura de um "órgão-orifício" não se acalma na elaboração psíquica. Na ausência da conflitualidade psíquica, sem o apoio para o investimento narcísico de sua feminilidade seja por seu pai, seja por sua mãe, o triunfo fálico da mãe enseja a ameaça de morte na filha. Sem dúvida, podemos pensar que o inconsciente da mãe,

---

11 TERNINCK, C. L'Éprouve du Féminin à L'Adolescence. Paris: Dunod, 2000, p. 15.

insuficientemente estruturado pelo Édipo, não pode pôr em ação e sustentar uma ação originária de filiação visando o feminino e o materno. Uma vez mais, o que cada uma delas pactuou como aliança inconsciente interna, o que não deve ser sabido e deve permanecer reprimido, foi apoiado, na mãe e na filha, pelo pacto denegativo associado ao pacto narcísico. O conceito de pacto negro confirma e precisa essas análises.

Um avatar alienante do pacto narcísico de filiação: pacto negro entre mãe e filha

Dispomos de diversos conceitos para pensar a dimensão alienante do pacto de filiação: a análise do contrato narcísico nos conduz a levar em consideração suas derivadas patológicas e alienantes. A aliança denegadora descrita por M. Th. Couchoud[12] colocou em relevo um dos princípios ativos desse deslocamento: aquele que se transmite da mãe para a filha e estabelece a aliança entre elas é a parte não subjetivada do inconsciente materno; essa transmissão-ação mantém na filha uma alteridade não subjetivada, estrangeira, donde brotam os testemunhos do delírio.

J. Godfrind formulou uma hipótese para dar conta desse deslocamento ou deriva. Ele descreve como parte negra a aliança alienante que vincula a mãe e a filha numa relação de influência mortífera.[13] Trata-se de uma filha que por trás de uma raiva feroz que obtém nos confrontos com sua mãe, experimenta ao longo do tempo a nostalgia de uma reaproximação amorosa, um amor por ela perdido: "momentos precários, mais abafados que entrevistos, mais negados que pressentidos". J. Godfrind questiona a natureza desses fantasmas que transformariam o encontro amoroso com a mãe numa catástrofe perigosa: existe a questão da independência e da disjunção absoluta, de desintegração do psiquismo, de encontro insensato, de perda da identidade e de risco de cair na loucura. Para se proteger e evadir-se de tais riscos, o ódio é um contrainvestimento absoluto para esse

---

12 Veja acima, no capítulo 6.
13 GODFRIND, J. *Le pacte Noir*. Revue Française de Psychanalyse,1994, 58(1), pp. 135-146.

"amor perdido". As *relações reiteradas* inconscientes com a mãe são "*soldadas* em torno de uma fascinação por um encontro inefável no não pensado e no sem-sentido, e às vezes até mesmo na loucura, onde se perderiam juntas mãe e filha; mas ao mesmo tempo, elas se inscrevem numa filiação feminina fantasmática que congela ou enrijece as mulheres em papéis que, levados adiante por segredos e mitos familiares, são transmitidos inexoravelmente de mãe para filha".[14]

Do lado da mãe, o pacto inscreve a filha numa exigência de perenização de um feminino imposto pela fantasmática materna: a filha deve "perpetuar a feminilidade tal como o inconsciente da mãe o transmite"[15] e é essa missão que lhe impõe tal relação de similitude de tal modo que sua identidade se aliena. J. Godfrind precisa ainda que esse excesso de proximidade com a mãe impõe à filha a necessidade de usar de uma violência intensa para barrar o risco da alienação materna: a gestão adequada dessa violência, escreve ela, "permite a filha de se desfazer da homossexualidade primária em proveito de uma homossexualidade secundária estruturante, [...] mas o contrainvestimento absoluto dessa violência dá lugar a um assujeitamento rígido à mãe, e seu excesso não faz outra coisa que mascarar o pacto negro de fidelidade à mãe".[16]

A história de Dona Lucie recebe um novo esclarecimento a partir da proposição de J. Godfrind. A relação de influência mortífera denegadora da mãe sobre a filha, que lhe nega a feminilidade, suscita em Dona Lucie essa violência contra a mãe, que desvia contra ela mesma no episódio da anorexia, ao mesmo tempo em que se reaproxima totalmente da mãe, e de seu fantasma perigoso para ela.

Como a aliança denegadora, o pacto negro rege as relações mãe-filha numa alienação em que a libertação não pode ser feita a não ser pela

---

14 GODFRIND, J. *Le pacte Noir.* Revue Française de Psychanalyse,1994, 58(1), p. 140.
15 GODFRIND, J. *Le pacte Noir.* Revue Française de Psychanalyse,1994, 58(1), p. 139.
16 GODFRIND, J. *Le pacte Noir.* Revue Française de Psychanalyse,1994, 58(1), p. 145.

violência do ódio: tanto uma como a outra parte, são por sua vez uma derivada do contrato narcísico para o pacto narcísico e, de fato, o "excesso de proximidade e de similitude entre a mãe e a filha", acaba por ser um impasse na construção da identidade feminina.

As pesquisas de C. Terninck e de J. Godfrind esclarecem a especificidade dos aportes incluídos na aliança originária de filiação mãe-filha e em suas consequências derivadas. Entretanto, devemos nos perguntar por que a referência à função paterna está ausente nessas análises, como se a função e a figura do pai fossem uma dificuldade na história de Dona Lucie. A identidade feminina pode ela ser construída somente na aliança originária entre a mãe e a filha, e o reconhecimento pelo pai dessa aliança não seria ela uma condição desse conjunto, como Dona Lucie solicitou-me na transferência? Trata-se na realidade de um reconhecimento duplo pelo pai, da função originária da mãe e da feminilidade de sua filha. Na realidade a questão é mais complexa.[17]

A função paterna na aliança originária de filiação

Esse duplo reconhecimento pela mãe e pelo pai não significa que ele seja simétrico e que o tempo crônico onde ele é estabelecido seja idêntico. Trata-se antes de tempos lógicos diferentes. A aliança originária, para a filha e para o filho e, antes de tudo, uma aliança com a mãe. Essa aliança organiza sucessivamente o componente pré-genital e o desenvolvimento genital da identidade sexuada. A função paterna intervém nessa aliança por sua vez depois disso, ela a enquadra, de algum modo, e secundariamente, no tempo lógico da separação e da estruturação edipiana. Ela se *aplica* à relação mãe-filha bem como à relação mãe-filho, e do mesmo modo à relação pai-filha e pai-filho. Está aqui a essência da aliança estruturante, que se manifesta em sua dupla exigência de um interdito, de uma separação

---

[17] Sobre a questão do reconhecimento mútuo veja-se KAËS, René. Reconnaissance et méconnaissance dans les liens intersubjectifs. Une Introduction. Le Divan Familial, 2008, 20, pp. 29-46; quanto ao tema do coreconhecimento da paternidade, veja-se CLERGET, J. Comment un petit garçon deviant-il un papa? Ramonville Sainte-Ane: Érès, 2008.

e de um conjunto de reconhecimentos cruzados e complementares: a da mãe e da mulher, a da paternidade do pai e de sua masculinidade, a da feminilidade da filha e a da masculinidade do filho. A função paterna, organizadora das alianças sobre as quais repousam a filiação e as identidades sexuadas, aplica-se a todos, incluindo até o pai.

A problemática edipiana introduz a distinção entre o que F. Rosolato chamou, seguindo Lacan, a identificação do Pai morto segundo a Lei e a identificação ao Pai idealizado.[18] É a esse Pai idealizado, formado pelo imaginário, que a criança "delega pela onipotência de seus pensamentos um poder sem limites, ainda que obscuro em suas razões que protege e pune".[19] O pai (sic) morto segundo a Lei é ao contrário, um pai que "participa na Ananke universal". O pai não é o criador da Lei, mas seu representante. O pai *suporta* a falta nele mesmo, tendo a ele mesmo conhecido através de sua própria castração.

É sobre essa recusa do assujeitamento do Pai à função paterna que se debate a aliança originária da Horda. Freud mostra que tal recusa dá as bases do patriarcado e mantém a influência mortífera e o ódio. Freud exibe também que a função paterna é uma instituição em que – diante do impasse do patriarcado gerador de assassinatos sem fim – os Irmãos tornam-se Filhos *sendo criativos entre eles* no sentido de estabelecer entre eles relações simbólicas, fora do corpo a corpo, com o Pai arcaico.

As alianças e a transmissão psíquica intergeracional

O conceito de transmissão intergeracional levanta hoje em dia uma gama de questões que ultrapassam aquelas das diferenças entre as gerações, essencialmente constituídas pelo seu trama edipiano e pelas categorias do

---

18 ROSOLATO, G. *Paranoïa et Scène Primitive*. In ROSOLATO, G. (Éd.), Essais sur le symbolique. Paris: Gallimard (1963) 1969; Rosolato, g. Trois génération d'hommes dans le mythe religieux e dans la généalogie. *L'Inconscient,* 1967, 1, pp. 71-118; Rosolato, G. Trois générations d'hommes dans le mythe religieux e dans la généalogie. In *Essais sur le Symbolique*. Paris: Gallimard (1967) 1969.

19 ROSOLATO, G. *Paranoïa et Scène Primitive*. In ROSOLATO, G. (Ed.), Essais sur le symbolique. Paris: Gallimard (1963) 1969, p. 38.

desejo, do interdito, do recalcamento e da culpa. A problemática hoje está grandemente ampliada. Ela não se limita mais ao conhecimento dos processos e às formações psíquicas que organizam positivamente as relações entre as gerações, isto é, àquilo que sustenta e assegura as continuidades narcísicas, que mantém *as amarras intersubjetivas*, a manutenção das formas e dos processos de conservação e de complexificação da vida: os ideais, os mecanismos de defesa, as identificações, as certezas. A problemática da transmissão hoje em dia tem em vista também os processos que desorganizam as relações entre as gerações e a intersubjetividade no seio da família. Essas relações estão implicadas na formação e nas perturbações do espaço intrapsíquico e da subjetivação.

O conceito de alianças inconscientes, em suas diversas configurações, requalifica a consistência psicanalítica do problema, sob o aspecto da transmissão do negativo. Segundo essa perspectiva, o que se transmite, isso seria então aquilo que não se contém, aquilo que não se retém, aquilo que não se lembra: a falta, a doença, o ódio, o reprimido, os objetos perdidos e ainda não processados pelo luto. São tais objetos munidos com suas relações e incluindo as subjetividades inerentes aos objetos que se transportam, se projetam e se difracionam nos outros, e mesmo em mais de um outro.

A transmissão intergeracional pode ser definida, essencialmente, como a transmissão do inconsciente, de suas formações e de seus processos. Ela contribui para o debate contemporâneo no que diz respeito aos processos de simbolização e à relação originária, através dos caminhos das alianças inconscientes.

As alianças inconscientes estão no coração dos processos e das modalidades da transmissão psíquica intergeracional e transgeracional porque elas estão no princípio das passagens e das relações entre os espaços psíquicos.

Algumas dessas alianças inconscientes nos precedem. Todos nós viemos ao mundo da vida psíquica na trama das alianças que foram estabelecidas antes de nós e nas quais o nosso lugar é de antemão demarcado.

Esse lugar, que será constituído em nossa subjetividade, não poderá ser mantido a não ser que por nossa vez nos subscrevamos aos termos da aliança prescrita para nós, mas também para o conjunto de pessoas com quem vivemos. A história da nossa formação como "Eu" é ao mesmo tempo a de nosso assujeitamento a esse lugar prescrito e aquela das separações que teremos que experimentar e sustentar em relação a ele. Outras alianças inconscientes serão formadas nas vicissitudes da história de cada sujeito, nas relações que ele estabelece com os grupos ou conjuntos aos quais ele pertence: são então, as criações conjunturais.

A perturbação do contrato narcísico num pacto transgeracional. O tratamento da Dona Milagro

A análise do tratamento de Dona Lucie e a de Céline nos ensinaram como as alianças inconscientes estruturantes de base desviam-se no pacto narcísico: este se mantém pela força da aliança que o adulto impõe à criança e ao adolescente em proveito do adulto. Essa imposição forçada tem determinantes no adulto – constituição de um objeto antipsicótico ou perverso, utilização de uma criança ou filho para o desejo de influência sobre ele ou para reconstruir destruições mal elaboradas – e na criança, que encontra-se aqui alienada. A história de Dona Milagro permite-nos que avancemos adiante nesse ponto de nossa pesquisa.

Apesar da distância em que ela se encontra da lembrança, confirmada pelas palavras de seus pais e de sua família, Dona Milagro sentiu-se *assinalada* ou designada para o lugar de criança maravilhosa. Seu nascimento foi saudado pelos pais como um milagre. Ela sentiu-se perturbada no dia em que tomou consciência que seu sobrenome soava, bem como o seu nome, em rima com prodígio ou milagre, e isso tudo a tinha predestinado a esse lugar, um lugar que estava misturado com uma missão. O pai, físico, a tinha destinado a efetivar suas ambições fracassadas na pesquisa fundamental. A análise fará com que ela admita que ela já o sabia, mas que não ousava admitir: que essa missão lhe fora designada por seu pai já antes de seu nascimento – a escolha do nome já o atesta – e que ele *cumpriria* assim uma espécie de vingança sobre o seu passado pelo envolvimento ou comprometimento do destino de sua filha. Ela seria a consoladora de sua própria decepção, na qual estava incluída a mágoa de não ter podido satisfazer as ambições de sua própria mãe, ela mesma, por sua vez, uma pessoa renomada nos meios científicos. Além do mais, também sua filha estava contente por receber essa missão que a localizava *num lugar bem alto* do amor de seu pai. Ela estava então preparada para fazer estudos brilhantes, mas também para pôr abaixo a todos, seus irmãos, suas irmãs em primeiro lugar; ela não devia reprovar em nenhum concurso, ela devia preparar-se para receber o Prêmio Nobel diante de seu pai triunfante.

Ao longo de uma sessão, ela se pergunta, entretanto, se realmente *entendeu* a formulação desse sonho grandioso de seu pai ou se o imaginou, ou o reconstruiu: ela reconhece assim a parte que assumira, mesmo se fosse para protestar, desse pacto que a consagrara ao narcisismo parental, uma vez que sua mãe *subscrevia* tudo em silêncio. Todos assumiam sua tarefa, mas as partes não eram iguais. O protesto de Dona Milagro expressava-se numa fuga durante a qual ela coloca-se em grande risco e perigo e nas suas reprovações repetidas nos concursos.

A avó entra na jogada, vem em socorro de seu filho e de sua própria ambição por ele. Ela afirma diante de toda a família que seu filho fora vítima de uma injustiça da parte de seus professores, que tinham recusado os elogios (referências ou menções) aos quais ele tinha direito quando obtivera seus diplomas. Sua *pequena filha* deveria reverter a situação e salvar a honra da família e com isso ela seria a heroína. Dona Milagro recusa essa aliança através de um pacto de ruptura, mas dentro de um clima de culpa e ódio. Eles então passam por um processo crescente de acusações de traição que chega a um ponto em que ela abandona a família e, então, vive de certa maneira entre depressões e períodos de perturbações sexuais e afetivas.

Ela encontrou um posto de enfermeira quando buscara ajuda. O desanuviamento das influências intergeracionais, dos ideais narcísicos grandiosos e seus contrapontos paranoicos, o reconhecimento das feridas que se infligira a ela mesma para comprovar, dessa maneira, ser sujeito de seu destino, foi um longo caminho, difícil e penoso. Dona Milagro apresentava-se como um prolongamento do pai, despossuída de todo desejo: "Eu pertencia a ele como ele pertencia à sua mãe, o que eu podia fazer ou pensar pessoalmente não tinha valor. Só tinha valor o que servia para sua luta, para existir no desejo de sua mãe, e eu, de minha parte, fazer o mesmo por ele ou com ele, conquistar troféus e realizar prodígios, isto é, renunciar a mim mesma".

A influência exercida pela avó sobre seu filho e sobre suas crianças quando ainda pequenas era muito forte. Como ela era música, queria que seus filhos o fossem também; ela havia obtido de seu filho que este tocasse violoncelo, depois que ele tinha tocado trompete, e Dona Milagro teve que viver desde sua infância o inferno das lições de piano execradas. O pai realiza seu desejo depois da morte da mãe, ao mesmo tempo em que chegava ao fim o tratamento de Dona Milagro. Ele recuperara seu próprio instrumento no momento em que sua filha *denunciava* as relações que foram tecidas nela, num conflito até então insolúvel entre o seu consentimento e seu protesto inconsciente.

A transmissão e a denúncia das alianças alienantes

A análise de Dona Milagro, bem como a de Céline, como a psicoterapia de Martine,[20] deixaram às claras a inscrição de suas pré-histórias em alianças já pactuadas no grupo familiar: elas, as análises, revelaram a abrangência intergeracional do pacto narcísico alienante nos quais elas foram constituídas. O trabalho de tratamento permitiu a separação, a individuação e a reconstrução dos objetos internos e dos processos psíquicos que sustentaram essas alianças, pelo menos da parte que elas haviam assumido.

---
20 Ver capítulo 3.

A análise de Céline mostrou que as forças contraditórias do amor e do ódio estiveram em ação na relação entre as gerações. Um eixo libidinal (narcísico e objetal) e um eixo tanático (destruição e redução das diferenças, influências mútuas alienantes da mãe, da avó e da filha) *animaram* aquilo que foi transmitido e aquilo que não foi transmitido entre essas três gerações. Mas em outros casos, o amor e o ódio, os investimentos de vida e de morte levaram a um caos. A história de Céline difere da de Dona Milagro. A relação intergeracional na família de Céline foi marcada pela ambiguidade e gera a violência: ela entranha a confusão entre as gerações e na identidade sexual da paciente, enquanto que na de Dona Milagro, bem como na da Dona Lucie, a ambivalência predomina e torna possíveis os processos de diferenciação e de reconhecimento mútuos.

Em todos esses casos, o movimento de denegação e de descargas intersubjetivas nas famílias coloca às claras que o pai, com a cumplicidade inconsciente da mãe (ou vice-versa), ou de seu próprio pai (ou mãe) *assinala* à criança na constituição do psíquico, uma parte não elaborável de sua psique.

As pesquisas levam àquilo que chamo de funções fóricas: tais funções, como a porta-voz, a porta-sonho, o porta-sintoma, porta-ideais não podem ser tratadas senão na perspectiva de uma dupla escuta: a do sujeito singular e de seu lugar na intersubjetividade.

A questão clínica que se abre então, interroga a parte que a criança e mais tarde o adolescente, poderia assumir das alianças, desfazer das alianças e creditar às alianças nas quais eles estiveram vinculados. Temos que compreender com elas(eles) em que medida e em que condições a criança e o adolescente que elas(eles) foram, podem vir a ser "por eles mesmos o seu próprio fim" e se inscreverem numa linhagem ou contexto fora da alienação. É necessário, ao mesmo tempo, acionar os instrumentos terapêuticos que sejam capazes de acolher essas transferências massivas e de tornar possível a passagem de uma transmissão sem transformação a uma transmissão com transformação. Trata-se, a propósito, de transferir-transmitir num outro aparelho psíquico aquilo que não pode ser mantido ou albergado no próprio sujeito.

A violência familiar como manifestação de uma aliança narcísica fusional e de um pacto defensivo contra angústias arcaicas

Entre as alianças familiares mais tenazes estão as que se pactuam sobre uma relação de extrema dependência vital entre os membros da família e sobre a fusão imaginária de seus espaços psíquicos e que são as mais alienantes. Elas correspondem ao modo de *aparelhagem* familiar que qualifiquei de isomórfica.[21] Essa caracteriza-se pela correspondência e pela continuidade entre os grupos internos dos membros da família e a família enquanto que estrutura de *reunião* desses grupos. A homogeneidade e a similitude das representações, o contágio rápido dos afetos e das emoções, os fantasmas incestuosos, as angústias primitivas, as reações automáticas predominam. A família nesse caso sempre é mais importante que o indivíduo e, como já o mostrou anteriormente D. Laing, a "família" interna confunde-se com a família enquanto grupo real e tudo o que acontece no espaço psíquico de um acontece no de outro.[22] Cada um está no lugar que lhe foi designado pela família. Essa organização das relações (e dos entraves) exige a pactuação de alianças que combinam o pacto narcísico e os pactos defensivos que garantem uma defesa contra as angústias arcaicas de estilhaçamento e de depressão, especialmente nos momentos em que um membro da família inaugura um processo de diferenciação-separação nos ou dos espaços individuais e do espaço

---

21 KAËS, R. *Chronique d'un Groupe: Observation et Présentation du Groupe du "Paradis Perdu"*. Paris: Dunod, 1976; KAËS, R. *L'Appareil Psychique Groupal*. Constructions du groupe. Paris: Dunod, 1976; KAËS, R. *L'Analyse Intertransférentielle*. In KAËS, R., ANZIEU, D. *et al* (Ed.), *Désir de Former et Formation du Savoir*. Paris: Dunod, 1976, pp. 131-182; KAËS, R. *Le Groupe et le Sujet du Groupe. Éléments Pour une Théorie Psychanalytique des Groupes*. Paris: Dunod, 1993; KAËS, R. *Un Singulier Pluriel. La Psychanalyse à L'Èprouve du Groupe*. Paris: Dunod, 2007; KAËS, R. *The Question of the Unconscious in Common and Shared Psychic Process*. In CALICH, J. C., HINZ, H. (Ed.). *The Unconscious: Further Reflections*. London: International Psychoanalytical Association, 2007.

22 LAING, R. D. La Politique de la Famille et Autres Essais. Paris: Stock, (1969)1972.

familiar. Essas alianças que conjugam um pacto narcísico e os pactos defensivos, são eminentemente patógenas. Isso é assim, ou isso acontece desse modo, quando uma criança ou um adolescente aloca toda a sua energia em consolidar a união familiar diante da ameaça – ainda que somente fantásmica – de uma separação dos pais. *A fortiori* quando essa ameaça for real. Poder-se-ia pensar que esse investimento defensivo é um trabalho ou afazer individual e que a criança ou o adolescente encontrou ali – nesse caso – o meio para lutar contra a sua própria angústia de separação e para não se diferenciar na família esforçando-se com isso a todo custo por manter a aliança parental. Mas quando toda a família se organiza sobre essa negação da angústia da separação e luta contra a mesma mantendo uma aliança que combina o pacto narcísico, o pacto denegativo e a negação em grupo, cada um deve chegar às vias de fato com a aliança, mesmo se esta o expuser a uma amputação de seu espaço psíquico. Essas alianças produzem violência e elas são ao mesmo tempo medidas defensivas contra a violência. Esse círculo vicioso é perigoso porque ele reforça a negação e provoca não separações, mas rupturas e cisões que, permanecem não elaboradas, se transmitem às gerações seguintes e se repetem tais e quais, reforçando assim a gênese de perturbações psíquicas, por exemplo, como a do comportamento violento.[23]

As alianças inconscientes e a relação de casais

Lembrei no capítulo 1, a teoria da aliança desenvolvida por C. Lévi-Stauss: o casamento vincula e torna solidários os diversos grupos elementares que compõem a sociedade global. O intercâmbio de mulheres consolida o sistema de comunicação que assegura a coesão da sociedade. O princípio e o avalista da aliança é a proibição universal do incesto: é

---

[23] Campos Paiva e Gomes expuseram um caso clínico no qual uma família se organiza sobre a construção de um pacto defensivo tendo como característica principal o comportamento violento transmitido através de gerações. PAIVA, M. L. de Souza., GOMES, I. C. *Violence Familiale, Transgénérationnel et Pacte Dénégatif.* Le Divan familial, 2007, 18, pp. 139-152.

necessário tomar por esposa alguém que seja de fora do círculo familiar e estabelecer assim alianças com o grupo de onde ela procede. Essa aliança é marcada por um signo: o anel ou aliança de casamento exprime por metonímia a aliança assim celebrada entre os conjuntos ou grupos de pessoas.

O que especifica as relações de casais é seguramente a dimensão da sexualidade efetivada através de atos sexuais entre os parceiros, uma vez que este é proibido na relação familiar. Existem condições e consequências da sexualidade que forma a matéria psíquica das alianças que nos interessam aqui. Mas podemos falar de casal sem falar senão de sexualidade, sem falar de amor? Isso não é mais uma novidade, e nem nunca é demais lembrar o que significa amar e o quão é difícil defini-lo: a poesia e a literatura buscam o seu cerne, a chama e as cinzas nas mil e uma figuras do casal amoroso, em todas as línguas, em todas as culturas. O que seja um casal é algo quase inalcançável se quisermos *pastorear* todas as suas variações para um modelo exclusivo e unificado.

O acordo amoroso: a relação de casal

Partamos do acordo amoroso, sem o qual o casal não se forma. O acordo amoroso é um caso de coração. É uma afinação, ele, o coração, quer fazer um acordo e concordar; mas se, no acordar, podemos subentender "coração", podemos também subentender "corda". O acordo amoroso é para uma grande parte reencontro de um pacto narcísico perdido, mas ele não pode ser somente fundamentado sobre o narcisismo e sua incompletude ilusória. O acordo amoroso pressupõe pelo menos algo de complementaridade e de diferença.

O acordo (ou a relação amorosa) amoroso está ancorado sobre acordos inconscientes, que formam o *tronco* inconsciente do casal. Esses acordos são também tributários de relações que cada sujeito conheceu ou experienciou em sua própria família. Mas são também construídos de um modo original pela imprevisibilidade do encontro com o outro, que pelo próprio fato de ser *outro* não pode ser reduzido à posição ou à função de duplo narcísico ou de objeto de relações de objetos. Se para um acaso, somente a repetição funciona, se o acordo amoroso é somente para cada um a escolha de um objeto que seria o substituto se seus primeiros objetos de amor, se portanto, mantém-se a ilusão da não separação, o casal não terá um futuro próprio dele.

Para constituir um casal, sempre aparece a necessidade do acordo, do comum (do incomum), das zonas de indiferenciação, do imaginário do *Um*, mas também de espaços e de objetos compartilhados que não são, por sua vez, nem absolutamente de um e nem absolutamente do outro, e que são, entretanto, tanto de um como do outro. A relação de casal é desse ponto de vista uma configuração particular diversa de todas as demais relações, mas ela inscreve-se eletivamente nessa proposta de que a relação é uma experiência dessa realidade psíquica inconsciente em que os processos e as formações são governadas pela lógica de que "não há o um sem o outro e sem o conjunto que eles formam, que os liga e que os define".

A escolha do objeto e as alianças no casal

No *Um caso de histeria e três ensaios sobre a sexualidade, Contribuições à psicologia do amor* e no *Sobre o narcisismo: Uma introdução*, Freud distingue três tipos de escolha do objeto amoroso.[24] Na escolha segundo o tipo narcísico, ama-se o objeto tendo por modelo de relação a do próprio *Eu* com a própria pessoa, que o objeto representa. Essa escolha nos conduz a procurar no outro o que somos em nós mesmos, que fomos ou o que gostaríamos de ser, uma espécie de duplo de nós. A segunda escolha de objeto amoroso efetua-se segundo o modelo do apoio: "ama-se (a) a mulher que alimenta; (b) o homem que protege e

---

24 FREUD, S. *Três ensaios sobre a teoria sexualidade*. In FREUD, S. Edição Standard brasileira das obras psicológicas completas. Rio de Janeiro: Imago, (1905) 1979, vol. 6, pp. 123-250; FREUD, S. *Contribuições à psicologia do amor I: Um tipo especial de escolha de objeto feita pelos homens*. In FREUD, S. Edição Standard brasileira das obras psicológicas completas. Rio de Janeiro: Imago, (1910) 1979, vol. 11, pp. 147-158; FREUD, S. *Sobre o narcisismo: uma introdução*. In FREUD, S. Edição Standard brasileira das obras psicológicas completas. Rio de Janeiro: Imago, (1914) 1979, vol. 14, pp. 89-121.

as linhagens de pessoas que possam descender".²⁵ Procuramos então, no outro, a mulher maternal e nutriz ou o homem protetor. A oposição entre esses tipos de escolha faz aparecer suas fontes, mas também as relações que unem dois parceiros amorosos são libidinais e narcísicas em proporções variáveis.

Segundo essa abordagem, parece que a escolha do objeto de amor seja sempre uma escolha de um objeto parcial e pré-edípico. Em numerosos casos, a escolha do objeto de amor não é nem somente narcísico e nem somente por apoio ou ancoragem, ele seria uma espécie de condensação das duas modalidades. Por exemplo, para Paul, Irène é seu duplo feminino, seu objeto complementar e uma figura maternal e protetora.

Esse modelo ainda persiste em muitos autores para descrever as relações amorosas. Por exemplo, A. Eiguer distingue dois tipos de relações: as relações narcísicas e as relações objetais. Essas relações podem ser simétricas ou complementares, mas são sempre relações que apresentam o objeto como parcial.²⁶

Berenstein e Puget consideraram o projeto vital compartilhado como uma dimensão fundamental do casal: esse projeto implica uma tensão fundamental que nasce de uma *separação* inevitável, de cada um dos sujeitos da dupla, para da sua relação de casal; entre os desejos inconscientes de cada um e sua realização por meio da relação de casal. É nessa separação que se instala o aporte dos investimentos narcísicos e objetais. É também nessa guinada – e sobre esse ponto não compartilhamos as mesmas hipóteses – que se demarcam no casal a elaboração da pulsão de morte, com o impulso correspondente, antagonista, de

---

25 FREUD, S. *Sobre o narcisismo: uma introdução*. In FREUD, S. Edição Standard brasileira das obras psicológicas completas. Rio de Janeiro: Imago, (1914) 1979, vol. 14, p. 107.

26 EIGUER, A. *Le Lien D'Alliance, la Psychanalyse et le Psychothérapie de Couple*. In EIGUER, A., RUFFIOT, A. *et al* (Ed.), *La Psychothérapie Psychanalytique de Couple*. Paris: Dunod, 1983.

atualização (realização) de si e do outro e, ao contrário, da alienação de si e do outro.[27]

Diversos autores lembraram, seguindo Freud, que a dupla ou o casal amoroso se forma sobre o distanciamento parcial das fronteiras do Ego de cada um, sob o efeito dos processos de idealização, de clivagem e de identificação.[28] Uma relação fusional se instala, que seria a condição da formação daquilo que J. Lemaire chama de "nós": "um *conjunto constituído* se mantém numa homeostase cada vez mais independente das variações de cada sujeito ou de cada Eu".[29] O "nós" é ao mesmo tempo da ordem da crença dos amorosos e uma entidade que articula os psiquismos individuais. É isso que André Ruffiot tinha afirmado quando sustentava que o amor é uma psique diádica, uma dualidade unificada em seu funcionamento, um aparelho psíquico com (outro) (em comum) que busca inscrever juntos duas somas diferentes.[30] Ruffiot sustentava sua proposição pela introdução da noção de *desamor*: "O desamor não é ausência de amor, a indiferença: ele não é um desvio para o neutro. Ele é amor na infelicidade, amor na nostalgia, um amor no sofrimento".[31] Ele descreve o desamor com as mesmas características daquelas do estado amoroso:

---

27 Puget, J., Berenstein I. *Le Socle Inconscient du Couple*. Gruppo, 1986, 2, pp. 83-98; Puget, j., Berenstein, I. *Le Socle Inconscient du Couple*. Gruppo, 1987, 3, pp. 83-102.

28 Ainda que não seja pensado como conceito da psicanálise, o conceito de colusão, no sentido como o entende J. Willi, foi uma primeira descrição de uma forma de aliança inconsciente no casal. Ele repousa sobre as hipóteses da similitude e da oposição na escolha do conjunto. Willi definiu a colusão como "um jogo comum inconfessado, guardado mutuamente em segredo, entre dois ou mais parceiros, sobre a base de um conflito profundo da mesma natureza que não foi ainda resolvido. O conflito fundamental não resolvido é expresso nos papeis diferentes que dão a impressão de que um dos parceiros é exatamente o contrário do outro, quando na realidade não se trata ali senão de variantes polarizadas do mesmo comportamento." WILLI, J., La Relation de Couple. Le Concept de Collusion. Paris-Genève: Delachaux et Niestlé, 1982.

29 LEMAIRE, J. *Deuils dans le Couple*. Groupal, 1995, 1, pp. 66-77.

30 RUFFIOT, A. *Le Couple et L'Amour: de L'Originaire au Groupal*. In EIGUER, A., RUFFIOT, A. *et al* (Ed.), *La Théraphie Psychanalytique du Couple*. Paris: Dunod, 1984.

31 RUFFIOT, A. *Le Couple et L'Amour: de L'Originaire au Groupal*. In EIGUER, A., RUFFIOT, A. *et al* (Ed.), *La Théraphie Psychanalytique du Couple*. Paris: Dunod, 1984.

> *O prazer da indiferenciação dos dois Egos tornou-se sofrimento, nostalgia dessa indiferenciação [...]. Aquilo que era conjugal - prazer mútuo de estar juntos sob o mesmo jugo - torna-se 'subjugal', sentimento de jugo, camisa de força, submissão insuportável magoada como um atentado à individualidade.[32]*

Mas seria possível tratar o amor e a relação amorosa sob um conceito único?

A proposta de uma obra de Michele Minolli e Romina Coin está precisamente centrada sobre o amor no casal, no casal heterossexual, e a questão permanece aberta quanto às outras configurações e formas do amor.[33] Os autores desse trabalho, psicoterapeutas de casais, compreenderam por terem aprendido de seus pacientes, que o amor é um ato que requer uma participação de cada um na presença de um "Eu" e de um outro. A presença não é somente uma questão de proximidade. A presença é também capacidade de dom, de abandono de influência. Essa capacidade amadurece com o tempo: é ela que instaura a presença como a condição para se entender o "Eu-mesmo" em sua relação com um outro, e para entender o outro, para além dos inevitáveis mal-entendidos e desprezos sobre si mesmo e sobre o outro.

Amar-se amando é o título da obra que os autores adotaram para falar da relação amorosa. Essa fórmula sutil abre um caminho original e fecundo para dar conta da questão nodal: o que é amar? M. Minolli e R. Coin nos dizem que o casal em sua consistência psíquica de modulações amorosas desta dupla capacidade – dessa exigência – de amar-se a si mesmo ao mesmo tempo em que amam outrem e de serem amados nesse processo. O "se" reflexivo do "amar-se" indica aqui uma reciprocidade característica do casal. Amar não é um movimento ou um ato intransitivo, é um processo

---

32 RUFFIOT, A. *Le Couple et L'Amour: de L'Originaire au Groupal*. In EIGUER, A., RUFFIOT, A. et al (Ed.), *La Théraphie Psychanalytique du Couple*. Paris: Dunod, 1984, p. 139.

33 MINOLLI, M., COIN, R. Amarsi, Amando. Per una Psicoanalisi della Relazione di Coppia. Roma: Borla, 2007.

que produz o ato mesmo e a experiência de amar. Sem dúvida pode-se qualificar essa experiência de amar e de amar-se com um *estado* amoroso: um estado que se deseja que seja imóvel e definitivo, para frustrar as intermitências do coração e as complicações dolorosas que elas trazem. Mas o que é buscado aqui é um processo subjetivo que se forma na intersubjetividade.

Opondo o gerúndio "amando" ao ato de amar-se, os autores apontam para a necessidade do questionamento ou da comprovação a cada instante dessa participação na relação amorosa. O título da obra dá conta da liga tão instável do amor narcísico e do amor libidinal, e da condição necessária para que essa liga transforme-se em aliança.

A concepção de casal que propõe M. Minolli e R. Coin está claramente definida: "um investimento dual e compartilhado na instabilidade de uma união ancorada sobre relações de natureza sexuais e afetivas". Ela é sustentada pelo projeto de dar conta da tensão entre a realidade psíquica do casal e a realização de certos desejos desses sujeitos. Essa perspectiva dá prioridade à *relação de casal* sobre o casal mesmo. Esse investimento psíquico entre duas pessoas supõe um ajustamento, uma coincidência suficiente entre os desejos que presidem o acordo amoroso. Mas, uma vez que ele é de natureza sexual e afetiva, esse investimento é também gerador de conflitos e de sofrimentos.

Conceber o casal como um processo no qual o prazer inclui um trabalho ou uma elaboração psíquica da relação amorosa, é fazer de cada sujeito um ator que coconstrói o espaço psíquico próprio para esse casal. Tal trabalho percorre a experiência da ilusão e da desilusão, que se efetua através de crises, de separações e de novas ligações, ao longo do tempo e da experiência. Ele compreende em si alianças de realização do desejo e pactos defensivos.

O casal como meio de realização de desejo e como metadefesa: as alianças no casal Jeanne e Marc

O casal Jeanne e Marc inscreve-se num duplo movimento. Considerado do ponto de vista da relação entre dois sujeitos, o casal é ao mesmo tempo uma cena e um meio para a realização inconsciente de desejos que nenhum dos dois poderia realizar sozinho. Correlativamente, o casal é uma potência mobilizadora de defesas do Ego de cada um dos parceiros.

É para garantir, por meio do casal, os desejos e as defesas que a relação psíquica de ambos torna possíveis, que esse produz o inconsciente reprimido (da repressão) e o inconsciente não reprimido (da negação, da rejeição, do repúdio). Aqui se articulam os contatos entre a relação de casal, as alianças inconscientes intersubjetivas e as adoções de espaços psíquicos de cada um sobre esse espaço comum compartilhado.

Jeanne teve numerosas relações mais ou menos estáveis com homens casados, depois de um primeiro casamento que terminou em divórcio. Ela sempre buscou e encontrou parceiros dependentes, ante os quais ela *afirmou* sua função materna de proteção e de nutrição. A análise revela que ela defende-se, desse modo, contra os fantasmas de influência e de devoração. Os homens que ela encontra têm uma expectativa complementar; eles são como que crianças a serem alimentados e protegidos. É mais uma vez o caso da relação com Marc. Eles marcam uma consulta porque a vida sexual está sofrível. Isso não é novo nem para um e nem para o outro, mas dessa vez eles querem sair desse círculo vicioso. Sua aliança foi estabelecida sobre a escolha de objeto por apoio recíproco. Jeanne espera que o homem lhe resista para garantir-se contra suas pulsões de influência e de devoração, e Marc quer assegurar-se que ele pode ser dependente sem *arriscar* cair para o abandono, que ele pode ser um homem sem deixar de ser uma criança aterrorizada pelos seus fantasmas incestuosos.

Que tipo de relação e quais são as alianças inconscientes prevalentes nesse casal? Provavelmente a que E. Gaburri e L. Ambrosiano chamam de relação arcaica pré-individual, não simbolizada que tende a prevalecer contra a experiência de mudança e de reconhecimento da subjetividade do outro.[34] A relação oral está ancorada no seio materno. Trata-se

---

34 GABURRI, E. AMBROSIANO, L. Ululare con i Lupi. Torino: Bollati Boringhieri, 2003.

também de uma "relação identificatória desvinculada da experiência de realização afetiva e que se conjuga com a resistência comum em elaborar essa parte do trabalho da separação que acompanha todas as formas de mudança". Esse tipo de relação consiste de um processo de subjetivação. A aliança pactuada entre Jeanne e Marc já se repetiu tanto para um como para o outro com diversos parceiros. Ela, a aliança, permite desconhecer (desconsiderar) aquilo contra o que cada um teve que se defender e em que sua relação, por esse pacto denegativo, lhe permite fazer-se um casal sem conhecer o aporte inconsciente. É precisamente esse desconhecimento que foi o gerador da repetição de suas escolhas de objeto de amor e de seus fracassos. Na aliança, cada um foi dependente de outrem: ele (cada um) deve garantir ao outro a sua defesa para garantir a sua e manter assim a relação.

J. Lamaire apresentou uma situação na qual se encontrou confrontando um casal que ele tinha recebido em terapia psicanalítica. Sua análise coloca em relevo como o casal tinha entrado em acordo sobre uma aliança inconsciente contra o luto que havia afetado um dos parceiros: ele se "construíra sobre uma problemática libidinal ou narcísica com, de início, duas maneiras opostas de agir no caso: uma tirando o gozo de uma disposição pulsional contra a qual o outro se defendia".[35] A análise mostra como o processo de identificação projetiva permite alocar no outro o que é negado em si, e quais são os diferentes resultados dessas projeções, por antagonismo, simetria ou complementaridade.

Como já chamei a atenção muitas vezes, a existência dessas alianças é inconsciente para os parceiros, mas também os aportes psíquicos de que elas são encarregadas por cada um deles. Analisando os aportes psíquicos da cena de relação amorosa, D. Anzieu tinha mostrado como cada um se vira para não se entender.[36]

---

35 LEMAIRE, J. Le Couple, sa Vie, sa Mort. Paris: Payot, 1995, pp. 73-77.
36 ANZIEU, D. *La Scène de Ménage*. Nouvelle revue de psychanalyse. 1986, 33, pp. 201-209.

O pacto denegativo entre casais em algumas obras literárias e cinematográficas

As obras da cultura dão conta das alianças inconscientes e de seu destino nos casais numa porção até importante de romances, obras dramáticas, óperas e filmes.[37]

Pacto denegativo e desejo de morte em *Thérèse Desqueyroux*, de F. Mauriac

Recordo o drama do romance de François Mauriac, *Thérèse Desqueyroux*: Thérèse tenta envenenar seu marido, Bernard Desqueyroux. Para salvar a honra da família, este testemunha num processo de tal modo que o veredito conclua por uma *impronunciabilidade* de Thérèse. No longo caminho que leva à tarde do julgamento de seu marido, Thérèse examina com dor e revolta as razões que a levou a realizar esse ato cuja fonte ou origem lhe parece e permanece obscura: alguma coisa resiste a todas as suas razões. É o que conta para ela, é o voto, o juramento que ela quer agora fazer sobre sua culpa em relação a Bernard, sem que ela possa, entretanto, dizer a causa. Ela está para lhe falar e tenta lhe fazer diversas observações, mas ele não a entende. O que ele entende, é a família ameaçada. De vítima que ele era, Bernard se transforma num carrasco: ele mantém sua mulher reclusa, divulgando para a opinião pública até os limites do acreditável que não acontecera nada. Ele acredita

---

[37] O cinema oferece um repertório infinito de exemplos de alianças entre casais: penso nesses filmes que muitas vezes me inspiraram: Viagem à Itália (R. Rosselini), Cenas de um casamento (I. Bergman), Vertigo (A. Hitchcock), Olhos bem abertos (S. Kubrick), Domicílio conjugal (F. Truffaut), Ataque-me (P. Almodovar). Os filmes de Almodovar colocam em cena muitas vezes casais ligados por uma paixão violenta, destrutiva e até com uma certa perversidade (Matador, ataque-me!). Ataque-me!, de 1990, conta a relação que amarra Marina, tóxico-dependente e antiga atriz pornô a Ricky, um psicopata amoroso louco por ela. Ele a faz refém, a sequestra para se fazer amar por ela e manter uma relação que, no sentido próprio e forte, é feita de entraves, de algemas, cordas, esparadrapos colados na boca de Marina. Esta, de início se rebela, mas atraída pela violência e o devotamento de Ricky, termina por acordar não por seu consentimento, mas a sua adesão. Ricky o tóxico é uma droga para ela e através dessa relação sadomasoquista, ele sonha com uma relação "normal". Tal é a sua aliança e tal é o objetivo inconsciente que serve para cada um dos dois.

na *impronunciabilidade*, mantém todas as aparências, não quer e nem pode entender algo daquilo que Thérèse tenta confusamente lhe falar dela, dele e do casal. Ele não quer saber de nada. O que conta é a imagem de uma família idealizada à qual Thérèse teria dado um golpe fatal. Ele não quer saber nada dele, nem dela e nem do casal.

Mauriac nos apresenta Bernard tão fechado sobre si mesmo, tão surdo ou insensível ao menor movimento de sua vida psíquica, que a cena onde tudo está em jogo, não lhe será jamais acessível. Eis a cena. Um incêndio ameaça a propriedade:

> *Foi o dia do grande incêndio de Mano. Os homens entravam na sala de jantar onde a família tomava café às pressas. Uns afirmavam que o fogo parecia estar bastante longe de Saint-Claire; outros insistiam que já tocara o alarme.*
>
> *O perfume de resina queimada impregnava este dia tórrido, e o sol era como que obscurecido. Thérèse revê Bernard, a cabeça voltada escutando o relato de Balion,[38] enquanto que a sua mão forte segura o copo e gotas de orvalho caem na água. Ele avalia de relance o remédio sem, dopado pelo calor, que Thérèse tenha pensado em adverti-lo que ele tinha posto o dobro da dose habitual. Todos deixam a mesa - menos ela que abre as amêndoas frescas, indiferente, estranha a essa agitação, desinteressada por esse drama, como de outro drama qualquer a não ser o seu. O alarme não soa. Bernard por fim entra: 'Pelo menos uma vez você tem razão de não se agitar; é lá pelos lados de Mano que está pegando fogo...'. Ele pergunta: 'Já tomei minhas gotas?', e sem esperar a resposta, mais uma vez ele as derrama em seu copo. Ela está morta de preguiça, sem dúvida, pela fadiga. Que espera ela neste minuto? 'Impossível que tenha premeditado em me calar' [...]. Portanto, nessa noite, quando à cabeceira da cama de Bernard vomita-se e se chora, o doutor Pédemay a interroga sobre os incidentes do dia, ela não diz nada sobre aquilo que ela vira à mesa. Fora então fácil, sem se comprometer, chamar a atenção do médico sobre o arsênico que tomara Bernard [...]. Ela fica muda [...]. O ato que durante o café da manhã, estava nela sem que ela o soubesse, começava então emergir do fundo de seu ser - ainda informe, mas a meio caminho da consciência.*

---

38 Meeiro dos Desqueyroux.

Sem que ela o soubesse. Sem que Bernard soubesse: doente do coração[39] ele mesmo ultrapassa a dose das gotas perigosas que lhe tinham sido prescritas. Coloca o dobro, e ele nem se dá conta. Thérèse, mesmerizada, o vê fazê-lo; e depois de uns instantes mais tarde pede à sua mulher se ele tomara o medicamento, e é sem esperar a resposta que ele toma de novo, como se fosse *um* outro (Thérèse?) que agisse nele, como se fosse *um* outro (ele mesmo?) que assistisse a cena.

Thérèse se cala. E é no silêncio que se forma nela a ideia do envenenamento. Mas foi ele que, por primeiro, o fez por sua própria conta o gesto que significa seu próprio desejo de morte. Disso ele não saberá nada. Thérèse o pressentira e se aproveita da situação. Mauriac constata que a morte já estava ali e que eles se aproveitaram um do outro, cada um por suas razões que lhes seriam próprias. A morte os envolve numa aliança mortal, sempre inconsciente; por razões que lhes são totalmente próprias e comuns, ela os vincula num conjunto. É por isso que Bernard não quer e não pode saber sobre ele enquanto que em Thérèse acontece a mesma coisa, mas uma parte de sua psique percebe aquilo que Bernard faz, ela o observa e Thérèse cumpre seu destino sem saber que inclui também o de Bernard.

---

39 O corpo é o último recurso para significar o sofrimento psíquico inconsciente. Cf. os dedos inchados de Céline, a anorexia de Dona Lucie.

Capítulo 8.
As alianças inconscientes nos grupos e nas instituições

Minhas primeiras pesquisas psicanalíticas sobre as alianças inconscientes voltaram-se sobre aquelas que se pactuam nos grupos e são essas alianças que eu mais estudei. Neste capítulo gostaria de inicialmente apresentar algumas considerações gerais sobre aquilo que aprendi a respeito dessas alianças inconscientes. Descreverei em seguida sua emergência desde o período inicial do processo grupal, e especialmente, os efeitos de um pacto denegativo precoce estabelecido entre analistas e seus efeitos sobre o processo grupal.

Considerações gerais sobre as alianças inconscientes nos grupos

Analisarei as alianças inconscientes nos grupos a partir de um enquadre histórico e metodológico cujas proposições de base são as seguintes:[1]

O grupo é o lugar da produção específica da realidade psíquica, de uma dinâmica e de uma economia próprias no espaço psíquico comum e compartilhado. Construí o modelo de "um aparelho psíquico grupal" para propor uma representação inteligível, do ponto de vista psicanalítico, da reunião das psiques no grupo, de suas modalidades de ligação

---
[1] Neste trabalho, esteve em questionamento as alianças inconscientes nos grupos no capítulo 4 (O pacto dos Irmãos, clínica de um grupo organizado pelo complexo fraterno) e no capítulo 5 (O grupo Paraíso Perdido). Um outro exemplo será proposto mais adiante neste capítulo.

e das transformações requeridas para que seja estabelecida a relação.²
Era necessário também compreender ali as formações e os efeitos, na
realidade psíquica do grupo e na psique dos sujeitos do grupo. É importante ter em mente que nos grupos temos que lidar com qualidades do inconsciente heterógenas em sua formação, conteúdos e em sua
tópica. Não temos que lidar somente com o inconsciente que resulta
do recalcamento, mas também, e simultaneamente, com o inconsciente
formado por todas as outras modalidades de sua produção: a negação
(ou desaprovação), a clivagem, a rejeição. No grupo, cada sujeito faz a
experiência dessa heterogeneidade interna em contato com a heterogeneidade do inconsciente de outros sujeitos. Em outras palavras, ele faz
a experiência de seu espaço psíquico inconsciente enquanto abrigo das
formações psíquicas que pertencem a outros espaços psíquicos, ou que
ele albergou outros espaços, especialmente, o espaço grupal.

Depois que o tratamento individual dá acesso aos efeitos das alianças
na organização intrapsíquica, especialmente em sua organização inconsciente, a situação psicanalítica de grupo dá acesso à experiência e ao conhecimento dos processos de articulação entre as estruturas individuais
e as estruturas intersubjetivas comuns e compartilhadas para cada sujeito do grupo ou conjunto. Três espaços psíquicos são inicialmente envolvidos, com as lógicas consequentes do inconsciente: o espaço intrapsíquico; a lógica individual dos processos e a formação do inconsciente;
o espaço e a lógica dos processos constitutivos do grupo; e o espaço das
relações que se formam ali. As alianças inconscientes estão nos pontos
de enovelamento desses três espaços e dessas três lógicas. Elas participam
dos processos da aparelhagem psíquica grupal. Nessa medida e com essas
bases, a situação psicanalítica de grupo dá conta das condições intrapsíquicas e intersubjetivas da emergência das alianças inconscientes, de suas
funções intrapsíquicas e intersubjetivas, dos processos de sua formação.

---

2 KAËS, R. L'Appareil Psychique Groupal. Constructions du Groupe. Paris: Dunod, 1976.

As formações e os processos intermediários entre o espaço intrapsíquico e o espaço interpsíquico formam a consistência do espaço psíquico comum e compartilhado. As identificações comuns, os fantasmas e as representações compartilhadas, as formações do ideal, as pessoas mediadoras, a matriz onírica comum, as alianças inconscientes são os pontos de passagem e as linhas de ruptura entre esses espaços heterogêneos. O modelo do aparelho psíquico grupal permite dar conta da parte própria que o sujeito investe na relação e especialmente, nas alianças, das quais ele é o servidor, o beneficiário e o herdeiro.

As alianças inconscientes tem um destino significativo no processo psicanalítico grupal. Elas encontram sua matéria, sua energia e seu motor nas representações correprimidas ou conegadas ou ainda correjeitadas. É a partir de tais operações que elas pactuam e mantêm as diversas alianças que se estabelecem nos grupos. As alianças estruturantes: o enunciado da regra fundamental gera a aliança de base que estrutura o trabalho psicanalítico. Ele sustenta a aliança pela renúncia à satisfação direta dos objetivos pulsionais, pelo recurso à palavra em vez do ato e do corpo a corpo (atuação), ou a toda outra modalidade de simbolização: o jogo, o psicodrama, o recurso a mediações diversas. O contrato narcísico é uma dessas alianças estruturantes. As alianças defensivas entram em ação, entre as quais o pacto denegativo necessário à instalação da relação. No período inicial, esse pacto não é a consequência da relação, mas antes sua condição. Ulteriormente, as alianças de negação ou as tentativas de alianças perversas podem entrar em campo.

O estudo dos processos associativos nos grupos organizados pelas regras do método psicanalítico mostra que as alianças inconscientes se enovelam desde o período inicial do agrupamento. Já desde o primeiro encontro entre os membros de um grupo, esses devem *concluir* até sem saber, um acordo inconsciente segundo o qual eles dever reprimir, negar, rejeitar ou esconder algumas representações, seja com a finalidade de estruturação sejam com objetivos de defesa ou alienação.

As alianças atuais associam-se às formações e aos processos inconscientes já estabelecidos em cada um dos sujeitos. No processo grupal, os conteúdos inconscientes produzidos pela correpressão ou por aquilo que é conjuntamente negado ou rejeitado retorna na cadeia associativa grupal através dos processos transferenciais, dos sintomas compartilhados, da formação de sonhos (devaneios). O sintoma é a testemunha e o objeto de uma aliança: ele a manifesta, a expressa e obscurece-a.

Do ponto de vista clínico, a análise das alianças inconscientes nos grupos mostra o valor do instrumento psicanalítico de grupo: o sujeito é colocado à prova da experiência das alianças inconscientes das quais ele foi parte participante e das quais ele terá de se separar para tomar consciência de que essas alianças foram, pelo menos em parte, constitutivas de sua subjetividade.

A precocidade das alianças no estado nascente dos grupos analíticos

A precocidade das alianças verifica-se em todo o encontro, a de um casal, a de um grupo; já no primeiro aceno visual, lampejo ou repulsão comandam as alianças efêmeras ou duradouras. Não sabemos disso imediatamente, o que nos coloca uns com os outros, mesmo quando soubermos muitas coisas sobre as leis de cristalização stendhaliana, sobre os hormônios de atração sexual, ou sobre os traços dos primeiros objetos de amor ou de ódio. Constata-se que, como no exemplo apresentado por Reik, a sexualidade é o objeto do pacto denegativo. Nos grupos de terapia, de análise ou de formação, as aportagens mais arcaicas são o objeto das alianças inconscientes.

A situação psicanalítica de grupo repousa sobre um instrumento artificial e temporário. Uma especificidade dessa situação deve-se ao fato de que as pessoas que participam desse instrumento fazem a experiência de um encontro com desconhecidos, simultaneamente, com diversos desconhecidos. Cada um vivencia o nascimento de uma relação interpessoal e de uma relação grupal a partir dessa experiência inaugural. Cada um experimenta sem poder nomeá-los, movimentos psíquicos que se produzem nele e nos outros. Quando o analista ou os analistas acolhem os participantes num grupo, eles lhes propõem uma pré-forma, um pré-continente, um pré-objeto: o grupo. Entretanto, essa pré-forma, pré-continente e esse pré-objeto não pode ser experimentado e vir a ser pensável senão sobre a base das regras que estrutura a situação como uma situação psicanalítica: a regra da livre associação e a regra da abstinência. Trata-se de uma primeira aliança, que relembra a elaboração prévia das transferências, mas uma aliança que não promete nada, senão ser um caminho de acesso à experiência do inconsciente nessa situação.

Desde o momento do encontro inaugural, e provavelmente desde a solicitação ou mesmo as indicações para participar de um grupo, as operações de recalque ou de negação não somente se impõem a cada membro do grupo para se estabelecer a relação de grupo, mas ainda elas são mutuamente requeridas nesse objetivo. As primeiras alianças mobilizam assim transferências e resistências. São na realidade, um conjunto de alianças inconscientes, de alianças estruturantes e de alianças defensivas que entram em ação desde a fase inicial de um grupo.

O que faz com que seja necessário que as alianças se mesclem

Uma especificidade da situação inicial de grupo pode ser descrita em termos de *evelopamento* e de encaixamento de limites. Quando um grupo ainda não é suficientemente constituído como um dentro do que seja simultaneamente um fora, as vivências despersonalizadas e as angústias de dissolução são intensas. Mesmo no caso em que o grupo pode constituir uma espécie de pano de fundo ou um continente em que são *rejeitados,* esses elementos psíquicos *deletados* ou desligados, tais elementos são capazes de adquirir uma certa potência de destruição e de violência na medida mesmo em que eles não são transformados pelo "metabolismo" do processo psíquico grupal. Uma consequência é que, o metacontinente grupal não podendo se constituir, uma expulsão deve ser levada a efeito *fora* do limite que constitui o grupo como continente, sob pena de colocar em perigo os elementos mais confiáveis da relação. Mas se eles podem ser rejeitados nos *abismos* e ser assim perdidos para o pensamento, eles podem também retornar na forma de ataque contra as formações e os processos necessários à vida psíquica, ameaçando por sua vez o sujeito e a relação. Teremos então que lidar com a catástrofe psíquica.

O *revestimento*, a função de continente, a colocação em campo dos limites têm também a função de tratar a descontinuidade entre o sujeito e o grupo, na medida em que ele é uma configuração de um grupo (conjunto) originário que refere por regressão, à experiência de cesura (cicatriz) inicial descrita por Freud e por Bion. A cicatriz do nascimento (de nascença) seguramente, renova relação com a "matriz" grupal, mas também cicatriz da descontinuidade entre os espaços psíquicos dos sujeitos (Foulkes).[3] Ultrapassar essa descontinuidade, opor-se à experiência de desconforto que ela manifesta, restabelecer o fluxo da unidade: o grupo e as relações que o *fabricam* são inicialmente uma rejeição da negatividade da cicatriz. As alianças respondem também a esse fantasma e a essas angústias; elas estão de início a serviço da conservação narcísica e dos mecanismos de defesa, e com esse *cocktail* elas exercem um papel organizador.

As alianças iniciais fundamentam-se sobre a negatividade da separação originária, sobre o pano de fundo da cicatriz e do desconforto, como bem o compreenderam I. Hermann e G. Róheim.[4] Elas são também organizadas pela negatividade relacional: o grupo é investido e

---

[3] Provavelmente o autor refira-se a Sigmund Heinrich Foulkes (1898-1976), psicanalista alemão que a partir de 1933 passa a viver na Inglaterra e é especialista em psicanálise de grupo (NT).

[4] O autor tem em mente Geza Róheim e Imre Hermann. Hermann era húngaro e permaneceu toda a vida na Hungria. Geza Róheim estudou dentre outras coisas, as formas primitivas da vida psíquica e teria sido, segundo Jacques Schotte, o primeiro psicanalista etnólogo. Hermann, por sua vez, foi um observador dos primatas e seria o pai de uma etnologia psicanalítica ainda por ser feita (NT).

representado como o meio e a relação de retomadas ou encontros com aquilo que não existe mais, com aquilo que não somos mais, mas que *poderia* voltar, enfim, vir a ser. Elas têm a função de tornar realizáveis as satisfações do passado (da véspera) e da infância: sim, os seres humanos vivem ou entram em grupo como se eles entrassem num sonho, e ai está a fonte da ilusão grupal.

A ilusão grupal originária e o contrato narcísico

Voltando às diversas abordagens do conceito de ilusão grupal, lembro que no pensamento de Anzieu coexistem duas noções sem que se diferenciem o suficientemente. Anzieu refere-se ao sentido winnicottiano de ilusão criadora ou criativa, gerada pela experiência vivenciada pelo bebê e aceita pela mãe de uma coincidência da expectativa do bebê com a realização dessa expectativa: inicialmente, do prazer da coincidência entre o seio e a cavidade bucal. A experiência de ilusão e a condição prévia ou melhor, coextensiva de toda relação, e ao mesmo tempo ela não existe fora da relação. Quando descrevi as alianças de afinação de base[5] sinalizei que elas se estabelecem a partir da experiência de prazer compartilhada e de uma ilusão criativa. Sublinhei que, nesse período inaugural (que sempre acontece em toda nova relação), essas alianças de prazer compartilhado e de ilusão conjunta garantem ao bebê que ele "seja suficientemente bom", capaz de responder à expectativa de uma mãe que pode ver-se ou sentir-se como "suficientemente boa" e ser reconhecida como tal pelo pai.

Anzieu nos diz que o grupo é a experiência desse tipo de ilusão, da coincidência entre a expectativa dos participantes e sua zona complementar, seja o grupo enquanto objeto, mas também o psicanalista que o seu imaginário aloca na posição de fundador e de figura providencial. O caráter grupal dessa ilusão deve-se ao fato de que é uma ilusão comungada, compartilhada e mantida pelos membros do grupo, para

---
5 Capítulo 2.

criar o grupo e fazer com que todos se *experimentem* como mutuamente bons. Tudo acontece como se o grupo pudesse então, sobre essa base de confiança, formar um centro ou um núcleo daquilo que se tornará o contrato narcísico.

Em seu artigo de 1971, Anzieu nos fala também de uma outra ilusão que o grupo sustenta sobre o modo de negar a realidade, isto é, sob o registro do ilusório que conota a noção freudiana de ilusão.[6] Quando ele descreve suas manifestações, Anzieu não a distingue da forma winnicottiana de ilusão. Entretanto, parece-me importante distinguir essas duas formas de ilusão, uma vez que elas se ancoram em processos diferentes. Por outro lado, elas podem predominar uma sobre a outra no período inicial de grupo.

No grupo chamado de *Paraíso Perdido*, essas duas formas de ilusões se combatem entre si e finalmente a ilusão grupal criativa não pode ter algum espaço senão tardiamente e com bastante dificuldade. Sem dúvida muitos fatores aqui contribuíram: a figura super-poderosa de Anzieu, já de início idealizada, o fardo dos dois observadores que, além do fato de eles superdimensionarem a figura de Anzieu, são eles mesmos agentes (ativadores) de uma ilusão grupal em que Anzieu e "esse primeiro grupo" são objeto. Tivemos, em resumo, que lidar com um espaço psíquico violado, que compromete e mesmo entrava a transicionalidade. Podemos, por outro lado, observar como o grupo sofreu a influência desse fato, na dificuldade de se constituir um contrato narcísico estruturante entre seus membros. O lugar ocupado por Léonore, um lugar que ela atribui a ela mesma, constitui-se na figura de uma mulher poderosa, de uma mãe providencial e nutriz; torna-se um baluarte contra o poder perigoso atribuído a Anzieu. Essas duas figuras rivalizam e se excluem, como a exclusão de alguns participantes passou a ser a regra do grupo: nessas condições o contrato narcísico não pode ser estabelecido, uma vez

---

6 ANZIEU, D. *L'illusion Groupale*. Nouvelle revue de psychanalyse, 1971, 4, pp. 73-93.

que a ilusão grupal fracassara. Prevalece, então, a organização defensiva de um pacto denegativo, em que um dos efeitos se manifestará na prolongação do grupo depois de seu fim oficial.

Temos aqui duas polaridades na ilusão grupal e cada uma enseja alianças distintas. A análise do grupo do *Paraíso Perdido* levou-me a conceber de outro modo a ilusão grupal, entre a negatividade relativa e a negatividade radical: no primeiro polo ela sustenta a busca criativa de um lugar outro, de uma utopia (reencontros com o Paraíso Perdido) que se refere à perda, sem dúvida à desilusão precoce de uma ilusão mal vivida, e ao mesmo tempo muito difícil de ser mantida. No segundo polo, ela, a ilusão grupal, sustenta aspectos os mais defensivos da posição ideológica.

O pacto denegativo inicial e a mudança catastrófica no grupo conduzido por analistas

Essa situação clínica já foi amplamente apresentada e comentada em diversos textos, mas gostaria de apresentar uma versão mais abreviada e uma nova análise.[7] Insistirei aqui na precocidade de um pacto denegativo que se enovela no grupo psicanalítico antes mesmo da reunião dos participantes e sobre seus efeitos no processo grupal. Trata-se de um instrumento que comporta uma alternância entre sessões em pequenos grupos conduzidas por uma dupla de psicanalistas e de sessões do grupo maior (plenário) que reúne o conjunto todo dos participantes e os psicanalistas. Os psicanalistas reúnem-se cada noite para buscar compreender a dinâmica inconsciente dos grupos, do seminário em seu conjunto, compreendendo aqui a de seu próprio grupo.

Desde a primeira noite, antes do começo do trabalho em grupo com os participantes, um desacordo bastante aceso se estabeleceu na equipe

---

7 KAËS, R. *L'Appareil Psychique Groupal. Constructions du Groupe*. Paris: Dunod, 1976; KAËS, R. *Le Conte et le Groupe*. In KAËS, R., PERROT, J., HOCHMANN, J. *et al* (Ed.), *Contes et Divans. Les Fonctions Psychiques du Conte*. Paris: Dunod, 1984; KAËS, R. *Le Groupe et le Sujet du Groupe. Éléments Pour une Theorie Psychanalytique des Groupes*. Paris: Dunod, 1993; KAËS, R. *Un Singulier Pluriel. La Psychanalyse à L'Épreuve du Groupe*. Paris: Dunod, 2007.

a respeito da condução das sessões plenárias: aquele que normalmente assumiria essa função anuncia que ele a renunciava e que deseja que dois colegas a assumam. Caso logo encerrado, esse desacordo que havia ameaçado com o risco de espatifar a partir de dentro a equipe acabou por tornar-se um acordo tácito em vista de se manter até o fim do seminário a eficácia e a unidade da equipe: dois psicanalistas se encarregariam de conduzir os grupos maiores. Mas nada foi dito da angústia suscitada por essa decisão: a equipe está em vias de mudar um instrumento sem ter meditado ou pensado junto esse assunto; dois psicanalistas são confrontados com o fato de ter de assumir o lugar do chefe, fazer o papel de "casal" diante dele, tanto que isso levanta questões violentas às quais seria necessário dar uma resposta na urgência.

Na noite seguinte, segundo o ritmo da equipe, são contados os sonhos que relançam e sustentam as associações. O antigo "cabeça" relata com reticência um de seus sonhos em que um homem hesita entre duas mulheres. O relato do sonho desencadeia uma interpretação defensiva: ele expressaria um desejo de infidelidade do sonhador em relação à equipe, e com isso, uma ameaça em vista da unidade e da coesão desta.[8] O pacto denegativo está estabelecido: a sessão rapidamente acaba e com diversos pretextos, as reuniões de trabalho ao longo das quais são elaboradas as modalidades de funcionamento da equipe, são suspensas.

Assim, uma segunda vez, em vez de trabalhar sobre aquilo que os divide, passa em silêncio – ou a silenciar – sobre os seus desacordos e suas angústias. Não percebemos os efeitos que eles produzem nos grupos participantes e nas transferências das quais somos objeto. Nós nos tornamos surdos. A suspensão das sessões de elaboração foi um *acting* que tornara

---

8 O sonho foi reduzido àquilo que ele evoca na transferência sobre Anzieu. Mais tarde, ele tomará um sentido em relação ao conflito ao qual Anzieu e alguns outros, serão sensíveis e percorre o Ceffrap por aquela época: conflito entre a psicanálise individual e a psicanálise "aplicada ao grupo". (CEFFRAP é um grupo de pesquisa fundado por Didier Anzieu em 1962, formado por profissionais de diversas áreas e estudantes universitários e buscava através da "pesquisa ativa" compreender a psicodinâmica dos pequenos grupos - Cercles d'Études françaises pour la Formation et la Recherche: Approche psychanalytique du groupe, du psychodrama et de l'instituition (NT).

impossível toda separação ou distanciamento das intertransferências, o que fora em definitivo o objetivo inconsciente buscado pelos analistas.[9]

A esse *acting out* os participantes vão dar uma resposta com uma encenação: ao longo da última sessão do plenário, os participantes vêm *empoleirar-se* na casa dos analistas, em fila e de frente, como eles, comprimidos uns contra os outros, isto é, anulando todas as diferenças. Um longo silêncio se instala nessa sessão especular rígida, até que um dos participantes *degela* a capacidade de pensar e dirige-se aos demais participantes: "eis uma equipe de monitores espetados".

Funções do pacto denegativo nos grupos

Deduzo dessa experiência cinco proposições principais:

1. Nos grupos, os pactos denegativos são resultados de recalcamento secundário atual mutuamente imposto. Esses conteúdos reprimidos e essa função de correpressão constituem o motor e a energia do processo associativo grupal. Nesse grupo, o pacto denegativo inicial volta-se para a representação da violência inerente à sedução homossexual e sobre a fantasmática da cena primitiva. O pacto denegativo forma-se pela inclusão dessa violência e que retorna ou volta-se contra qualquer um que manifeste a curiosidade para com o casal de analistas. O retorno do recalcado se efetuará através da formação de sintomas compartilhados mantidos em sua estrutura de formação de compromisso pelo pacto intersubjetivo e pela lógica individual da repressão;

2. O que é recalcado ou negado pelos analistas passa a ser objeto de uma aliança inconsciente para que eles sejam, cada um, *assegurados* e eles se asseguram mutuamente de não saber nada se seus próprios desejos, de seus próprios afetos (cólera, abandono, ódio...) e das representações insustentáveis (dar uma de casal diante do "pai", dever representar a cena originária do sonho) com a qual são confrontados.

---

9 KAËS, R. *L'Analyse Intertransférentielle*. In KAËS, R., ANZIEU, D. *et al* (Ed.), *Désir de Former et Formation du Savoir*. Paris: Dunod, 1976, pp. 131-182.

Eles não querem saber de nada e nem experimentar enquanto sujeitos, suas relações e salvaguardar essa relação;

3. O que é reprimido ou negado entre os psicanalistas se transmite e se representa no grupo dos participantes e o organiza simetricamente: a aliança se faz carne no espaço, ela é o significante formal (isso se aglutina), ela se reflete no espelho que os participantes estendem diante dos analistas, até que uma palavra venha "nomear" na metáfora do espeto (churrasco);

4. O que é representado pelos sujeitos envolvidos no pacto denegativo é representado na relação. O desejo inconsciente do "cabeça" da equipe era se libertar das transferências idealizantes e persecutórias que lhe garantiria sua posição de condutor heróico do grupo amplo. Isso foi verdade para cada um dos analistas que estavam corpo a corpo com ele, um corpo atravessado por um espeto fálico que os vinculava uns aos outros e que lhes permitia não saber nada sobre sua rivalidade fraterna, de sua ambivalência diante do lugar invejado e aterrorizante deixado vago, de seu medo de perder a segurança narcísica que eles haviam pactuado com ele;

5. Tais observações contribuem para o debate sobre o originário nessas condições em que o pacto denegativo se estabelece como uma resposta a um trauma inaugural (mudança catastrófica do instrumento, relato de sonho) que faz voar em pedaços os instrumentos de desvio-excitação normalmente disponíveis. Supus também que o que é agora negado ou recalcado pelos analistas, aqui na posição imaginária de fundadores do grupo, adquire as características de conteúdos do reprimido originário dos participantes e funciona como tal. Se isso que é mantido negado e reprimido nos analistas funciona em situação de grupo como o reprimido originário dos participantes, por esse caminho abrem-se as perspectivas sobre a formação e a transmissão do originário e dos significantes enigmáticos

(ou arcaicos), não somente nos grupos e nos sujeitos do grupo, mas também nas famílias e instituições, e como o veremos, até no espaço psicanalítico do tratamento.

As alianças inconscientes nas instituições

A análise das alianças inconscientes no enquadre das situações psicanalíticas de grupo pode estender o seu campo para a análise de grupos instituídos e às instituições? A resposta pode ser dada em dois níveis: o dos conceitos e o do método. O trabalho psicanalítico em situação de grupo nos leva para mais perto do processo de institucionalização e do papel que ali desempenham as alianças inconscientes. Podemos considerar que uma instituição é um grupo que pode levar a seu termo os efeitos instituintes das alianças. A instituição exige uma conjunção constante entre diversos tipos de alianças inconscientes. A passagem do grupo à instituição, por exemplo, a transformação do grupo dos primeiros discípulos de Freud na Sociedade Psicanalítica de Viena é um exemplo entre outros.

Entretanto, uma instituição não é um grupo, nem um conglomerado de grupos, em *a fortiori* uma família, mesmo quando esses modelos – redutores quanto à especificidade da instituição – nos indica uma direção daquilo que G. Mendel chamava de "regressão psicoaferiva" nas instituições.[10] Seguramente a instituição é um lugar de uma realidade psíquica consistente e específica, mas isso é apenas uma de suas dimensões. Ela se organiza como coletivo no seio do societário e comporá dimensões políticas e econômicas. Ela realiza funções e estabelece delimitações ordenadas para sua tarefa primária; ela desenvolve processos de diferenciação, de hierarquização e de transmissão de tarefas e funções.

---

10 MENDEL, G. La Société N'est pas une Famille. De la Psychanalyse à la Sociopsychanalyse. Paris: La Découvert, 1992.

Uma outra diferença entre grupo e instituição tem a ver com o método de acesso à realidade psíquica da instituição. Enquanto que o trabalho de análise em situação de grupo repousa sobre um artifício metodológico que torna possível que tais alianças se desenvolvam transitoriamente, depois que elas sejam desfeitas (desamarradas), como a neurose de transferência serve para trabalhar a neurose infantil, o trabalho de análise em instituições volta-se sobre alianças já constituídas e constituintes da instituição. Pode-se esperar disso, uma maximização das resistências que ancoram as alianças defensivas, aumentadas ainda pelo fato de que a instituição sendo uma série de superposições complexas de níveis de organização (social, política, econômica, psíquica...), as alianças infiltram-se no emaranhado desses níveis.[11]

Acontece frequentemente que as alianças patógenas e alienantes passam a marcar a sua presença e que os psicanalistas devem trabalhar para a sua desamarração. Os exemplos clínicos que vêm adiante descrevem algumas dessas alianças inconscientes nas instituições, a partir de uma clínica de acompanhamento de equipe de cuidados médicos ou de saúde, ou da supervisão de instrumentos e de processos terapêuticos, muitas vezes por ocasião de uma intervenção solicitada com o objetivo de desfazer uma crise no serviço e de elaborar apoios e metas.

Um conjunto de alianças fundamenta a instituição

Todas as instituições se fundam e se mantêm sobre a base de um conjunto de alianças que garantem a realização de sua tarefa primária (assistência, formação, produção, garantir a distribuição de bens, ou de

---

11 Para a ampliação do conhecimento da realidade psíquica da instituição, sobre o sofrimento psíquico e a psicopatologia que ela gera, veja-se: ROUCHY, J. C. *Un Passé sous Silence*. Études freudiennes, 1978, 13-14, pp. 175-190; Kaës, R. *Souffrance et Psychopathologie des Liens Institutes*. Une introduction. In Kaës, R., pinel, J. *et al* (Ed.), *Souffrance et Psychopathologie des Liens Institutionels*. Paris: Dunod, 1996; Pinel, J. *Enseigner et Éduquer en Instituition Spécialisée: Approche Clinique des Liens D'Équipe*. Connexions, 2001, 75, 1, pp. 141-152; PINEL, J. *Les Adolescents sans Limites, un Paradigme pour la Clinique Institutionelle. Travail D'Élaboration Collective en Établissements Spécielisés est Processus de Subjectivation*. Mémoire d'habilitation à diriger des recherches. Nanterre: Unniversité Paris X, 2006.

serviços etc.), os meios de realização desta, o regime de investimentos e de reconhecimento do narcisismo de seus membros, mas também as suas qualidades objetais (especialmente sua competência). As alianças estão, por isso mesmo, implicadas nos procedimentos de recrutamento, de formação e de exclusão.

Nesse registro, elas apresentam sob a forma de contrato narcísico institucional, de renúncia à satisfação imediata dos objetivos pulsionais associados à tarefa primária (destruir, matar, seduzir, violentar...), e interditos estruturantes, mas, além disso, com alianças ofensivas necessárias à realização da tarefa. As instituições garantem, por outro lado, as funções autodefensivas para se protegerem enquanto grupo ou conjunto, e metadefensivas para fornecer um apoio aos mecanismos defensivos de seus membros. Essas funções são sustentadas por alianças cujas formas vão desde o pacto denegativo à negação em comum; elas assumem dimensões patológicas e alienantes cujos efeitos manifestam-se no momento das crises institucionais, e é muitas vezes nesse contexto que temos acesso a elas, e que é possível conhecê-las e tem-se uma chance de desamarrar essas alianças. Temos então que lidar com o conjunto todo de alianças que se interpenetram e configuram a identidade da instituição. O trabalho psicanalítico com os grupos apresenta muito raramente esse intrincado de campos de muitos níveis de alianças inconscientes.

Continua sendo verdade que esse conjunto de alianças constitui a realidade psíquica da instituição. O inconsciente com o qual temos que lidar nas instituições é, como em todas as configurações das relações, heterogêneo em sua formação e em seus conteúdos: ali coexistem as repressões, a negação, a rejeição e cada sujeito – por exemplo, cada assistente ou cada doente – pode fazer a experiência de sua própria heterogeneidade interna em contato com a heterogeneidade inconsciente dos outros na instituição.

Um pacto narcísico para conservar os doentes como relíquias de uma glória perdida

Esse exemplo clínico descreve um pacto narcísico estabelecido por membros de uma equipe de assistência num hospital em tempo parcial[12] de assistência psiquiátrica.[13]

Ao longo de uma sessão de trabalho com a equipe de assistência houve um debate bem afogueado a propósito da alta de um doente muito antigo na instituição: alta julgada prematura pelos antigos assistentes, mas necessária e oportuna para a maior parte dos assistentes contratados recentemente, que propõem um outro estabelecimento para redistribuir os pedidos de internação. A ideia do fracasso parcial suscita uma grande irritação entre os "antigos". Um dentre eles afirma que "não é necessário fingir que queiramos mantê-los a todo custo". Noto a denegação, e sublinho o plural utilizado e pergunto para que serve um doente para uma equipe de assistência. A irritação cresce, contra mim agora: "Ninguém quer fingir, o senhor sabe muito bem, que os assistentes não querem guardar doentes para eles, isto é ridículo, mas deixar esse doente ir embora é perigoso". Entretanto, a questão que eu apresentara fez história: ela é retomada por um dos antigos. Ao longo das associações, bastante turbulentas, um acordo até então mantido inconsciente por cada um é revelado. Os assistentes tinham entrado num acordo no sentido de *conservar* alguns dos primeiros doentes recebidos nessa nova instituição. Esses doentes ocupavam, para a maior parte dos assistentes, um certo lugar e um espaço psíquico de origem comum. Eles tinham, com estes, participado da fundação do hospital, e eles deviam ser ali *conservados*, e

---

12 Hôpital de jour, clínica ou meio hospitalar que lida com pacientes, de enfermidade diversas, durante uma parte do dia apenas; ou pela manhã ou pela tarde. Usamos o termo "tempo parcial" para diferenciar daqueles em que os pacientes são internos (NT).

13 Retomo aqui, ampliando, a análise do caso exposto em *L'Institution et les Institutions* e no *Alianças Inconscientes et Pacte Dénégatif*. Kaës, R. Réalité Psychique et Soufrance dans les Institutions. In KAËS, R., BLEGER, J. et al (Ed.), *L'Institution et les Institutions*. Études Psychanalytiques. Paris: Dunod, 1987, pp. 19-21; KAËS, R. *Alliances Inconscientes et Pacte Dénégatif das les Instituitions*. Revue de psychothérapie psychanalytique de groupe. 1989, 13, pp. 27-38.

isso devia ser compreendido literalmente: mantidos uns com os outros, e ser até mesmo preservados da destruição.

A análise coloca às claras as características sobre as quais tinha sido pactuada essa aliança de conservação. Os doentes ou pacientes incluídos no espaço originário faziam ali a figura e a função parcial dos ancestrais, ou de representantes ancestrais. Esses *pacientes-ancestrais* perpetuariam *para a economia do grupo e para a de cada um dos sujeitos do conjunto tomado isoladamente,14* os elementos do cenário originário inconsciente de onde procediam os lugares, as funções, os discursos e, num nível mais secundarizado de organização, o projeto da instituição.

É assim que um doente ou paciente-antepassado tinha seu espaço – e ele era mantido ali e ali confortado – de paciente ideal, de criança doente maravilhosa sem a qual os assistentes não poderiam sem cessar verificar sua própria capacidade de assistente, com a condição essencial de que ele não sarasse jamais. Um paciente-ancestral encarnava o espaço do incurável e era mantido nesse espaço com a sua própria colaboração. Um outro doente encontrava a razão de sua *conservação* em sua função de objeto-depositário; outro ainda na função de objeto antifóbico ante uma administração descrita como Leviatã. Foi um momento estranho, pleno de culpabilidade, e depois de alívio, ante a descoberta de que os pacientes estavam sendo *destinados* a lugares e a funções que correspondiam a evidências de sua patologia. Mas todos estavam como que cegos quanto a essa coincidência.

Quais seriam os motivos poderosos que mantinham a sua aliança? Deixar partir – dar alta – aos pacientes que se tornaram ancestrais como eles, confrontava os assistentes a terem que fazer o luto de um tempo e de uma experiência que foram marcados por um forte sentimento de pertença a uma instituição então inovadora, que os mantinham num contrato narcísico muito gratificante, sólido e portador de efeitos importantes no

---

14 Em ressonância com a noção proposta por Tobie Nathan: Enfant-Ancêtre, criança-ancestral ou ainda criança-antepassado.

trabalho. Quando sua tarefa primária lhe parecia ameaçada ou empobrecida – e eles mesmos desvalorizados – os pacientes eram conservados como relíquias, memoriais de uma aliança cujos fundamentos narcísicos tinham se desfeito ao longo do tempo. Por outro lado, conservá-los nesse estatuto e para essa função fazia com que eles se tornassem imortais. A aliança vinculava ao mesmo tempo os pacientes e os assistentes nesse pacto narcísico. Os doentes, assim como os assistentes estavam enrijecidos e fixados na economia paradoxal: as relíquias sobreviviam à sua destruição como sujeito e conservavam a esse custo, as características que garantiam um jogo regrado pelas necessidades de cada um, assistentes e pacientes: os pacientes maravilhosos, e declarados incuráveis, terminavam por se tornarem, ao mesmo tempo, depósitos e objetos antifóbicos.

Não se tem somente cadáveres nos *placares* e nas masmorras das instituições: temos também relíquias, restos fantasmáticos dos contratos narcísicos que não souberam se renovar (transformar). Nas instituições – e desse ponto de vista também nas famílias – devemos nos colocar de acordo sem esquecer que temos masmorras,[15] a fim de não sermos confrontados com a necessidade de pensar que elas contêm cadáveres, refugos e relíquias.

As alianças inconscientes ficam periclitantes quando acontece a saída ou partida de uma figura fundadora ou sua morte. *A fortiori* quando advém um acontecimento traumático como um suicídio. Trata-se aqui de um serviço psiquiátrico onde um médico psicanalista se suicida. A notícia é acolhida com estupor e silêncio. Nada será dito entre os assistentes que possa levar a pensar o que quer que seja sobre essa morte, imediatamente relegada ao silêncio. Toda tentativa para se falar disso será reprimida: "isso fará muito mal". O trabalho de escuta dessa equipe em sofrimento faz com que apareçam diversas fontes do silêncio comum: a identificação insuportável com um colega que não soube lidar

---

[15] Aqui o autor faz uma relação entre dois termos impossíveis em português: oublier (esquecer) e oubliette (calabouço) (NT).

com sua depressão; a vergonha narcísica diante de seu fracasso; a culpa consecutiva entre os assistentes. Aqui ainda, existem razões diversas e cumulativas de se fazer uma aliança; para uns elas são descartadas pela repressão, para outros pela negação.

Num estudo precedente, analisei como num hospital de tempo parcial, um pacto denegativo sobre a representação da origem traumática tinha produzido graves efeitos paralisantes no trabalho dos assistentes e havia até piorado as patologias dos pacientes; mostrei também como essa aliança pode ser *denunciada*.[16] O ponto de partida tinha sido a reviravolta de um projeto terapêutico da instituição. Tornara-se impossível relançar o projeto e foi necessário descobrir o que tinha sido reprimido ou negado: a potência de morte que tinha marcado o nascimento dessa instituição, o passado mantido em silêncio pelos primeiros assistentes (funcionários). Foram essas falhas no contrato narcísico originário e a aliança defensiva que elas haviam suscitado que *invadiram* a cena da instituição e perturbaram gravemente as relações entre os assistentes e os pacientes, em busca de um sentido.

Um pacto denegativo num lar-casa que acolhe adolescentes

O exemplo seguinte ilustra a imbricação entre o pacto denegativo, em seu versante de negação, e as aderências perversas que o sustentam. Trata-se de um lar-casa que acolhe adolescentes de ambos os sexos. Um casal de educadores (um homem e uma mulher) é a referência para cada um dos adolescentes. Fui convidado para *desanuviar* com a equipe uma situação de crise aguda que, segundo o relato que me fora feito, havia se instalado no contexto seguinte. Dois adolescentes, um rapaz e uma moça, formam um casal, sem que o casal educador referência o soubesse, até o momento em que a educadora descobre que a jovem está grávida. A educadora pede a seu colega que informe ao diretor do estabelecimento:

---

16 Kaës, R. *Réalité Psychique et Soufrance dans les Institutions*. In KAËS, R., BLEGER, J. *et al* (Ed.), *L'Institution et les Institutions. Études Psychanalytiques*. Paris: Dunod, 1987, pp. 19-21.

"ela não se sente capaz de fazer isso por ela mesma". O diretor convoca os dois educadores referência dos dois adolescentes e exige deles "em vista do interesse dos jovens", que eles guardem silêncio quanto ao que está por vir; ele encarrega o educador a convencer a moça a buscar uma IVG (aborto) "para preservar o seu futuro".[17] Ele solicita e obtém também o silêncio dos dois adolescentes.

O silêncio é assim mantido de todas as formas, mas o número das atuações graves aumenta: fugas, tentativas de suicídio, agressões contra o pessoal ou funcionários, em especial contra a educadora encarregada da adolescente grávida. Os rumores circulam a propósito das relações sexuais de um outro casal de adolescentes. O diretor convoca todos os educadores e lhes lembras que a sexualidade (atos sexuais) não pode ser praticada senão fora de casa. Por outro lado, ele os ameaça de lhes retirar sua confiança e anuncia que daqui para frente vai supervisionar e controlar tudo.

Diante da angústia e da cólera que os desorientam, os educadores pedem uma análise da situação que levou a essas perturbações e às medidas de desconfiança tomadas pelo diretor. Este recusa "toda ingerência exterior" e todo "bate-papo inútil". A educadora *desmorona* e, com sua concordância, o diretor solicita e obtém sua transferência. Ele mesmo deixará o estabelecimento um pouco mais tarde. Quando eu intervenho para acompanhar essa equipe em seus tormentos por que ela atravessa, inicia-se um processo de elaboração quanto à história da crise: ela, a intervenção, colocará às claras a lógica das alianças pactuadas ou impostas para trancafiar um segredo, verdadeiro para a maior parte, e já divulgado por alguns: o diretor e a educadora formavam um casal clandestino. Toda a sucessão de negações e de rejeições, tudo o que se camuflara no corpo e nas decisões administrativas, adquire um sentido a partir do interesse que a maior partes, se não todos, tinham em ficar numa aliança alienante, à custa de graves prejuízos para os adolescentes e para

---

17 IVG – interruption volontaire de grossesse; aborto (NT)

eles mesmos. A aliança perversa que *governava* o diretor os aterrorizava, uma vez que muitos se identificaram com a educadora e se protegiam enquanto a protegiam.[18]

Notamos aqui ainda que os componentes inconscientes da aliança são variáveis (repressão, negação, desacordo) e que para alguns educadores, a adesão à aliança é de uma consciência pré-consciente.

Sublinhemos ainda outro ponto importante: o fracasso das alianças, por insuficiência, excesso, ruptura ou abuso coloca em crise o que chamei de *avalistas metapsíquicos*[19] dos membros da instituição. Esses avalistas consistem precisamente das alianças fundantes, dos reconhecimentos identitários, dos enunciados de certeza, dos interditos fundamentais, da comunhão na renúncia à satisfação imediata dos objetivos pulsionais: esses avalistas são os apoios da formação e do funcionamento da psique. Existe uma outra categoria de avalistas ou garantes sobre os quais os primeiros avalistas encontram um apoio: esses são os *avalistas metassociais* sobre os quais a instituição ela mesma repousa e que ela, por sua vez, deve garantir: sua autoridade e seu reconhecimento social são então ali postos em xeque.

As alianças inconscientes no grupo dos primeiros psicanalistas

O grupo dos primeiros psicanalistas e a passagem da forma grupal de suas relações para a institucionalização da psicanálise são um campo de aplicação especialmente motivante para por à prova os instrumentos de trabalho que acabamos de forjar. É importante conhecer e seguir o

---

18 Sobre as alianças perversas nas instituições religiosas, veja-se capítulo 6.

19 Sobre essa noção veja-se: KAËS, R. *Filiation et Affiliation*. Quelques aspects de réélaboration du roman familial dans les familles adoptives, les grupes el les institutions. Gruppo, 1985, 1, pp. 23-46; Kaës, R. *Les Dépressions Conjointes das les Espaces Psychiques Communs et Partagés*. In CHABERT, C., KAËS, R., LANOUZIÈRE, J., SCHNIEWIND, A. (Ed.), *Figures de la Depression*. Paris: Dunod, 2005; KAËS, R. *Un Singulier Pluriel. La Psychanalyse à L'Épreuve du Groupe*. Paris: Dunod, 2007; KAËS, R. The Question of the unconscious in common and shared psychic process. In CALICH, J. C., HINZ, H. (Ed.). *The Unconscious: Further Reflections*. London: International Psychoanalytical Association, 2007.

destino dessas alianças no movimento institucional da psicanálise e no desenvolvimento de suas pesquisas. Diversos trabalhos já estiveram envolvidos nisso no sentido de levar adiante essa exploração. As dimensões dessa pesquisa me conduziram reservar a uma publicação específica os resultados dessa investigação. Os trabalhos anteriores levaram à realização do *Matriz grupal da invenção da psicanálise. Esboço para uma análise do primeiro círculo em torno de Freud*.[20] Ali analiso especialmente a formação e o funcionamento do grupo das quartas-feiras, a formação da Sociedade Psicanalítica Vienense, a criação do comitê e a formação de alianças ideológicas para sustentar a "causa" freudiana. Essa pesquisa inicial foi seguida por um estudo intitulado *Trabalho da morte e teorização. O grupo dos primeiros psicanalistas ao redor de Freud entre 1910 e 1921*,[21] no qual esbocei uma análise das cisões em suas relações com os impasses das alianças inconscientes.

---

20 KAËS, R. *La Matrice Groupale de l'Invention de la Psychanalyse*. Esquisse pour une analyse du premier circle autour de Freud. In KAËS, R. (Ed.), *Les Voies de la Psyche. Hommage à Didier Anzieu*. Paris: Dunod, 1994.

21 KAËS, R. *Travail de la Mort et Théorisation*. Le groupe autour de Freud entre 1910 et 1921. In GUILLAUMIN, J. *et al* (Ed.), *L'Invention de la Pulsion de Mort*. Paris: Dunod, 2000.

Capítulo 9.
As alianças inconscientes e o campo social

Ultrapassamos um limite epistemológico e metodológico quando buscamos aplicar ao campo social o que a psicanálise apreende a propósito das alianças inconscientes. O societário define mais amplamente os diversos componentes da vida em sociedade e, seguindo no caminho aberto por Freud, podemos hoje precisar as dimensões propriamente psíquicas das alianças estruturantes das quais ele havia traçado um esboço, de um modo mais especulativo, no *Totem e tabu*, em *O futuro de uma ilusão* e em *O Mal-estar na civilização*.[1] Entretanto, avançamos para bases metodológicas suficientemente seguras e não somente pela observação e especulação – ainda que uma parte disso tudo permaneça irredutível – elaborando conceitos que buscamos construir. Podemos, portanto, tentar colocá-los à prova ou em xeque numa realidade ainda mais complexa que aquela da instituição. Temos ainda o recurso de recorrer aos trabalhos de outras disciplinas: história, sociologia e uma vez mais, àquilo que os artistas apreendem. Farei grande uso de filmes mais ou menos recentes uma vez que o cinema é um impressionante sismógrafo dos movimentos profundos de uma sociedade.

---

1 FREUD, S. *Totem e Tabu*. Edição Standard brasileira das obras psicológicas completas. Rio de Janeiro: Imago, (1913) 1979, vol. 13, pp. 20-191; FREUD, S. *O futuro de uma ilusão*. Edição Standard brasileira das obras psicológicas completas. Rio de Janeiro: Imago, (1927) 1979, vol. 21, pp. 15-71; FREUD, S. *O mal-estar na civilização*. In FREUD, S. Edição Standard brasileira das obras psicológicas completas. Rio de Janeiro: Imago, (1929) 1979, vol. 21, pp. 81-171.

Este capítulo explora algumas pistas de pesquisa que privilegiam as situações de catástrofe coletiva nas quais a questão das alianças que fundamenta a relação social e seus componentes psíquicos é particularmente crucial.

Um conceito útil para essa investigação é o de avalista metapsíquico e metassocial. Diversas vezes utilizei esses recursos e já resumi inicialmente sua consistência.

As alianças inconscientes repousam sobre avalistas metapsíquicos e metassociais

A psique "individual" é enquadrada pelos avalistas *metapsíquicos* da vida psíquica. Nos instrumentos psicanalíticos, a regra fundamental, o enquadre e o contrato psicanalítico cumprem essa função metapsíquica; eles são ordenados aos processos de simbolização e de subjetivação; eles funcionam como garantes anti-catástrofe no sentido em que, sem eles, o sujeito se desorganiza de modo perigoso.

A clínica psicanalítica de grupos e de instituições me levou a pensar que as alianças, os pactos e os contratos *estruturantes* exercem também uma função *meta* para cada sujeito de uma configuração de relação. Observamos ali os efeitos quando eles estão em crise ou quando eles não são efetivados ou dificilmente encontram seu lugar, como foi o caso do grupo *Paraíso Perdido*[2] e o dos *analistas acasalados*.[3] As alianças do tipo de contrato de renúncia à satisfação imediata dos objetivos pulsionais ou do contrato narcísico supõe interditos fundamentais e enunciados fundadores: eles contêm os princípios organizadores e estruturantes do psiquismo. Eles preexistem a cada um de nós e são pactuados com os nossos contemporâneos. O espaço psíquico comum e compartilhado pelos membros de uma família, de um casal, de um grupo ou de uma instituição é constituído por formações metapsíquicas desse tipo.

---

2 Ver acima, capítulo 5.

3 Ver acima, capítulo 8.

Diversos exemplos assim me chamaram a atenção para o fato de que esses avalistas são sensíveis às estruturas profundas da vida social e cultural: deles encontrei constantemente os efeitos nas instituições. É a razão pela qual considero que os garantes metapsíquicos, que constituem essas alianças fundamentais, eles mesmos são enquadrados e afetados pelos avalistas metassociais que por sua vez, enquadram as formações sociais.

As catástrofes psíquicas, as catástrofes sociais e o destino das alianças inconscientes

As catástrofes psíquicas e sociais afetam de diversas maneiras as alianças inconscientes, quando os avalistas metapsíquicos constituídos pelo enquadre social, cultural e político fracassam ou são aniquilados. Correlativamente, a consistência das alianças inconscientes se revela mais claramente quando elas estão em crise ou em situação de fracasso.

A história de Martine, relatada por D. Yaméogo[4] mostra-nos a articulação entre os seus problemas psicopatológicos e as zonas de destruição da base cultural e social que forma o enquadre *matapsíquico* de seu desenvolvimento psíquico. Através do desregulamento do contrato narcísico, pudemos pensar nos determinantes transgeracionais que fundamentam a continuidade das gerações nas alianças inconscientes e que *atravessam a vida* dos sujeitos em sua história singular.

Esses são exemplos de como tudo isso nos conduz a pensar que a desorganização, o fracasso ou a falha dessas alianças inconscientes afetam as organizações psíquicas mais sensíveis aos efeitos da intersubjetividade. Elas afetam os avalistas metapsíquicos da formação das relações intersubjetivas: os interditos e os enunciados fundamentais implicados na formação das identificações e dos processos de simbolização, de acesso à palavra, ao pensamento, à transmissão dos saberes e dos ideais, a constituição da alteridade interna e externa. Entretanto, devemos também

---
4 Ver acima, capítulo 3.

pensar que essas alianças estruturantes aqui, o contrato narcísico, são sensíveis a um certo estado da cultura e às funções metassociais, das quais os garantes estão mais ou menos inseguros. Consideramos também que os avalistas metapsíquicos estão *enquadrados* ou ancorados sobre os garantes metassociais. A ativação e a transmissão do contrato narcísico relaciona-se profundamente hoje em dia com os problemas que determinam o nosso futuro: mundialização[5] e universalidade, pluralismo dos sistemas de pensamento, incerteza sobre os "pontos de certeza", deslocamento[6] dos "grandes discursos", diferenciação entre o íntimo e o público, interrogação sobre a constância e os conflitos das identidades confrontadas com a diversidade cultural, com as biotecnologias etc.

Deliverance (1972), de J. Boorman

O filme de John Boorman – *Deliverance*, de 1972 – passou a interessar-me por mais de um motivo, mas inicialmente, porque o trabalho cinematográfico do autor serve maravilhosamente bem para a história chocante que ele narra: uma catástrofe social, ecológica, como enquadre de uma catástrofe psíquica e do caos que revela a relação de quatro homens e a necessidade na qual eles se encontram de pactuar alianças defensivas imprevistas. Esse filme mostra também, como para maior parte dos outros – que serão objeto de atenção mais adiante – se a aliança enquanto tal é consciente para os seus sujeitos, o seu enredo não o é: ele não se revela senão na catástrofe.

Existem, seguramente, muitas histórias nesse filme, e muitas leituras são possíveis. O filme de Boorman foi geralmente contado como a aventura de quatro cidadãos que empreendem a descida de canoa, de um rio caudaloso e perigoso, que *desaparece* num lago artificial dos Apalaches. Para a maior parte dos críticos, Boorman propôs uma fábula ecológica; a

---

[5] De um modo geral, no meio francófono, usa-se mais "mundialização" no lugar de "globalização", mas com o sentido praticamente idêntico (NT).

[6] Até mesmo, eliminação (NT).

da sobrevivência num meio natural hostil; desafio impressionante ao qual são confrontados quatro homens que se lançam assim um desafio à natureza e medem-se com sua potência ameaçadora. Pode-se também pensar que esse filme se interroga, em plena guerra do Vietnã, sobre a identidade americana e testemunha a desorientação dos valores que fundamentam e garantem a "civilização". O prólogo do filme, o encontro de Drew com a criança autista (ou trissômica?), a sua aproximação *magnetizada* pela música do banjo e do violão, formam um contraponto dessa violência que logo vai se impor a eles. Estamos assim, de início, confrontados com as zonas de selvageria e de arcaísmo mental que reveste essa natureza agora perdida.

Sob o impulso de Lewis, o macho investigador da expedição, o grupo separa-se. Mas o dia que segue a sua partida, Ed e Bobby são atacados por dois carvoeiros hirsutos e débeis que violentam o segundo sob o olhar do primeiro. Lewis que maneja o arco e flecha com destreza, transpassa o violentador enquanto que seu *acólito* empreende a fuga. Drew é de opinião que se deva avisar a polícia, mas Lewis se opõe e põe em votação do quarteto o enterro do cadáver e a continuidade da expedição. Esta se desenvolve com uma sequência de catástrofes: Drew cai na água e desaparece, suas canoas se partem nas corredeiras e Lewis se fere gravemente na coxa. Os sobreviventes se persuadem de que Drew deve ter sido abatido pelo caçador em fuga, Ed parte à sua procura, escala uma falésia e transpassa com uma flecha a garganta de um homem que bem poderia ser aquele que ele está procurando. Seu cadáver, preso a uma pedra, é colocado no rio. Retomando de qualquer jeito o curso caótico de sua descida, os três homens encontram o corpo desarticulado de Drew preso a um rochedo: eles o imergem sem poder saber com certeza se ele foi abatido por uma bala. Chegados ao termo de sua empresa, os três sobreviventes buscam entrar num acordo para elaborar com um único ponto de vista, uma versão dos fatos que os devia tornar inimputáveis, mas eles não chegam a convencer o xerife que os libera por falta de provas contra eles.

Para além do desafio que os quatro homens lançam contra a sua virilidade em empreender esse teste de sobrevivência, existe o *engodo* do retorno para a vida primitiva, para fugir da civilização, que se batem como heróis dessa duvidosa *"Deliverance"*. Erro mortal que os confronta com o horror e com a degeneração e que abala as certezas ao ponto de sua aliança na comunidade de uma negação não pode ser senão mais que a única saída para os preservar, ao preço de pesadelos que agora assedia o cenário de suas noites.

O pano de fundo da catástrofe ecológica anunciada (engolfamento do vale pelas águas da barragem e o desaparecimento do rio) é claramente a tela de fundo do palco desse drama. Mas temos que lidar com uma outra história no momento em que prestamos atenção às relações que unem esses quatro homens: ela nos dá alguns detalhes de suas alianças. Tudo acontece como se a fidelidade e a submissão de Lewis, tão clara desde as primeiras imagens, prefigura a humilhação de Bobby sodomizado e a submissão de Ed a seus agressores. Lewis, o arqueiro, é como eles uma figura de dominador numa competição homossexual que vai se detalhar pelas mortes, pelo transpassamento do violentador, e do suposto fujão.

O caçador morto põe para o grupo a questão do reconhecimento do que se teria passado: de onde a exigência de um pacto de silêncio imposto por Lewis, o assassino, aceito por Ed e Bobby, sodomizado e testemunha, mas recusado por Drew. Enterrar o cadáver, não se precisa dizer nada. O pacto se renovará por ocasião da morte de Drew: como dar conta da morte do outro homem?

Boorman inventa um plano impressionante para indicar essa similitude: Drew preso em seu rochedo aponta um braço deslocado, retorcido como o do violentador enterrado, tanto um como o outro continua a ser um signo, uma questão de sentido, nos pesadelos de Eddy.

O pacto se repete uma terceira vez quando os três sobreviventes se põem de acordo para dar à polícia uma versão coerente e falsa: a do acidente para justificar o desaparecimento de Drew e a da ignorância do assassinato do caçador.

Os pactos são conscientemente estabelecidos (tecidos) sob o efeito imperioso da necessidade de escapar da justiça – e portanto, do retorno do arbitrário e da ausência de avalistas –, seja de escapar da violência da natureza dessa civilização da qual eles querem fugir. Dessa recusa e dessa fuga, os aportes são para eles e continuam sendo inconscientes: o desejo homossexual negado, a realização violenta do fantasma da sodomização, a violência assassina contra o semelhante. A proposta inconsciente do pacto denegativo é manter com esse preço a sua relação, cada um tomando o outro como refém para manter inconsciente o que eles não podem aceitar. O que os vincula é apavorante.

La Historia Oficial (A história oficial), de Luis Puenzo

As negações coletivas de catástrofes políticas e sociais, de assassinatos e genocídios, com suas expressões negacionistas e as mentiras coletivas que elas sustentam são as manifestações mais comuns delas. Trata-se antes de tudo de um processo de ocultação impossível na continuidade da história, de um desaparecimento e de um *vazio* que foi tornado não encontrável.[7]

O filme de Luis Puenzo, *La Historia Oficial,* foi exibido em Bueno Aires em 1985, dois anos após o fim da ditadura, e no mesmo ano do processo dos militares envolvidos em sete anos de violência, de desaparecidos e de assassinatos.

Uma cantiga de ninar (gravada por María Elena Walsh) acompanha o filme desde o início até o fim: a que canta a pequena Gaby:

> *No país do não-me-lembro*
> *Dou dois passinhos e já me perco;*
> *Um passinho para lá*

---

[7] Sobre o negacionismo e o revisionismo, veja-se a obra de COQUIO, C. (Ed.), L'Histoire Trouée. Négation et Témoignage. Nantes: Librairie L'Atalante, 2004.

> *Não me lembro se o dei,*
> *Um passinho para cá*
> *Ai, que medo que me dá...[...]*
> *Um passinho para trás*
> *E não dou nenhum mais*
> *Porque eu já não sei*
> *Onde pus o outro pé...*[8]

Quando sua mãe pede-lhe que cante uma canção para que saiba que ela não se afogou enquanto se banha, Gaby torna-se o verdadeiro sujeito da história sobre a qual pesa a negação da memória.

Alicia, sua mãe, é professora de história da Argentina, e seu marido é um oficial muito envolvido na ditadura dos anos 1976-1983. Eles "adoram" essa pequena menina à qual ambos são profundamente vinculados. Estamos em março de 1983. Alicia não tem problema algum a propósito dessa adoção, e nem, por outro lado, a propósito do desaparecimento, até o dia em que, nos últimos sobressaltos da ditadura, logo após a Guerra das Malvinas, a dúvida a assalta, depois que sua amiga Ana, exilada na Europa, volta a Buenos Aires. Ana fala-lhe de torturas que sofreu antes de fugir de seu país e também das crianças desaparecidas e, inúmeras entre elas, adotadas por militares e que tinham torturado até a morte a sua mãe. A partir daquele momento Alicia não deixa de querer conhecer a verdade a qual seu marido quer com o mesmo esforço afastar. Recusando entrar num pacto de negação em comum que ele lhe impõe, ela descobre o jogo, rompe com o marido *pressionado* e deixa definitivamente o "país do eu não me lembro".

O que não é representado na relação, a pequena Gaby o diz em sua canção lancinante. Pensa-se no título do filme de Maria-Luisa Bamberg,[9]

---

[8] No original: En el país de nomeacuerdo/Doy tres pasitos y me pierdo/Un pasito para allí/No me acuerdo si ló dí/Un pasito para Alá/¡Ay, qué miedo que me da (...) Un pasito para atrás/Y no doy ninguno más/Porque yo ya no sé/Dónde puse el outro pie.

[9] O filme de Maria-Luisa Bamberg saiu em 1993, dez anos após o fim da ditadura militar da Argentina.

De eso no se habla – Disso não se fala – mas isso do que não se deve falar volta de um modo ou de outro, no real ou no sintoma e no significante enigmático, por exemplo, na lembrança do banho de Gaby e, portanto, das banheiras que eram usadas pelos torturadores. Aqui também trata-se de um pacto em que os protagonistas estão conscientes de o subscreverem, mas de cujos aportes estão inconscientes. *De eso no se habla,* mas o que não deve ser dito, o inconsciente, dá um jeito para proclamar: como no *Deliverance*, Boorman o apreende entre os dois planos dos braços que permanecem elevados.

Três filmes sobre a negação da história através de um drama familiar

Eis três filmes lançados em 2003 com algumas semanas de intervalo. Cada um deles trata de uma catástrofe psíquica que se desenvolve sobre um pano de fundo de uma catástrofe política e de uma catástrofe de civilização. Os dois primeiros tratam da queda do regime soviético: um tem por enquadre a Geórgia e o outro a República Democrática da Alemanha. O terceiro fala-nos do deslocamento das ilusões que marcou a geração comprometida na revolução cultural dos anos 1960 em Quebec.

Depuis qu'Otar est parti, de Julie Bertucelli

O filme de Julie Bertucelli, *Desde que Otar partiu,* conta a história de uma família: Eka vive em Tbilissi com sua filha Marina e sua neta Ada. Seu filho Otar, que ela ama ternamente, partiu para procurar uma sorte melhor em Paris, de onde ele envia regularmente, lindas cartas para a sua mãe, celebrando a vida da capital francesa; ele manda também um pouco de dinheiro. Otar lhe telefona com bastante frequência, o que tem por efeito tornar ciumenta a sua irmã Marina, que detesta sua mãe e que é, entretanto, encarregada de cuidar dela. Marina está também com uma grande dificuldade de compreensão com sua filha, que não tem carinhos senão pela sua avó. Três gerações de mulheres que vivem no pós-Gorbatchev com sentimentos bastante divergentes num apartamento apertado.

Otar empregou-se como operário na construção civil: ele morre com a queda de um andaime. Sua morte é ocultada à sua mãe: Maria e Ada, cada uma por razões diferentes escrevem cartas falsas assinadas com o nome de Otar, para sua mãe com quem continuam o jogo obscuro de enganá-la sobre sua condição (de Otar). Ada lê as cartas para Eka que ela mesma escrevera e continua a mandar um pouco de dinheiro, como Otar o fazia.

Um dia, Eka decide recolher suas economias e vender alguns objetos da família e ir para Paris com sua filha e neta: ela quer rever seu filho. Mas reencontrar Otar torna-se uma tarefa evidentemente impossível e ela acaba por compreender que ele está morto. Por sua vez, ela engana Maria e Ada, que supunha que não sabiam de nada, e leva-as a crer que Otar fora fazer fortuna na América. No momento de voltar para Tbilissi, no aeroporto, Ada decide ficar em Paris, rompendo assim com as raízes desse passado que *enlaça* duas gerações que a precedem.

Esse filme sutil entrelaça diversos níveis de leitura: um quadro geral sobre a Geórgia pós-soviética mergulhada no caos, o desemprego, as humilhações, mas também uma certa nostalgia, em Eka, a mais antiga da ordem. Três gerações de mulheres, cada uma de seu modo desadaptada ou num novo regime, que prolonga o antigo naquilo que ele tinha de mais desastroso: a cultura da mentira e do segredo. O que morre tragicamente no filho amado da mãe, é a esperança de uma retomada vital, retomada por Ada no fim da história.

O essencial é manter a ilusão, todas as ilusões: a da avó, sobre o período stalinista ao qual ela está ainda vinculada, do mesmo modo como o está com seu filho. A mãe e sua filha que se aliam para preservar Eka e suas ilusões, ainda que elas mesmas as denunciem para manter suas próprias ilusões. Marina e sua filha se encontram, não sem conflitos, nesse pacto de negação da realidade. Elas são cúmplices e vítimas desse esforço por esconder a verdade da geração precedente.

Good bye Lenin!, de Wolfgang Becker

Good bye Lenin! é um filme de Wolfgang Becker de 2003, foi lançado nos cinemas com algumas semanas de intervalo do filme de Julie Bertucelli; ele expõe um tema bastante próximo daquele. Aqui mais uma vez, diversos sujeitos estão envolvidos nessa história: a queda do Muro de Berlim vivido do lado Oriental, o desconforto que gera o fim do regime comunista, a negação desse fim, a família esparramada, a metáfora das duas Alemanhas. Como no filme de Bertucelli, a figura do pai parece que foi *erradicado de suas bases* e transportada para fora desse cataclisma.

Na noite de 9 para 10 de outubro de 1989, cai o muro de Berlim, suscitando com essa queda uma imensa esperança de libertação para a maior parte das pessoas e para outros isso foi uma catástrofe para os ideais ou convicções.

Christiane Kerner é uma militante de Berlim oriental: ela testemunha os eventos e cai num coma profundo depois de um enfarto que a atinge no momento em que ela se encontra misturada com uma manifestação pacífica contra o regime, reprimida pela polícia da Alemanha oriental.

Oito meses mais tarde, ela abre os olhos sobre um mundo de cabeça para baixo, no qual todos os traços e todos os emblemas do regime socialista tinham desaparecido. Mas Christine não vê nada. Os médicos advertiram seu filho, Alex, que ela deveria ser preservada de toda e qualquer emoção forte que poderia pôr em perigo sua vida. Para salvaguardá-la, Alex constrói uma imensa mentira, colocada em cena com a cumplicidade de diversos vizinhos, de seus amigos, e de um *bricoleur* ou um faz-de-tudo genial de falsos programas televisivos. Tudo que poderia existir foi buscado, construído, falsificado para manter a visão de sua mãe idêntica àquela de antes da catástrofe, com informações televisivas fabricadas dando conta da perenidade do regime, até mesmo com a reconstituição de frascos de pepinos ao estilo da Alemanha Oriental.

Como no romance de Orwell *1984,* Alex reescreve a história, muda o sentido da queda do Muro de Berlim, e o engodo que ele põe em cena é a réplica estrita e burlesca do regime de propaganda da Alemanha Oriental. Com a cumplicidade dos vizinhos, a de adolescentes que vem brincar e encenar a comédia dos "pioneiros", a ficção parece triunfar na lógica estrita do desacordo comum e de uma negação compartilhada.[10]

Les invasions barbares, de Denys Arcand

O ano de 2003 foi fecundo para os cineastas que estiveram envolvidos nessas questões. *Invasões bárbaras* de Denys Arcand percorre o relato da história do grupo de amigos que celebram o *Declínio do Império Americano* (1986) no fim dos anos 1960. Uma geração se libertou, a revolução das mentalidades, as ideias e os costumes transformaram Quebec. Quinze anos mais tarde, desencantados e descrentes de suas ilusões, de sua convicção nos sistemas revolucionários e das teorias vanguardistas dos anos 1968-1970, a geração de homens e de mulheres que se envolvem nesse movimento são confrontadas com a morte, mas dela não se fala. O mundo vai mal e Rémy, sua figura mais carismática, vai morrer, cercado pelo grupo de suas amantes e de seus amigos que celebram o passado. Sébastien, filho de Rémy, é chamado à cabeceira de seu pai. Para comportar tudo isso com condições mínimas de hospitalização, Sébastien cria um universo estanque, confortável, no interior do hospital, com a cumplicidade de sindicalistas corrompidos e de alguns alunos de Rémy convocados, como no *Good bye Lenin!,* para lhe dar a passagem para a outra vida e lhe garantir que ele sempre será o melhor. A *morte doce* que lhe proporciona uma jovem drogada cria uma aliança entre gerações. Sobre esse pano de fundo de catástrofe, onde afrontar a verdade

---

10 Leon Festinger no passado descreveu com os conceitos da psicologia social e com uma grande precisão clínica, a dissonância cognitiva entre uma convicção e seu desmentido. Esta dissonância deve ser reduzida para manter a convicção do grupo naquilo que o fundamenta, naquilo que garante a adesão de seus membros a seus valores e a permanência de seus ideais. O preço disso é uma negação coletiva. FESTINGER, L. A Theory of Cognitive Dissonance. Stanford: Stanford University Press,1957; Une Théorie de la Dissonance Cognitive. Paris: Larousse, 1972.

é tão difícil, quem são os invasores bárbaros? Os produtos deletérios do império americano, os *tijolos* das convicções cujo luto não pode ser feito, a queda inaceitável das ilusões, a morte nas dependências industrializadas dos meios hospitalares?

A emergência do pacto denegativo como resposta à catástrofe

Esses três filmes descrevem muito bem a emergência do pacto denegativo e a negação compartilhada como resposta à catástrofe que se constituem as convicções que evaporam, as perdas das referências, a identidade ameaçada, a incerteza intolerável. O pacto ao que parece, se estabelece para preservar a geração precedente de sua relação com a verdade. O que nos questiona aqui é essa fragilidade que as jovens gerações atribuem aos seus pais que participaram de "grandes ilusões" do século passado: o socialismo real e cruel do império soviético e do império maoísta, a utopia doce e libertária dos anos 1968. Mas a questão que se põe é de fazer a parte daquilo que interessa à geração dos mais jovens, em vez de fomentar a mentira com mentira. Sua catástrofe seria que os pais vivessem o desencantamento de sua ilusões? Se tal for o caso, compreende-se então que é para eles de urgência, manter os pais no país do "não me lembro...". Para além daquilo que é consciente do que vincula os personagens dos três filmes, o não lembrar-se, seria um dos aportes inconscientes de seu pacto.

Pyrotechnie ou la Commémoration, uma novela de M. Tournier

A literatura traz sua contribuição para a análise dessas alianças defensivas que se seguem a uma catástrofe social e ela domina as ressonâncias psíquicas de um modo aguçado. Na novela intitulada *Pyrotechnie ou la Commémoration* de 1989, Tournier conta a história na qual se encontra envolvido um escritor enviado pelo seu editor para sua própria moradia na Provance para que ele ali concentre-se e escreva um romance policial que está por terminar. Essa vila abriga uma célebre fábrica de fogos de artifício. Um estranho e violento evento vai revelar a relação singular que vincula dois homens entre eles, e em seus propósitos, a própria vila, num duplo pacto de silêncio. A *qualidade* da novela reside numa estranha correspondência entre o tema do romance que está encalhado e esse evento, até ao ponto em que o motivo imaginado para esse descreve, em resumo, quase que a crônica de um evento anunciado:

> *Expus (a meu editor) o assunto de meu próximo suspense, escreve o narrador, uma história tenebrosa de vingança voltada sobre toda uma vida, unindo dois seres, ambos prisioneiros do mesmo ato inaugural, um animado pelo dever imperioso de se vingar, e o outro resignado, sabendo que ele não escapará, esperando o golpe da vingança, como se tudo nele esperasse a morte, mas sabendo simplesmente que ela virá e o por quê. Parece-me que a ação deveria desenvolver-se no interior, no meio rural mesmo, entre os sedentários absolutos que se conhecem todos entre si desde sempre, e que o ato inicial e o dever da vingança que ele engendra, deveria ser de pleno conhecimento público. Todos sabiam. Todos esperavam. Essa notoriedade tornava a vingança ainda mais necessária, ainda mais fatal.*

A história imaginada pelo romancista passa a inscrever-se na crônica dessa vila às voltas com as sequelas dos expurgos levados adiante pelos residentes contra os franceses e as francesas que colaboraram com os alemães durante a Segunda Guerra Mundial. As diligências sobre a morte de dois homens conduz a esse tenebroso momento da história: um dos dois, chefe da Resistência, humilha uma mulher "tosada" por ter mantido relações sexuais com o inimigo. Essa pobre mulher, débil e mãe daquele que engendra, fomenta e executa a vingança de alguns decênios mais tarde, no dia do aniversário da humilhação de sua mãe. Durante anos, o carrasco e a vítima levaram uma vida quase que normal no trabalho, mas uma vida pontuada por acidentes aparentemente inexplicáveis, que fere profundamente o primeiro na mesma data em que retornava à memória a humilhação materna, como tantas advertências às claras prévias, um golpe, com a explosão da fábrica pirotécnica.

O relato da diligência dá a impressão de que tudo está finalmente bastante claro quanto aos motivos dessa dupla morte: conhecidos de todos, considerados por cada um e pela vila, eles deixam, entretanto, subsistir algumas questões que nos interessam. Tudo parece consciente nessa história: aparentemente não há nem recalcamento de eventos, nem negação, nem forclusão, tudo está presente mas tudo é mantido fora do discurso, no *atraso* de uma saída inelutável, como numa tragédia cujo destino seria o motor da cena.

Nessa aliança silenciosa que une os moradores da vila, que conhecem a história, mas que fazem "como se" eles não tivessem relações com os dois mortos acidentais, o gozo da advertência sustenta-se a partir da conjunção da necessidade de vingança e da punição que estaria por vir.

Mas Tournier diz outra coisa: o *atraso* (como na imagem do fogo de artifício, arte de esperar a explosão) permite deixar que haja inscrição na memória e na expectativa (o futuro) a história inesquecível, precisamente porque ela não se fecha sob o efeito da repressão ou da negação. O trauma está sempre ali: de quem fez o *estrago* não se fala, mas pensa-se sobre ele sempre. É o que mantém a vila em silêncio. Resta ainda compreender os verdadeiros aportes do pacto entre os dois homens: porque o carrasco, herói e justiceiro, aceitou a presença constante ao lado dele, do filho da vítima humilhada por ele? Por que razões as advertências sucessivas que lhe foram dadas ou dirigidas não modificaram a relação?

É do lado da mãe que será necessário buscar a resposta: a pobre mulher mantinha relações sexuais com todos e "todos riam pelo fato de tê-la tosado, e os homens de ver sob sua saia a moita negra de seu sexo". É essa nudez exibida no momento de sua humilhação que suscita a repressão da sexualidade crua em todos, e o silêncio da criança ferida que mantém sua vingança e seu desejo de morte. Todos gozaram dessa transgressão que a guerra banaliza, mas o fantasma que ela satisfaz, o de uma cena primitiva sádica, é o que motiva a aliança que permanece inconsciente. Ela acumula e condensa legiões de violências.

"A alma do rojão, diz o engenheiro ao escritor, é simplesmente um vazio equipado ou armado em seu centro e tendo uma forma de um cone. Ninguém sabe como funciona esse vazio depois de aceso o pavio da combustão e da explosão do rojão."

Catástrofe e a "adaptação a não importa ao quê"

As alianças defensivas mais radicais são perceptíveis nas situações catastróficas onde os sujeitos são confrontados com situações de violência traumática coletiva insustentável, mas que se tornam banais ou aceitáveis, em razão desse tipo de aliança defensiva.

Penso em dois filmes que também merecem ser mencionados neste capítulo: *Lord of War* (Senhor da Guerra) de 2006, de Andrew Niccol e, no mesmo ano, *The Constant Gardner* (Jardineiro fiel) de Fernando Meirelles. Os dois tratam da catástrofe planetária: o tráfego de arma e experimentação farmacêutica que sacrifica aqueles sobre os quais ela é praticada sem escrúpulos, e o lucro e o poder são a sua lei. Os dois filmes mostram essa dupla articulação entre as mentiras conscientes, ciosamente construídas e mantidas, e as mentiras inconscientes que a aliança inconsciente pactua no íntimo do sujeito em sua relação com outro e com a negação coletiva do Estado. No *Senhor da Guerra* Youri não quer saber o que fazem as suas armas: elas matam, mas esse não é o seu negócio, ele quer ganhar mais. Apesar dos alertas e das questões levantadas por seu círculo, sua mulher não quer saber de onde vem o dinheiro. O *Jardineiro fiel* desenvolve-se numa situação análoga: Justin não quer realmente saber o que faz sua mulher, ele pergunta-lhe somente, bem como o seu grupo, de não atrapalhar sua missão diplomática que acoberta o conluio com a indústria farmacêutica e seus ensaios ou testes terapêuticos criminosos. "Sei muito bem, apesar de tudo" é aqui a fórmula de desconhecimento sobre a qual está fundamentada a aliança.

A noção de "adaptação a não importa o quê" proposta por S. Amati-Sas é aqui bem pertinente: ela descreve uma aliança invisível de familiaridade com as circunstâncias catastróficas, "como se", não estivesse acontecendo nada.[11] E é bem isso que mostram os dois filmes. Poderíamos, certamente, pensar na negação ou no desacordo coletivo, numa forma radical de pacto denegativo. Em seus numerosos traços, o pacto denegativo e a "adaptação a não importa quê", se parecem. Mas esses conceitos não são suficientes para dar conta dessa questão que coloca S. Amati-Sas: "Por que admitimos a realidade social como se ela funcionasse automaticamente, como evidente e implícita, até ao ponto em que as pessoas 'adaptam-se a não importa a quê' ou até o ponto em que 'se aceita o inaceitável, com riscos éticos inevitáveis'? Entre esses riscos, temos o do negacionismo.

---

11 Amati-sas, S. *La Transsubjectivité Entre Cadre et Ambiguïté*. Aix-les-Bains: Le Goupe Lyonnais et la Société psychanalytique de Paris, 2005 (comunicação no colóquio "Autour de l'œuvre de René Kaës" em 9 de abril de 2005); Amati-sas, S. *Situations Sociales Traumatiques et Processus de Cure*. Revue française de psychanalyse, 2002, 66(3), pp. 923-933.

5ª Parte
AS ALIANÇAS INCONSCIENTES NO ESPAÇO PSICANALÍTICO

As pesquisas que acabo de retomar, mas também os progressos conseguidos na compreensão dos processos e dos aportes à obra psicanalítica no campo da transferência e da contratransferência, chamaram minha atenção para as alianças inconscientes que se pactuam no espaço do tratamento psicanalítico. Examinando esses aspectos, encontraremos toda uma enorme variedade de alianças estruturantes, defensivas e alienantes. Algumas dentre elas estiveram estreitamente associadas à invenção da psicanálise, tanto em seus processos de elaboração quando na história dos primeiros psicanalistas.

Não basta descrever as alianças inconscientes. O problema é analisá-las e *denunciá-las* quando somos psicanalistas numa situação de escuta, de transferência e de interpretação que nos autoriza ou capacita a compreender suas fontes, seus aportes, e a elaborar seus efeitos. Existem ali problemas de método e de técnica, e claro, eles estão associados ao nosso modo de ver a consistência psíquica das alianças inconscientes. Assinalar os problemas de método e de técnica quer dizer que estamos dentro do espaço analítico onde as modalidades de transferência são especificadas, bem como os sintomas que ali se manifestam; eles são como que signos que surgem do inconsciente das alianças inconscientes que fazem retornar aos lugares psíquicos e dependendo das modalidades que devemos aprender por experiência, ao reconhecimento.

Capítulo 10.
As alianças estruturantes, as alianças defensivas e as alianças alienantes na situação psicanalítica

Voltemos agora à questão das alianças inconscientes na situação psicanalítica. Os casos apresentados até o momento tiveram como objetivo principal compreender como, para um sujeito, um grupo ou conjunto de sujeitos, as alianças defensivas ou patógenas são pactuadas em sua história singular ou em sua história vivida em comum com outros, e como o trabalho de análise permite que sejam denunciadas.

Examinaremos neste capítulo as alianças de base que estruturam a situação psicanalítica e que contribuem para organizar o campo transferencial e contratransferencial. Nossa atenção se voltará, em seguida, para os obstáculos ou entraves dessas alianças em suas formas defensivas e resistenciais que afetam esse campo, isto é, para a formação de pactos denegativos ou de negação no seio mesmo da situação psicanalítica, seja no tratamento, seja nos instrumentos de controle ou de supervisão.

As alianças estruturantes de base na situação psicanalítica

A aliança estruturante da situação psicanalítica

O tratamento analítico organiza-se sobre uma aliança cuja forma consciente é anunciada na regra fundamental sob três aspectos: a associação livre e a escuta flutuante do analista; a abstinência de toda e qualquer relação que não seja a definida pela regra fundamental. O analista é como que o avalista dessa regra e desse instrumento para que se desenvolva a situação e o processo da psicanálise. Assim estabelecida, a aliança contém um princípio de trabalho e de transformação; ela traz consigo os interditos fundamentais e o pacto da renúncia à satisfação imediata das pulsões amorosas e destrutivas: a análise propõe que essas sejam reconhecidas por outras vias diversas que a atuação.

Os efeitos dessa aliança se produzem num outro espaço psíquico no campo da transferência e da contratransferência: o das formações e dos processos do inconsciente mobilizados pela situação psicanalítica. Essa condição é necessária para que se produza o processo analítico; ela tem por correlativo a interpretação dos eventos psíquicos que se produzem nessa situação.

Essa aliança inaugural é assimétrica: ela comporta expectativas e investimentos diferentes entre o analista e o analisando. O analista enuncia a regra como a primeira resposta à demanda do analisando. Ele a anuncia como um meio de trabalho (de elaboração) de análise, mas ele não promete nada além de ser, o garante uma vez que a regra e a aliança que a sustenta são feitas para descobrir as promessas e as expectativas, bem como as recusas e as resistências. Não existe, falando de um modo próprio, uma promessa, mas um envolvimento pessoa a pessoa; o contrato consiste essencialmente de regras que obrigam cada um diante de si e do processo psicanalítico. Por força da transferência, o analisando recebe a regra e a aliança para o trabalho psicanalítico num movimento de expectativa convicta – ou seja, a adesão prévia – em relação aos seus efeitos. A reação terapêutica negativa é, desse ponto de vista, um protesto contra a realização dessa expectativa contra a atuação da aliança de base.

Todo analista confronta-se com o poder que lhe é conferido na transferência, no enunciado da regra e na atuação da aliança analítica. As modalidades desse poder devem ser elas também submetidas à análise do mesmo modo como a colaboração inconsciente que nutre o terreno sobre o qual se constrói o processo analítico.

Entre os componentes ativos na formação da aliança de base retomo aquele que M. Enriquez tem sublinhado muitas vezes:

> *A pulsão de investigação é necessariamente mobilizada pelo tratamento e no tratamento, e o que ela apresenta como objeto, a saber, o controle e a descoberta do sentido, contribuem para selar uma aliança [...] entre o analista e o analisando. Essa aliança é, sem cessar, posta em questão, e até mesmo desmentida, mas sem ela, não há experiência de tratamento psicanalítico possível.*[1]

A aliança de base funciona num campo transferencial e contratransferencial

A dimensão fundamental da aliança de base no processo analítico de tratamento fundamenta-se no amor da transferência-contratransferência, do qual Freud sublinhou o jogo decisivo quando ele escreve que "a relação transferencial deve uma grande parte de sua dinâmica à relação de amor pactuada com o analista". J. Godfrind e M. Haber lembram que o analista se envolve também no encontro com o analisando, num amor de contratransferência da qual eles especificam a natureza.[2] O investimento amoroso inconsciente, o ímpeto de amor pelo paciente procede de dois registros de funcionamento psíquico associados a duas formas de amor. Um corresponde a um "amor de base", e o outro a um envolvimento da psicossexualidade inconsciente do analista no campo analítico. O amor de base faz parte do enquadre psíquico que oferece o analista ao analisando; enquadre esse pensamento para levar à elaboração psíquica e à simbolização e ele se expressa também pelo tato. Essas duas formas de amor, primária e psicossexual, não podem ser dissociadas, mas a sua imbricação nem sempre é tarefa fácil de se integrar na condução do tratamento; ela encontra muitas vezes reações catastróficas aos riscos e ela se refugia algumas vezes na idealização do paciente ou no *afastamento* do analista.

---

[1] ENRIQUEZ, M. *Le Délire en Héritage*. *Topique*, 1986, 38, pp. 41-67; ENRIQUEZ, M. *Le Délire en Héritage*. In KAËS, R., FAIMBERG, H. *et al* (Ed.), *Transmission de la vie Psychique entre Générations*. Paris: Dunod, 1993.

[2] Godfrind, J., Haber, M. *L'Amour de Contra-transfert*. Topique, 2005, 90, pp. 43-56.

Winnicott já há muito tempo sublinhou as vicissitudes do ódio na contratransferência. Alguns tratamentos organizam-se num procedimento de numerosas fases do processo em torno de sua aceitação e de sua elaboração, e sem dúvida acontece de fazer parte disso tudo, movimentos agressivos, pulsões destrutivas e manifestações da pulsão de morte no analista. Dependendo desses movimentos de amor e de ódio, a aliança de base não pode ser eficaz sem seu apoio sobre a regra fundamental e, como veremos, sobre os instrumentos de controle, de supervisão ou de análise *quatrème*.[3]

A aliança psicanalítica e seus entraves no tratamento

É certamente útil pensar-se uma conjunção potencial constante entre a aliança psicanalítica de base e as alianças de resistência. É em relação a essa aliança estruturante, condição *sine qua non* do processo analítico, que assume um sentido e uma função o pacto denegativo que se estabelece em alguns tratamentos entre o analista e o analisando, ou entre o analista e uma pessoa que de um modo ou de outro, encontra-se em relação com ele a propósito de ou tendo em vista um analisando. O que acontece então quando um campo transferencial-contratransferencial for invadido por um tal pacto?

Um pacto denegativo nas origens da psicanálise

Dois pactos denegativos inscrevem uma aliança defensiva na própria fundação da psicanálise: o primeiro se estabelece entre Freud e Fliess, quando procedendo a uma cirurgia de ablação do corneto nasal de Emma Eckstein com a ideia de assim bloquear a causa da histeria, os dois homens entram em acordo de não querer saber de nada de seu ato de penetração no corpo dela. O segundo acontece ao longo da análise de Dora, quando Freud estabelece uma dupla aliança com os homens dela (seu pai, o senhor K.) para reintegrar a jovem nas normas e, com o concurso de sua jovem

---

3 Análise quatrième, ver na Primeira Parte.

paciente, para resistir à transferência sobre ele de seu "amor ginecófilo". Esses dois casos têm isso em comum, ou seja, que eles entravam ou obstruem a contratransferência de Freud; que eles encontram um apoio fora da situação de tratamento e que seu resultado é um momento fecundo na invenção da psicanálise. Desenvolverei neste capítulo, alguns elementos da análise que expus a propósito da aliança entre Freud e Fliess, parada obrigatória dessa figura da transferência passional que perpassará a autoanálise de Freud.[4] Não farei outra coisa se não resumir o estudo cujo foco está centrado no pacto denegativo na análise de Dora.

A aliança de Freud e de Fliess no tratamento de Emma Eckstein

O pacto denegativo estabelecido entre Freud e Fliess para penetrar, operar e finalmente ferir o corpo de uma mulher que estava em análise com Freud, não somente é uma resistência massiva contra a aliança de base que estrutura a situação analítica; ela também a ataca e a destrói.[5] Esse pacto manifesta-se na potência do desconhecimento que ele atua para preservar os aportes inconscientes da relação entre esses dois homens e entre eles e a mulher, que eles compartilham em sua relação de amor.

Lembremos brevemente os fatos:[6] ao longo de seus debates (seus "congressos") sobre a bissexualidade, foi imposto a Freud e a Fliess que

---

4 Veja-se a obra de ANZIEU, D. L'Auto-analyse de Freud. Paris: PUF (1959) 1975.

5 Publiquei diversos estudos sobre este episódio: KAËS, R. *Le Pacte Dénégatif dans les Ensembles Intersubjectifs*. In MISSENARD, A., ROSOLATO, G. et al (Ed.), *Le Négatif. Figures et Modalités*. Paris: Dunod, 1989; KAËS, R. *Le Groupe et le Sujet du Groupe. Éléments pour une Théorie Psychanalytique des Groupes*. Paris: Dunod, 1993; KAËS, R. *Un Singulier Pluriel. La Psychanalyse à L'Épreuve du Groupe*. Paris: Dunod, 2007.

6 Os documentos de referência são principalmente as cartas de Freud a Fliess, as de 4 de março de 1895, de 8 de março de 1985, de 11 de abril de 1895, 20 de abril de 1895, 15 de maio de 1985. A primeira edição alemã é de 1986. Vale também a pena ver o estudo de M. Schur sobre os 'restos diurnos do sonho da injeção feita em Erma', além das observações de Ph. Refabert e B. Sylwan. FREUD, S. *A correspondência completa de S. Freud para W. Fliess*. Rio de Janeiro: Imago, 1986; Schur, M. *Some additional days residues of The Specimen Dream of Psychoanalysis*. In Lœwenstein (Ed.), Psychoanalysis: A General Psychology, Essays in Honor of Heinz Hartman. New York: International University Press, 1966, pp. 45-85; Refabert, Sylwan, Freud, Emma Eckstein, Fliess. L'invention de la psychanalyse en 1887. *Collectif Événements Psychanalyse*, 1983, pp. 105-117.

Emma deveria ser operada por Fliess pela ablação de corneto nasal que seria, segundo seu amigo berlinense, a sede orgânica da neurose histérica de sua paciente. A operação acontece na presença de Freud. Ao longo da cirurgia, Fliess "esquecerá" alguns cinquenta centímetros de gaze iodada nos cornetos nasais de Emma; quando Freud lhe escrevera sobre os males de que sofre Emma depois da operação, ele se nega a fazer a Fliess qualquer reprovação sobre sua conduta na cirurgia,[7] tanto que Fliess se recusa a reconhecer seu erro cirúrgico. A denegação de Freud encontra assim o apoio em Fliess, e essa conjugação coloca Freud na situação de dever de ser avalista dessa vontade de desconhecimento se ele quiser manter sua amizade com Fliess.

Mas isso não é suficiente. Para conservar essa relação e preservar-se de qualquer ataque, Freud está em vias de sacrificar aquilo que, justamente, ele tinha acabado de conseguir vincular pelo pensamento: a articulação entre o traumatismo e o fantasma que ela acaba, a propósito, de escrever para Fliess. Para desculpar Fliess,[8] Freud chega a evocar de modo ambíguo que "naturalmente ela começa a manifestar novas formas de histeria a partir dos eventos desses últimos tempos".[9]

Para esses dois homens, para esse "sexo forte" de quem Emma zomba quando ela vê Freud desfalecido voltar a si diante da visão de seu sangue, Emma é a figura do vazio que eles querem por sua vez explorar e asfixiar colocando (ou deixando) nela a gaze e o sangue. Seu pacto fundamenta-se sobre a denegação de seu desejo e de sua relação homossexual, mas também sobre a recusa de Freud em admitir sua própria descoberta do fantasma da sedução. Esse pacto permite conhecer esse *contra* que ele protege, é isso que ele preserva e é para isso que ele serve. A manutenção de sua relação exige que eles reprimam e/ou neguem conjuntamente (os dois ao mesmo tempo) aquilo que poderia ameaçar em cada um deles,

---

7 Carta de Freud a Fliess de 8 de março de 1895.

8 Carta a Fliess de 20 de abril de 1985: "não quis te recriminar de qualquer coisa que seja".

9 Carta a Fliess de 28 de março de 1895.

mas também ameaçar a cada um em suas certezas. Ele os preserva, portanto, da dúvida. Mas ao mesmo tempo, ele permite realizar, cada um contando com o outro "pela barbicha", seu fantasma de penetração no "continente negro".

Uma vez efetivado, o pacto exerce diversos mecanismos de defesa: repressão conjunta da relação homossexual entre Freud e Fliess; a negação em comum do erro cirúrgico de Fliess; a recusa da renúncia da satisfação direta dos objetivos pulsionais destrutivos;[10] e por fim, a recusa ou a não concordância do saber adquirido por Freud sobre a sedução. Esse desacordo, que encontra na teoria de Fliess uma caução, é uma verdadeira automutilação do pensamento, um sacrifício obrigatório para manter a relação com Flies e liberar a passagem para a atuação sobre o corpo de Emma, lugar da representação insustentável. A consequência é a projeção sobre Emma da falta ou falha conjuntamente negada e da culpabilidade de ter realizado o desejo interdito. Porém ainda mais profundamente, se Freud atribui a causa das perturbações pós-cirúrgicas à histeria de Emma, isso é menos para lhe impor a responsabilidade e mais para manter o que deve ser reprimido de sua relação do Fliess e de seu próprio pensamento.[11]

O não-representado e o representado no pacto denegativo entre Freud e Fliess

O pacto entre Freud e Fliess permite verificar que sua aliança contém a representação daquilo que eles querem precisamente manter não-representado. Para Freud, a relação com Fliess deveria ser preservada a todo custo: reconhecer o erro cirúrgico de Fliess seria instalar a sombra de uma dúvida sobre o valor que ele dá ao seu amigo, à sua pessoa e à sua

---

10 Aqui a satisfação selvagem da pulsão epistemofílica sobre o corpo de Emma.

11 No estudo que ele consagra à bissexualidade na autoanálise de Freud, D. Anzieu nota que Freud assume a falta quando o desacordo vem à luz entre Fliess e ele. Não é improvável que Freud, diante de Fliess, não tenha podido fazer outra coisa que reportá-la ou referi-la a Emma. ANZIEU, D. L'Auto-analyse de Freud. Paris: PUF (1959) 1975, pp. 345-347.

teoria da ancoragem somática da histeria. O pacto presta-se, portanto, como elemento de recusa da desilusão e do desconhecimento do que está em jogo na relação.

Ele serve também, tanto para um como para o outro, para manter não--representado o vazio do feminino tendo como referência a proeminência nasal, seu fantasma comum de explorar, de agredir e de sufocar. Nessa medida, seria mais justo dizer que o pacto denegativo volta-se para a recusa ou sobre o interdito da representação; o que liga Freud e Fliess não escapa dessa constante: eles têm a necessidade de ver o lugar mesmo da bissexualidade e eles se colocam de acordo no sentido de não *ver*. Estupefatos, eles a agridem. Borges diz em algum lugar que aquilo que nos une é apavorante...

O não-representado do pacto é assim todo ele condensado e representado no corpo de Emma, verdadeiro traço de união que sinaliza o jogo homossexual da relação de Freud e Fliess. É esse corpo infectado que aparece no sonho de Freud, e que Freud reconhece na análise de seu sonho.[12] O retorno da parte recalcada no pacto efetua-se para ele por via do sonho *princeps* que inaugura o *A interpretação dos sonhos* e a teoria do acesso ao inconsciente pela *via real* do sonho.

Mas esse corpo está também presente nas formas de negação que organiza as acusações mútuas de roubo de ideias com que se acusam mutuamente Freud e Fliess. Essas acusações aparecem, desse ponto de vista, como um deslocamento daquilo que foi para eles insustentável na intromissão no corpo de Emma. Eles chegarão então à sua ruptura. Mas antes que ela acontecesse, a manutenção da relação entre Freud e Fliess, em que o corpo de Emma é ao mesmo tempo o pretexto e o objeto, é exigida pelos seus próprios sujeitos, ao custo do recalcamento em conjunto daquilo que viria em cada um deles, ameaçar e privar de uma satisfação selvagem da pulsão epistemofílica.

O pacto não se construiu, portanto, somente sobre a repressão neurótica. Os mecanismos de pacto denegativo que se fundamentam sobre

---
[12] Sonho dito "da injeção feita em Irma".

a negação, a rejeição, a desaprovação e a projeção não serão inteiramente esclarecidos, eles produzem efeitos análogos em outras circunstâncias. Pode-se reconhecer uma fórmula genérica naquilo que Freud dirá também a propósito da relação entre Jung e S. Spielrein e também a propósito de Ferenczi e Gizella Palos: "Não são vocês ou eu que somos responsáveis ou estamos em questão, é o outro, é ela". A fórmula é eficaz para servir de autodesculpa e para a projeção da traição sobre outrem. A competência ou qualidade da identificação com Fliess, com Jung e com Ferenczi sustentada pelo amor homossexual e reprimida na rivalidade fraterna, é também aquela de todas as projeções paranoicas das quais Freud, para tentar esclarecê-las, fará a teoria.

Esse episódio indica também quais caminhos de esclarecimento foram escolhidos por cada um entre eles. A aliança não é homogênea em seus modos de produção e nessas condições seu resultado será diferente para Freud e para Fliess.

Fundar a psicanálise, isso será colocar no coração de seu debate o *pròton psèudos*[13] e a questão do sujeito em sua relação àquilo que o representa: para Freud, trata-se tanto de Fliess quanto de Emma. Fundar a psicanálise, isso será também para Freud, sair do pacto denegativo alienante e patógeno estabelecido com Fliess. Esse primeiro esclarecimento daquilo que ele mais tarde chamará de psique de massa exige que ele saia da identificação dos espaços comuns entre ele e Fliess e que encarnam o corpo e o sangue de Emma. Esse esclarecimento ou separação, do qual os sonhos serão o motor, será necessário para chegar à subjetividade criadora e à sua história e à sua obra.

Um núcleo de pactos denegativos na análise de Dora

O tratamento de Dora é um outro momento decisivo na invenção da psicanálise. O relato que Freud faz desse tratamento imediatamente a sua interrupção por Dora em 1899 e as notas acrescentadas em 1923

---

13 Em grego, no original: "erro de partida", "erro original", "falsidade na partida" (NT).

depois que esta continuou o tratamento com R. Mack Brunswick, mostram-nos como a contratransferência de Freud fez uma aliança com a resistência de sua paciente e com as defesas que se implantam, contra o processo de análise, próximas dela. Elas nos mostram também como Freud, num processo de reelaboração dos aportes inconscientes dessa aliança, descobre aqui a face contratransferencial da transferência.

Freud escreve que Dora iniciou uma análise sob pressão de seu pai que, acompanhado de M. K. tinha pedido a Freud para reencaminhar sua filha a uma conduta dócil: ela deveria abandonar seus pensamentos indignos de uma jovem bem educada. Dora teve a chance de ser atendida por Freud: enquanto o seu círculo a tinha por doente e não acreditavam nela, Freud deu crédito ao que Dora dizia. Ele acreditava nela quando dizia que seu pai tinha uma *ligação* com a senhora K. e que o senhor K. havia feito algumas *propostas* para ela. Ele a escutava enquanto ela expressava "seu ódio de ter sido deixada com M. K. pelo preço da tolerância deste quanto às relações entre o pai de Dora e sua mulher (de K.)", sem dúvida pensava ele, que Dora não estava longe da verdade quando ela falava desse arranjo tácito entre os dois homens, quando ela dizia que ela era para eles um objeto de intercâmbio entre seu pai e o senhor K.[14] Mas Freud nota também que Dora pensava que ela exagerava quando evocava um tal pacto (*ein förmlicher Pakt*):[15] "ela protegia também seu pai que, quanto a ele, fazia valer a imaturidade de Dora nesse caso".[16]

---

[14] Desse pacto Freud aclara o jogo e o alcance em termos de grande precisão: "A verdade era que cada um dos homens evitava tirar do comportamento do outro as consequências desfavoráveis para os seus próprios desejos. Senhor K. tinha podido durante um ano, todos os dias em que ele estava presente, enviar flores a Dora, aproveitar de cada ocasião para lhe dar presentes preciosos e utilizar todos os seus momentos de lazer para estar em sua companhia, sem que os pais pudessem reconhecer nessa atitude o caráter de uma solicitação amorosa". FREUD, S. Fragmento da Análise de um Caso de Histeria. In FREUD, S. Edição Standard brasileira das obras psicológicas completas. Rio de Janeiro: Imago, (1901-1905) 1979, vol. 7, p. 33.

[15] Em alemão, no original: "um pacto formal" (NT).

[16] FREUD, S. *Fragmento da Análise de um caso de Histeria*. In FREUD, S. Edição Standard brasileira das obras psicológicas completas. Rio de Janeiro: Imago, (1901-1905) 1979, vol. 7, p. 34.

Sem rejeitar a hipótese de um arranjo tácito entre os dois homens, Freud começa a fazer com que sua paciente trabalhe sobre a parte que lhe parecia própria nesses acordos e na qual ela poderia ser participante: "Ela tinha razão em dizer que seu pai não queria elucidar o comportamento do senhor K. em relação a ela para não ser perturbado em sua relação com a senhora K. Mas ela havia feito exatamente a mesma coisa. Ela tinha tornado-se cúmplice desta relação (...) ela havia favorecido o *comércio* de seu pai com a senhora K".[17]

Ainda que ele reconheça a existência e a trama da aliança, Freud se confunde em sua explicação. Segundo ele, Dora não queria obrigar seu pai a renunciar a senhora K. não porque ela fosse amorosa com a senhora K., mas com seu pai, e seu amor por ele estava estabelecido como uma defesa contra seu sentimento amoroso atual pelo senhor K.: "Dora se dava conta dos motivos que possuía a governanta. Cega, numa direção, indica Freud, Dora era bastante perspicaz na outra. Ela percebia que a governanta era bastante amorosa para com seu pai".

Em seu comentário da análise de Dora, H. Stroeken[18] sublinha que Freud não busca dissuadir Dora daquilo que ela havia tão claramente percebido: a ligação de seu pai com a senhora K. os *avances* que o senhor K. fizera em relação a ela ao longo do cruzeiro. Podemos dizer de Freud o que ele diz de Dora: perspicaz numa direção, a do pacto do qual ela é objeto, e ele se confunde na outra direção, a da aliança inconsciente que ela mesma pactua com ele.

Ali está sua cegueira. Freud se confunde na explicação que ele dá do objeto da conduta amorosa de Dora e com as razões que lhe havia feito de tirar o melhor partido das relações entre os adultos. Stroeken as examina em detalhe: para Freud, Dora tinha sido amante do senhor K. e tinha com isso se *acomodado*, durante um certo tempo, com esse

---

17 FREUD, S. *Fragmento da análise de um caso de histeria*. In FREUD, S. Edição Standard brasileira das obras psicológicas completas. Rio de Janeiro: Imago, (1901-1905) 1979, vol. 7, p. 33.

18 STROEKEN, H. *En Analyse Avec Freud*. Paris: Payot (1985) 1987.

intercâmbio, esperando que ele reiterasse o seu pedido. Quando lhe pareceu que isso não aconteceria e que o senhor K. tinha feito com ela o que ele havia feito outras vezes com as empregadas, Dora se enfurece e põe-se a gritar o *affaire* de cima dos telhados. Outro argumento, decisivo para os olhos de Freud, é que Dora era amorosa para com seu pai, que ela se comportava como uma esposa ciumenta e que ela queria obrigá-lo a renunciar a senhora K. Não havia dúvida para Freud que esse amor de Dora por seu pai constituía uma defesa contra o seu sentimento amoroso pelo senhor K, que a havia a tal ponto decepcionado.

Freud não pôde reconhecer senão *post facto* em sua nota de 1923, a verdadeira razão do fracasso de psicanálise de Dora assim tão curta. Ele acabou por atribuir à relação homossexual, não reconhecida por ele, entre Dora e a senhora K. Ele compreendeu então aquilo que organizou a relação de objeto de Dora e, portanto, sua transferência sobre ele, isto é, seu desejo homossexual pela sua mãe à qual ela tinha se identificado secretamente.[19] Em sua contratransferência, Freud se coloca sucessiva e simultaneamente ali onde Dora o espera: ele fuma intensamente como o senhor K. do qual ele se apresenta inconsciente como o seu substituto. De tal modo que por outras razões ainda, ele dá um jeito para não reconhecer nem o desejo "ginecófilo" de Dora e nem sua própria defesa contra esse desejo, ou seja, a transferência homossexual de Dora sobre sua própria parte feminina. Associado com o ponto cego dessa contratransferência de Freud e a transferência de Dora *em* Freud, aparece mais adiante a resistência de Freud que sustenta assim a resistência de Dora.

H. Stroeken nota que "é também provável que Freud, que tinha sem dúvidas uma opinião positiva sobre o senhor K. não podia conceber que

---

19 "Omiti a lembrança em tempo e a tempo de comunicar à doente que seu amor homossexual (ginecófilo) pela senhora K. seria a sua tendência psíquica inconsciente mais forte". H. Stroeken percebeu incrivelmente a trama deste amor de Dora por sua mãe: 'sua mãe, fonte de seu desejo, de sua decepção e de sua angústia de ser abandonada por ela'. É evidentemente a sua mãe que ela busca até com a sua identificação hostil com seu pai. FREUD, S. *Fragmento da análise de um caso de histeria*. In FREUD, S. *Edição Standard Brasileira das Obras Psicológicas Completas*. Rio de Janeiro: Imago, (1901-1905) 1979, vol. 7, p. 116 nota; STROEKEN, H. *En Analyse Avec Freud*. Paris: Payot (1985) 1987, p. 89.

Dora não quisesse os *avances* do senhor K. É também isso o que prescrevia a teoria clássica do Édipo, ela protegia Freud". Nota-se como aqui ainda a relação de Freud com sua própria teoria está envolvida com o serviço de desconhecimento nas alianças inconscientes que ele pactuara com Fliess e com Dora.

Aliança e satisfação do desejo, a aliança defensiva

Nesses dois exemplos, lidamos com uma aliança de satisfação de desejo e com uma aliança defensiva. A aliança é pactuada para satisfazer desejos que não poderiam ser satisfeitos sem o concurso do outro e sem o interesse que esse encontra em contratar uma tal aliança com um outro para satisfazer seu próprios desejos.

Nesses dois casos, trata-se também de uma aliança defensiva: o pacto denegativo é uma medida da exigência do trabalho psíquico, aqui a repressão e a negação, requeridas por Freud para que ele não *reconheça* nem o recalcamento e nem a negação que lhes são próprios e que estão em ressonância com os casos de Fliess e de Dora. Esse sobre o que se volta a repressão e a negação próprias a Fliess e a Dora, não pode ser reconhecido como tal por Freud, na medida em que ele serve para seus próprio interesses de desconhecimento: com isso eles se reforçam mutuamente. Desse modo, eles preservam a si mesmos na medida em que visam seus próprios interesse de desconhecimento: cada um reforça e visa os interesses do outro servindo seus próprios interesses.

O pacto denegativo numa modalidade de controle psicanalítico

Na formação das alianças defensivas no interior de uma situação psicanalítica, os resíduos transfereciais do analista sobre seu próprio analista ou sobre um objeto "lateralizado" não devem jamais ser negligenciados: eles produzem efeitos de resistência no tratamento que ele conduz naquele momento.

As situações de controle, de supervisão ou de análise *quatrième*,[20] são ocasiões de desamarrar os pactos denegativos contratados entre o analista e o analisando. Mas pode acontecer também que tais pactos sejam estabelecidos na situação mesma do controle, sendo que tanto as fontes como os objetivos de tais alianças inconscientes são variáveis.

M. Bonnet explora essas diversas figuras e modalidades numa situação de análise *quatrième* com essa ideia de que "a formação analítica busca o objetivo de retirar o véu sobre o pacto denegativo que *amarra* os analistas entre eles".[21] Seu propósito é então evoluir numa caminhada que vou começar a explorar: a das alianças inconscientes pactuadas no grupo dos primeiros psicanalistas. M. Bonnet entende que "no próprio processo da 'análise *quetrième*' está bem a tentativa de elucidação do não conhecido que surge tanto de modo esperado como inesperado, e é por isso que são convocados os dois analistas presentes. Entretanto, se o desconhecimento for compartilhado pelos dois interlocutores a um ponto tal de os elementos psíquicos permanecerem inconscientes, um novo pacto denegativo é estabelecido no interior mesmo da *análise quatrième* atual, como é provável que seja o caso no processo analítico anterior. Vemos que a tomada de consciência – ou o levar em conta – da nova teorização e da nova prática de supervisão analítica implica uma diligência ou assiduidade complexa e complexificada".

O pacto pode estabelecer-se para "satisfazer uma busca compartilhada e recíproca de reconhecimento que encontraria o seu ponto culminante no reconhecimento institucional projetado num futuro próximo". Acrescento que estaríamos aqui num processo de sedução e de ilusão narcísica, sem dúvida, sustentado pela fantasmática incestual.

O pacto denegativo pode também motivar-se pela negação do ódio de transferência ou da transferência negativa, aquilo que M. Bonnet

---
20 Segundo o método elaborado pelo Quatrième Groupe. Ver na primeira parte.
21 BONNET, M. *Un Quart de Siècle en Analyse Quatrième. Topique,* 2006, 97, pp. 16-34.

aclara nesses termos: "a ambivalência amor-ódio em vista de um objeto de investimento, reatualizado na situação analítica sobre a própria pessoa do analista, seria *colada* numa busca desatenta de conivência interativa entre o analista e o analisando. Se o analista se perceber incapaz de analisar tal propensão, o risco é grande da existência de um pacto denegativo todo agressivo, transmissível de geração em geração de psicanalistas e sobre a qual se poderia constituir uma comunidade analítica inteira".

O pacto denegativo não pode ser desfeito nessas situações a não ser que o analista em posição *quatrième* "entenda o processo transferencial e contratransferencial presente na escuta do paciente pelo analista em controle. Os elementos contratransferenciais remetem *aos dados analíticos próprios do analista, isto é, à análise do analista; e, através desses dados, aos menos resolvidos entre eles*".

Poderíamos prosseguir na análise das diversas modalidades de alianças inconscientes nesses dois principais lugares da invenção da psicanálise que são o tratamento individual e de grupo dos primeiros psicanalistas. Se a função das alianças é bastante comparável nessas duas configurações, seu desenlace é bem diferente: ali onde eles pactuam-se defensivamente durante o tratamento, o trabalho psicanalítico de analista pode desfazê-los elaborando certos aportes mais significativos. No primeiro grupo de psicanalistas e na instituição psicanalítica, a saída foi diferente, uma vez que se tratava de alianças defensivas fundamentadas sobre a repressão ou sobre mecanismos gravemente patógenos e alienantes: a cisão é a solução mais frequente para escapar desse tipo de aliança defensiva. A história das cisões no movimento psicanalítico normalmente volta-se somente para as divergências quanto à formação; ela pode também ser considerada desse ponto de vista, e nesse sentido, incluiria aqui fazer um exame crítico da formação dos psicanalistas.

Capítulo 11.
Desembaraçar as alianças inconscientes

Ao longo de todo o curso desta obra, busquei colocar às claras as características essenciais das alianças inconscientes. Elas são por função e por estrutura destinadas a permanecer inconscientes e a *produzir* a partir do inconsciente; o inconsciente é mantido como tal pela economia conjunta da repressão exercida, no mesmo sentido, e para o benefício de cada um, pelos sujeitos de um casal, de uma família, de uma instituição ou de um grupo. Em diversas retomadas, sustentei que as alianças inconscientes são ao mesmo tempo um processo e um meio de realização de objetivos inconscientes.

No interior da situação psicanalítica, as alianças inconscientes defensivas funcionam como resistências aos processos psicanalíticos. Se, em todos os casos que acabamos de examinar, as alianças inconscientes são as *mestres de obra* da resistência, devemos reconhecer também as manifestações e os processos que as tornam possíveis.

Como orientam-se as alianças inconscientes? Como se inscrevem elas na situação psicanalítica, no coração mesmo da transferência? Como o não-representado sinaliza-se ou torna-se sintoma e, de um modo mais geral, como manifestam-se os efeitos do recalcamento e da negação? Buscamos, a seguir, dizer como podemos esperar poder desamarrar tudo isso.

Como as alianças inconscientes sinalizam sua presença

O obstáculo da contratransferência

Sinalizei ao longo do capítulo precedente que a situação na qual o analista e analisando evoluem, está sempre potencialmente submetida aos efeitos dos transbordamentos de seus aportes intersubjetivos nos quais tanto um como o outro estão, sem que o saibam, numa relação profunda no campo transferencial-contratransferencial. A aliança estruturante estabelecida pela regra fundamental e sobre o enquadre psicanalítico cumpre essa função de constituir um limite, uma contenção e uma figuração simbolígena de efeitos perturbadores dessas correlações da subjetividade. Entretanto, a regra e o enquadre não podem tratar uma dificuldade a não ser que as condições que a produzem sejam reconhecidas e elaboradas.

Entre as condições regularmente reunidas na formação das alianças inconscientes defensivas que se pactuam ao longo da situação psicanalítica, a contratransferência é uma pedra de tropeço determinante.[1] Uma outra dimensão crucial é a produção de sintomas compartilhados. A atuação é muitas vezes a saída não elaborada dessas alianças inconscientes.

A aliança entre Freud e Fliess, e mais tarde a de Freud e de Dora ilustram o alcance dessa aliança. Dei um exemplo de uma aliança inconsciente na qual estive envolvido transitoriamente no tratamento de um de meus pacientes.[2] Tínhamos em comum a experiência dolorosa da perda de um filho. No momento do tratamento, estava especialmente

---

[1] Este debate não se ancora somente na teoria da prática psicanalítica, ele envolve um problema epistemológico de fundo. J. Guillaumin muitas vezes chamou a atenção para o *ruído* (implementação da ressonância) da contra-transferência do analista com o desejo inconsciente da resistência no paciente: "Em certos casos, o analista poderia compartilhar, através de uma cumplicidade inconsciente, a nostalgia do analisado pela indiferenciação primitiva". GUILLAUMIN, J. Les contrabandiers du transfert ou le contre-transfert et le débordement du cadre par le réalité extérieure. *Revue française de psychanalyse*, 1994, 58, 5, pp. 1482-1520.

[2] KAËS, R. La Polyphonie du Rêve. Paris: Dunod, 2002.

difícil associar livremente e a senhora A. estava mergulhada num movimento depressivo intenso.

A análise de um de meus sonhos colocou-me no caminho de uma orientação ou compreensão dos efeitos que a sua resistência e o seu sistema defensivo produziam sobre meus próprios pensamentos inconscientes. Em meu sonho, eu queria tornar-me sua filha (que morrera), eu que não soubera impedir a morte de meu filho. Em meu sonho, eu triunfo de sua impotência e da minha.

A análise de seus sonhos e do meu convencem-me de que um pacto denegativo estava em vias de ser estabelecido entre ela e eu: negação e onipotência contra a experiência de depressão e de perseguição. *Disso não se deve falar*: da morte da criança, mas especialmente da impotência de não poder impedir a morte. O seu efeito congelador entrara em contato com meus próprios afetos de luta que haviam permanecido não elaborados. Esse exemplo me ensinou muito sobre a noção de aliança inconsciente interna: eu encontrava em seu silêncio um apoio para o meu silêncio, para a aliança que estava pactuada por baixo da minha entre a culpa e a dor.

Um outro exemplo: recebo em controle (supervisão) um jovem colega que toma consciência de estar pouco à vontade com uma de suas analisandas, envolvida numa relação extraconjugal complexa, da qual ela queria se desfazer. Ele toma consciência que depois de algum tempo, ele se acha *solicitado* por uma espécie de chama passional por essa jovem mulher sedutora. Ele mesmo está sendo confrontado por uma crise conjugal que ele teme, mas que secretamente, ele deseja que se conclua com um divórcio. Ele não escuta mais, ou antes, ele não escuta senão aquilo que ela fala de seu amante e aquilo que ela pensa fazer para se livrar dele. Ele a encoraja em fogo brando, se recrimina, pergunta-se se está em condições de garantir o prosseguimento do tratamento.

Todos esses exemplos nos lembram que a transferência e a contratransferência não consistem somente nos termos ou processos de operações de descarregamento ou de carga de investimentos na psique do outro, de uma extensão tópica que de fora seria o recetáculo do não-representável e de dentro, a delegação do tratamento das representações não recalcadas a um outro. Nessa perspectiva, convém sem dúvida substituir a problemática de uma ressonância e de uma interferência das tópicas, por espaços comuns e instrumentos intersubjetivos de gestão das economias e dinâmicas psíquicas.

A produção de sintomas compartilhados

Por definição uma aliança inconsciente não é jamais significada às claras: o enunciado de seu objeto não é jamais formulado como tal e seus aportes psíquicos são recobertos pela própria aliança. Entretanto, no tratamento individual, como nos grupos, os conteúdos inconscientes recalcados ou não recalcados (negados, rejeitados etc.) das alianças inconscientes manifestam-se através da formação de sintomas, de *lapsus*, de signos enigmáticos, ou de atos. O não-representado surge assim nas cadeias associativas e nos movimentos de transferência que especificam o processo psicanalítico próprio de cada situação.

Todas as alianças defensivas que acabamos de examinar, a de Freud e Fliess, a de Freud com Dora e com os homens de Dora, as que expus, todas ancoram-se sobre uma *comunidade* de identificações pelo sintoma. A aliança por sua vez reforça isso e ainda por cima, amplia. A produção dos sintomas em comum e compartilhada é uma formação de compromisso sustentada pela metadefesa. Ela está voltada para uma função e uma finalidade: assujeitar cada sujeito a seu sintoma na relação com aquilo que ele realiza na e pela relação. As alianças defensivas realizam assim num grau mais elevado, a função de desconhecimento que se vincula ao sintoma.

Se levarmos em consideração a função econômica e dinâmica que *realiza* o sintoma para o sujeito que o produz pela sua inscrição em sua história singular e em sua própria estrutura, deixamos de lado seu valor na economia das relações intersubjetivas. Passamos à margem do investimento que ele recebe da parte de um outro ou até de mais de um outro, para manter junto a relação e sustentar a parte de recalcamento que se deve a cada um na aliança.

A análise deve então agir no nó intersubjetivo onde o sintoma assumiu ou aprisionou, para o sujeito que se fez portador dele, uma parte inestimável de seu valor. Em tais configurações, o sintoma não é somente visto dos dois lados, como Freud bem o percebeu na análise de Dora: do lado da complacência somática e do lado psíquico. O relato que Freud fez da análise de Dora mostra que um aporte complementar mantém o sintoma e que ele vem de um *terceiro lado*: do lado da relação intersubjetiva, do lado das alianças inconscientes, dos contratos e pactos que mantêm juntos os sujeitos da relação.

O que o paciente e o analista mantêm inconsciente, não é somente o lugar que eles ocupam nessa aliança, é também aquela que eles atribuem ao outro, numa tópica, numa economia e numa dinâmica a dois, a três ou a muitos mais, onde os efeitos do desconhecimento ampliam-se e se reforçam solidariamente, e cuja economia é gerada conjuntamente para eles e para seus aliados.

O sintoma é considerado de diversos lados, é compartilhado. Mas pode acontecer que somente um sujeito da aliança faça-se representante dele, poupando, aparentemente aos demais, o dever de exibi-lo. Em seu lugar e situação, ele se faz portador do sintoma, pelas razões que lhe interessam individualmente e por isso, com os demais dele se aproveita. Essa é sua função fórica: o sujeito constitui-se como tal uma vez que ele já foi encontrado predisposto a se constituir assim, para *servir* e para o seu próprio interesse e o dos demais com os quais ele está vinculado por aliança e pela aliança defensiva. Essa foi uma das funções de Dora.

A aliança se manifesta por um signo: traços do não-representado

Na maior parte dos exemplos que apresentei, a aliança inconsciente atualiza-se (manifesta) por um signo, por uma marca ou por um sintoma que, sem que os sujeitos saibam, "assinala" aquilo que o pacto defensivo assegura ou garante, isto é, a defesa. Um dos sujeitos da relação torna-se nesse caso o porta-sintoma, o porta-sonho ou o porta-voz. O tratamento de Céline confrontou-me com o inchaço de seus dedos, o de Dona Lucie com o enigma de sua estátua de ouro e seu *lapsus*, o de dona H. com o episódio anoréxico de sua adolescência.

Quando nas alianças estruturantes a palavra está ordenada, eminentemente, para assegurar a função simbólica na relação e para cada sujeito, na maior parte das alianças defensivas o signo se produz aquém da palavra, ele "faz" relação e não pode dizer-se diretamente como aliança simbólica. Ele não é algo "inefável" nem daquilo que é comumente designado pelo não dito. Seguramente, a relação é tecida em tais impasses da palavra. Trata-se aqui de outra coisa, daquilo que na relação intersubjetiva ou social, não fala e sobre o que não se fala: a intervenção cirúrgica de Fliess, por exemplo. Esse signo relaciona-se a *coisas* do inconsciente, e não a palavras, ele diz respeito ao visto, ao sentido, ao experimentado, ao táctil, em resumo, às percepções sensoriais não articuladas com ou ao dito e com a palavra: assim os braços que fazem o papel de signo no *Deliverance*. E mesmo no caso em que a palavra é o suporte do signo pelo qual o trama da aliança é significado, ela funciona como um *lapsus*. No grupo dos psicanalistas "acasalados", a posição espacial dos participantes agrupados na forma de espelho da posição dos analistas, sinaliza (significa) a aliança defensiva que os vincula antes de tomar a palavra. No filme de L. Puenzo – *A história oficial* – o que não é representável na relação familiar[3] é significada pela canção lancinante que a mãe adotiva solicita que a pequena cante.

O problema da não-representação dos aportes da aliança defensiva representável na relação e em alguns sujeitos da relação merece uma atenção especial. Ele supõe que a formação da realidade psíquica inconsciente na relação repouse sobre dois processos em conjunto: o depósito

---

3 A adoção da pequena Gaby por um torturador argentino.

e a exportação na relação de formações da realidade psíquica de cada sujeito. Esses depósitos e essas exportações podem também veicular conteúdos e formas de relação recebidos daqueles que nos precederam e que nós transmitiremos às gerações sucessivas. Por essas duas modalidades, de *relegação* das formações da realidade psíquica num espaço "fora do sujeito", *ectópica*, torna-as reconhecíveis e se fazem acessíveis a uma análise em termos intrapsíquicos. O problema pode se aclarar se admitirmos que existem relações de transferência (ou de deslocamento) das representações inconscientes entre o espaço intrapsíquico e o espaço intersubjetivo ou transubjetivo. Podemos resumir essa proposição com esses três enunciados principais:

• os elementos não-representados são efeitos do recalcamento, do sujeito ou da negação que o sujeito efetua e que ele exporta ou deposita na relação;

• o que é não-representado é o que requer a relação para que ele forme-se e perdure. Os conteúdos dessa não-representabilidade 'o negativo' são a matéria das alianças inconscientes;

• o não-representado do sujeito e da relação é representado na relação mesma, sem que ele o saiba e sem que os demais o saibam, segundo as exigências das alianças inconscientes.

A atuação

Os efeitos dessa aliança, se eles não chegarem a ser anunciados ou denunciados, manifestam-se no mais das vezes por uma severa inibição do pensamento ou numa parada do tratamento: foi isso que aconteceu com Dora. Mas existem saídas mais pesadas: o *acting out* grave, o *raptus* autodestruidor, um delírio solitário, em grupo ou conjunto, ou ainda, uma conduta perversa.

Chega-se também até ao ponto em que o impasse se expressa num deslocamento da *chama* pulsional do amor e/ou do ódio em relação a essa ou aquela pessoa, na ruptura da relação com um próximo, veja-se o caso de Fliess. Se não ficarmos atentos à direção da atuação da aliança e de seus aportes e a reportarmos às transferências laterais, chega-se também até ao ponto em que analisando-o interrompe o tratamento.[4] Tudo se passa como se o estabelecimento de uma aliança sob o efeito da *análise* fosse para ele mais perigoso que a alienação da qual ele paga o preço para manter sua resistência. Ele interrompe o tratamento para salvar sua aposta e se manter mais uma vez assujeitado a uma relação da qual ele ignora e tende a ignorar a trama ou o jogo. Aqui, mais uma vez, veja-se Dora.

Todas essas saídas têm por objetivo preservar a relação e seus aportes inconscientes. Mas pode acontecer que o analista tente ele também se preservar da transferência, sob o efeito do temor de que uma tal aliança reproduza-se efetivamente com ele. Essa resistência *à* transferência compromete o processo analítico.

As formas e modalidades do retorno dos conteúdos das alianças inconscientes

Todas as manifestações que acabamos de descrever mostram como os conteúdos inconscientes das alianças defensivas formam-se e como eles fazem seu retorno nos sujeitos, em sua relação, mas também no processo analítico. Os conteúdos reprimidos por via de transferência (de resistências), os sintomas, os sonhos, os *lapsus*: sua estrutura é a da formação de compromisso. Os conteúdos inconscientes não reprimidos surgem na atuação, nas projeções massivas, nas clivagens, nas rejeições, nos significantes brutos ou enigmáticos de tal modo que, no mais das vezes, eles ficam enquistados nas negações em comum e nos contratos perversos.

---

4 Tais alianças "extra-clínicas" não podem ser consideradas unilateralmente como se fossem resistências à análise. Elas revelam o valor e a função assumidas anteriormente pelo sujeito pela sua vinculação recíproca com um outro, com um grupo de outros (um conjunto de outros); pela relação com seus investimentos, com seus fantasmas, com sua repressão ou negação que ele ou eles tiveram que estabelecer em suas relações. É por isso que é importante considerar a transferência lateral como uma difração da transferência, em razão da necessidade à qual o analisando deve enfrentar no sentido de repartir a carga econômica sobre objetos múltiplos e vinculados entre si, e de fazer funcionar o cenário fantasmático exigidos por uma tal aliança.

As diversas modalidades de retorno dos conteúdos inconscientes das alianças na relação, num grupo, num casal ou numa família ou ainda numa instituição (por exemplo, uma sociedade de psicanálise), ensina-nos precisamente algo sobre o lugar, a dinâmica e a economia do inconsciente na relação e em cada um dos sujeitos.

Se admitirmos que o pacto denegativo é estabelecido para que o acesso aos aportes da aliança seja impossível, então podemos conceber que a resistência é muito grande para desfazer as vantagens defensivas desse pacto. Não somente pela razão de que quanto mais a representação insustentável for mantida reprimida e *a fortiori* negada, mais as modalidades do retorno da negatividade são violentas, mas especialmente, porque a aliança, por definição, é "mantida de diversos lados", por si mesmo e por aqueles que participam dela. Lembramos, com efeito, que as alianças inconscientes mantêm o isomorfismo da relação entre os espaços intrapsíquicos e o espaço psíquico da relação. É por isso que toda modificação numa aliança põe em xeque a organização intrapsíquica de cada sujeito singular. Reciprocamente, toda e qualquer modificação da estrutura, da economia e da dinâmica da aliança entrechoca-se com forças que a sustentam como componente irredutível da relação.

As condições intersubjetivas do retorno do recalcado

Devemos considerar ainda as condições intersubjetivas do retorno do recalcado. Essas podem ser descritas como uma alternativa: ou bem a supressão da repressão e o retorno de seus conteúdos para a consciência são apoiados, facilitados, liberados pela cooperação pré-consciente-consciente do outro (e a questão que se põe é a do interesse que ele pode ter nisso); ou bem eles são mantidos no sintoma compartilhado, na identificação com a finalidade defensiva contra o retorno de um recalcado que deixaria em perigo a *comunidade* de interesses entre diversos sujeitos. A análise de Dora convenceu Freud de que o sintoma seria "mantido de diversos lados": de um lado a complacência ou conveniência somática e de outro, pelo conflito inconsciente. Mas Freud, sem que o soubesse, sendo ele mesmo participante sintoma que mantinha a aliança e nutria-se nele, faz aparecer um terceiro lado: o conjunto intersubjetivo formado pelos parceiros de Dora *e* de Freud, vinculados juntos pelas identificações, pelos fantasmas e pelos mecanismos de defesa de Dora *e* de Freud. Freud mesmo barra o acesso a tudo isso, no tempo da descoberta de sua contratransferência que, depois de um *desvio* por uma outra análise, desfará a aliança defensiva.

Desarticular as alianças inconscientes defensivas e patológicas

Existem as alianças defensivas e patológicas que precisam ser desamarradas. Isso é importante, uma vez que é desastroso querer desenredar uma aliança de base, como a ilusão grupal fundante por exemplo: isso seria atacar os componentes dinâmicos positivos da transferência. Sublinho, nesse caso, o risco da dispersão do grupo ao se *denunciar* muito cedo a ilusão grupal. A experiência de ilusão torna possível o nascimento de todas as coisas, e elas não podem viver fora de uma relação. O desenvolvimento de uma expectativa convicta compartilhada é importante para que a relação se estabeleça, para que o grupo funcione. É necessário levar em conta que para a função realizada: há um tempo fundador da aliança e um tempo em que a aliança *acorrenta* todo o processo de transformação.

No enquadre do trabalho psicanalítico, qualquer que seja o instrumento que o sustente as alianças inconscientes não devem ser consideradas de início como um impasse ou como um desvio: se nós as visarmos como resistência ao conhecimento do inconsciente, elas são um dos caminhos *emprestados* ao trabalho de análise.

Desamarrar a aliança interna é necessário, mas nem sempre é o suficiente

O retorno dos conteúdos inconscientes das alianças inconscientes defensivas se efetua muitas vezes em muitos tempos e de modos diferentes no tratamento, no grupo e/ou instituição. Em todos os casos, é importante trabalhar sobre os benefícios que obtém da conjunção dos espaços psíquicos patológicos cada um dos sujeitos, especialmente, para servir de resistência no reconhecimento e na aceitação de sua própria aliança interna inconsciente. Foi isso que pudemos ativar no tratamento de Céline, da Dona Lucie e na de senhora H. Foi a elaboração que realizei no tratamento da senhora A. Em todos os casos, solicitamos processos geradores de diferenciação entre os espaços conjuntos (comuns) e os espaços pessoais. Todas as situações clínicas expostas aqui mostram a necessidade disso.

Essa análise não é sempre o suficiente. Quando evoquei as alianças extrapsicanalíticas como impasses na *desobrigação* ante um pacto estabelecido no interior de uma situação psicanalítica, indiquei que a análise deve focar sobre aquilo que, na dita situação, tenha podido ser inadequado para receber a transferência dessas conexões de relações e de investimentos. Descobrimos então que não é raro que o analista seja ele mesmo parte participante no estabelecimento e na manutenção de uma tal aliança, ou na resistência, a receber em seu mundo interno as transferências do paciente. Esse foi, como lembrei, o caso de Freud com Dora.

Essa conjunção intersubjetiva *atual* está particularmente ativa nas situações psicanalíticas de grupo. Pode-se dizer que essas situações são *armadas* para isso: não poder haver relação grupal sem tais alianças, estruturantes, claro, mas também defensivas, desde o seu período inicial (do grupo). Nossa tarefa de analista é bem precisa, nessas condições, de estar atento ao retorno nos grupos, dos conteúdos inconscientes das alianças pactuadas desde a origem do grupo e, especialmente, dos avatares do pacto denegativo. Para isso, podemos nos referir às manifestações da aliança defensiva e às derivadas das alianças estruturantes.[5]

---

[5] Gostaria de sublinhar o interesse metodológico para a análise das alianças inconscientes da conduta coterápica ou em co-análise de grupos e de famílias: ela abre um caminho para uma dimensão específica do espaço transfero-contratransferencial (o que chamaria de intertransferencial). A intertransferência é o estado da realidade psíquica produzida pelos psicanalistas em suas transferências mútuas e induzida pelas diferentes modalidades do campo transfero-contratransferencial na situação de grupo. A análise intertransferencial é uma prática em que o objeto

Na medida em que podemos admitir que esse modelo nos ensina que as alianças inconscientes estão na origem de todas as formas e modalidades de relação, nossa atenção se voltará, do mesmo modo, para o que remanesceu das alianças originais no casal, na família, nos grupos instituídos e nas instituições.

Proposições finais

Eis que chegamos ao fim desta obra. Organizei o objetivo em torno de duas preocupações principais que constituem o enquadre de minhas pesquisas. A primeira é compreender como se forma e em que consiste a realidade psíquica que especifica as relações intersubjetivas, nos grupos, nas famílias, nos casais e até nessas complexidades que são as instituições e algumas formações societárias. Essa pesquisa tem seu próprio objetivo, mas a partir dele, podemos compreender como o sujeito se constrói na pluralidade de relações e de alianças nas quais ele se forma, nos conjuntos organizados por processos e formações psíquicas comuns a diversos sujeitos, nos agrupamentos dos quais ele é parte constituinte e parte constituída.

As alianças inconscientes são essencialmente formações e processos psíquicos inerentes à relação intersubjetiva e transubjetiva. Elas são a base principal da realidade psíquica nesses dois espaços.

Ao longo de todo o desenvolvimento da clínica do tratamento, dos casais, das famílias, dos grupos e das instituições, busquei mostrar como as alianças inconscientes garantem uma das principais passagens entre o individual e o grupal, especialmente nos processos de transmissão da vida (e da morte) psíquica entre as gerações.

Fiz uma distinção entre as alianças estruturantes e as alianças defensivas. Tanto uma como as outra concorrem para a vida psíquica, mas algumas dentre elas tem por objetivo diminuí-la e mesmo distorcê-la.

---

específico é a análise e a elaboração da resistência ao trabalho da função psicanalítica por um casal (dupla) ou uma equipe de psicanalistas trabalhando juntos num instrumento de grupo. Essa resistência expressa-se especialmente, nas alianças inconscientes e nas formações narcísicas e nos ideais comungados.

Entre as proposições que adiantei, supus que nós não podemos nos vincular 'e com isso nem pensar' a não ser sobre um fundo de negatividade, cujas modalidades sofrem a influência da diversidade das alianças. Mas quando o trabalho da relação é, por um lado, limitar os efeitos dessa negatividade, e o do pensamento o de acolhê-la como condição do contrato com o desconhecido e com a alteridade, nós agimos também para corrigir o *Ersatz*[6] (compensação) os objetos onipotentes do espaço aberto por ela: as alianças defensivas aqui contribuem com eficiência.

Se agora, examinarmos as alianças do lado do sujeito singular, descobrimos que elas requerem certas exigências do trabalho psíquico cujo objetivo é servir ou ser útil à repressão ou à negação necessárias para a formação da relação intersubjetiva. As alianças inconscientes desempenham então um papel de primeiro plano na formação do inconsciente do sujeito: no espaço interpsíquico, elas compõem-se com as exigências que emanam de outras fontes da formação do inconsciente.

O sujeito que se *esquematiza* a partir dessas pesquisas é um sujeito "singular-plural". Esse sujeito está dividido em si mesmo, mas também em conflito com a "necessidade de ser por si mesmo para o seu próprio fim", como o diz Freud. Ele está também dividido ou de acordo com as exigências do trabalho psíquico que lhe impõe o fato de que ele é sujeito de relação, que ela o precede, e que ele a herda e beneficia-se dela, além de servir aos seus interesses.

Se, como supus, as alianças são inconscientes tanto pela função como pela estrutura, se elas produzem a partir do inconsciente, todas essas pesquisas conduzem invariavelmente a uma questão decisiva: como pensar a questão do inconsciente nas alianças inconscientes? Qual metapsicologia é capaz de dar conta do inconsciente das formações e dos processos que organizam a psique dos grupos e as relações que os vinculam? Comecei já a responder a essas questões, especialmente no que

---

6 Em alemão, no original: Der Ersatz, substituição, compensação (NT).

tange à "terceira tópica".[7] A complexidade do debate merece que o problema seja exposto de um modo mais amplo.

O reconhecimento e o aclaramento das alianças inconscientes que construíram o sujeito do inconsciente, no seio das quais ele assumiu seu lugar, são um aspecto da maior relevância do processo da subjetivação. Nessa medida, penso que definir o trabalho do resultado ou efeito das alianças inconscientes como uma das tarefas levadas adiante pela psicanálise, é ampliar e aprofundar o campo teórico e clínico da psicanálise. A célebre fórmula de Freud poderia então incluir essa proposição: "Ali onde as alianças inconscientes estão, que o *Eu* possa vir a ser, um *Eu* capaz de situar-se nas genealogias e nas sincronias da relação discernindo sua parte e a parte dos demais".

---

[7] KAËS, R. *Le Groupe et le Sujet du Groupe. Éléments Pour une Théorie Psychanalytique des Groupes*. Paris: Dunod, 1993; KAËS, R. *Notes sur la Trahison. Une Approche de la Consistance du Lien Intersubjectif*. In HERIQUEZ, E. (Ed.), *Le Goût de L'Alterité*. Paris: Desclée de Bouwer, 1999; KAËS, R. *The Question of the Unconscious in Common and Shared Psychic Process*. In CALICH, J. C., HINZ, H. (Ed.). *The Unconscious: Further Reflections*. London: International Psychoanalytical Association, 2007, pp. 93-119; KAËS, R. *Pour une Troisième Topique de L'Intersubjectivité et du Sujet Dans L'Espace Psychique Comum et Partagé*. Funzione Gama, 2008, 21 (on line).

Referências

ABRAHAM, N.; TOROK, M. *L'Écorce et le Noyau*. Paris: Flammarion, 1978.

AMATI-SAS, S. "Honte, ambiguïté et espaces de la subjectivité". *Revue Française de Psychanalyse*, 67 (5): 1771-1775, 2003.

_____. La transsubjectivité entre cadre et ambiguïté. Aix-les-Bains: Le Goupe Lyonnais et la Société psychanalytique de Paris, 2005 (comunicação no colóquio "Autour de l'oeuvre de René Kaës", em 9 de abril de 2005).

_____. "Récupérer la honte". In: PUGET, R.; KAËS, R. (eds.). *Violence d'État et Pscychanalyse*. Paris: Dunod, 1989.

_____. "Situations sociales traumatiques et processus de cure". *Revue Française de Psychanalyse*, 66 (3): 923-933, 2002.

ANDRÉ, F. *L'Enfant "Insuffisamment Bon" en Thérapie Familial Psychanalytique*. Lyon: Presses Universitaires de Lyon, 1986.

ANZIEU, D. "Études psychanalytiques des groupes reels". *Les Temps Modernes*, 242: 56-73, 1966.

_____. *L'Auto-analyse de Freud* (1959). Paris: PUF, 1975.

_____. "L'illusion groupale". *Nouvelle Revue de Psychanalyse*, 4: 73-93, 1971.

_____. "L'imaginaire dans les groupes". *Cahiers de Psychologie*, 9 (1): 7-10, 1966.

_____. "La scène de ménage". *Nouvelle Revue de Psychanalyse*, 33: 201-209, 1986.

_____. *Le Groupe et l'Inconscient*. Paris: Dunod, 1975.

BERANES, J. J. "À soi-même étranger". *Revue Française de Psychanalyse*, 50 (4): 1079-1096, 1986.

BERGER, M. *Le Travail Thérapeutique Avec la Famille*. Paris: Dunod, 1995.

BERGERET, J. *La Violence Fondamentale*. Paris: Dunod, 1984.

BION, W. R. "Attacks on Linking". *International Journal of Psycho-Analysis*, 40: 5-6, 1958.

BION, W. R. "Attaques contre la liason". In: *Réflexion Faite*. Paris: PUF, 1967.

BONNET, M. "Un quart de siècle en Analyse Quatrième". *Topique*, 97: 16-34, 2006.

BOUDHOL, P. "De Cyprien le magicien au docteur Faust: la légend du pacte diabolique". Online: <www.univ-provence.fr/wagap/faust/htm>.

BOYER, Ch. *Interêts d'une étude clinique approfondie d'un délire à deux*. Tese (Doutorado em Medicina). Tours: Université François Rabelais, 1987.

BRAUNSCHWEIG, D.; FAIN, M. *La Nuit, de Jour*. Paris: PUF, 1975.

CAMPOS PAIVA, M. L.; GOMES, I. C. "Violence familiale, transgénérationnel et pacte dénégatif". *Le Divan Familial*, 18: 139-152, 2007.

CASTORIADIS-AULAGNIER, P. *L'Apprenti-historien et le Maître Sorcier. Du Discours Identifiant au Discours Aliénant*. Paris: PUF, 1984.

_____. *La Violence de l'interprétation. Du Pictogramme à L'énoncé*. Paris: Le Seuil, 1975.

_____. *Le Désir et la Perversion*. Paris: Le Seuil, 1967.

_____. *Les Destins du Plaisir. Aliénation, Amour, Passion*. Paris: PUF, 1979.

CHOUVIER, B. "La position sectaire". *Revue de Psychothérapie Psychanalytique de Groupe*, 49: 25-38, 2007.

CIAMBELLI, M. "Segreti di famiglia". In: CIAMBELLI, M.; ONEROSO, F.; PULLI, G. et al (eds.). *Il Segreto e la Psicoanalisi*. Nápoles: Gnocchi, 1996.

CLAVREUL, J. "Le Couple pervers". In: CLAVREUL, J. (ed.). *Le Désir et la Perversion*. Paris: La Seuil, 1967.

CLERGET, J. *Comment un Petit Garçon Deviant-il un Papa?* Ramonville Sainte-Ane: Érès, 2008.

COCHET, E. "Mythes des origines et hystérie collective. Deux modes d'elaboration d'une crise de transmission psychiques (Morzine, 1857-1873)". In: GUYOTAT, J.; FÉDIDA, P. et al (eds.). *Généalogie et Transmission*. Paris: Écho-Centurion, 1986, p. 139-147.

COQUIO, C. (ed.). *L'Histoire Trouée. Négation et Témoignage*. Nantes: Librairie L'Atalante, 2004.

COUCHOUD, M. Th. "Du Refoulement à la function dénégatrice". *Topique*, 37: 93-133, 1986.

DABEZIES, A. *Le Mythe de Faust*. Paris: Armand Colin, 1972.

DELAY, J.; DENIKER, P.; LEMPERRIÈRE, T. *et al.* (eds.). "Délire à deux et à plusieurs, étude clinique de 22 familles delirantes". In: *Compte-rendu du Congès des Médicins Aliénistes et Neurologues de France et des Pays de Langue Française, Nice, 1955*. Paris: Masson, 1955, p. 188-199; 200-207.

DIET, E. "L'Aliénation sectaire, syndrome ethnique dans la mondialisation libérale". *Le Coq-héron*, 190: 103-117, 2007.

_____. *L'Aliénation Sectaire: Emprise, Incestualité et Repetition*. Tese (Doutorado em Psicologia). Lyon: Université Lumière Lyon II, 28 jun. 2000.

DOUVILLE, O. "Pour introduire l'idée d'une mélancolisation du lien social". *Cliniques Méditerranéennes*, 63: 239-261, 2000.

DUBY, G. *Le Chevalier, la Femme et le Prêtre*. Paris: Hachette, 1981.

DURKHEIM, É. *Le Suicide*. Paris: PUF, 1960.

EIGUER, A. *Le Cynisme Pervers*. Paris: L'Harmattan, 1995.

_____. "Le lien d'alliance, la psychanalyse et le psychothérapie de couple". In: EIGUER, A.; RUFFIOT, A. *et al* (eds.). *La Psychothérapie Psychanalytique de Couple*. Paris: Dunod, 1983.

_____. *Le Pervers Narcissique et son Complice*. Paris: Dunod, 1989.

ENRIQUEZ, M. "Le délire en héritage". In: KAËS, R.; FAIMBERG, H. *et al* (eds.). *Transmission de la vie Psychique Entre Générations*. Paris: Dunod, 1993, p. 82-112.

_____. "Le délire en héritage". *Topique*, 38: 41-67, 1986.

FAIN, M. "Diachronie, structure, conflit oedipien. Quelques réflexions". *Revue Française de Psychanalyse*, 45 (4): 985-997, 1981.

FESTINGER, L. *A Theory of Cognitive Dissonance*. Stanford: Stanford University Press, 1957; FESTINGER, L. *Une Théorie de la Dissonance Cognitive*. Paris: Larousse, 1972.

FRETET, J. (ed.). *OEuvres Psychiatriques G. Gatian de Clérambault*. Paris: PUF, 1942.

FREUD, S. "Contribuições à psicologia do amor I: Um tipo especial de escolha de objeto feita pelos homens" (1910). In: *Edição Standard brasileira das obras psicológicas completas de Sigmund Freud*. Rio de Janeiro: Imago, v. 11, 1979, p. 147-158.

_____. "Contribuições à psicologia do amor II: Sobre a tendência universal à depreciação na esfera do amor" (1912). In: *Edição Standard brasileira das obras psicológicas completas de Sigmund Freud*. Rio de Janeiro: Imago, v. 11, 1979, p. 175-192.

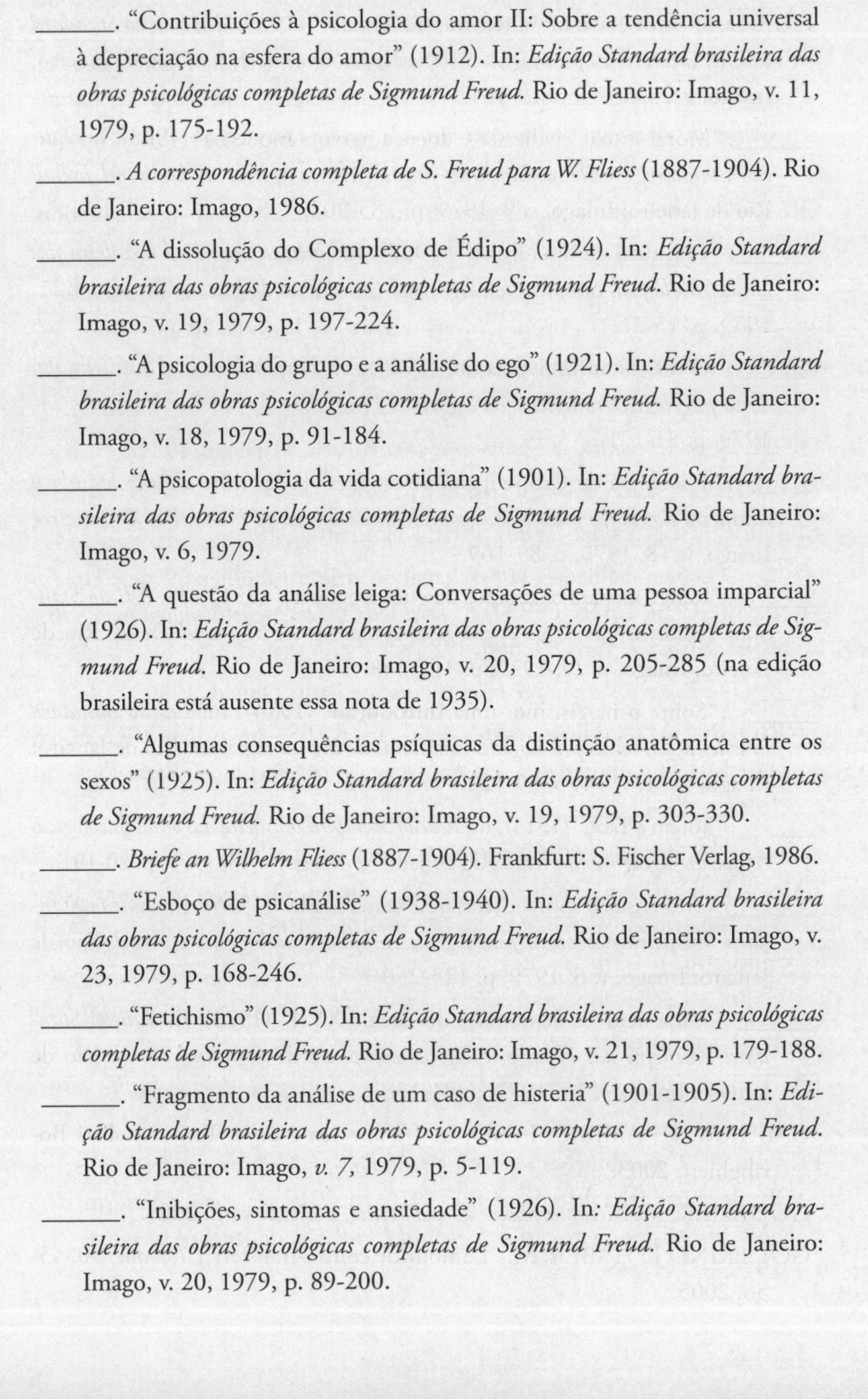

_____. *A correspondência completa de S. Freud para W. Fliess* (1887-1904). Rio de Janeiro: Imago, 1986.

_____. "A dissolução do Complexo de Édipo" (1924). In: *Edição Standard brasileira das obras psicológicas completas de Sigmund Freud*. Rio de Janeiro: Imago, v. 19, 1979, p. 197-224.

_____. "A psicologia do grupo e a análise do ego" (1921). In: *Edição Standard brasileira das obras psicológicas completas de Sigmund Freud*. Rio de Janeiro: Imago, v. 18, 1979, p. 91-184.

_____. "A psicopatologia da vida cotidiana" (1901). In: *Edição Standard brasileira das obras psicológicas completas de Sigmund Freud*. Rio de Janeiro: Imago, v. 6, 1979.

_____. "A questão da análise leiga: Conversações de uma pessoa imparcial" (1926). In: *Edição Standard brasileira das obras psicológicas completas de Sigmund Freud*. Rio de Janeiro: Imago, v. 20, 1979, p. 205-285 (na edição brasileira está ausente essa nota de 1935).

_____. "Algumas consequências psíquicas da distinção anatômica entre os sexos" (1925). In: *Edição Standard brasileira das obras psicológicas completas de Sigmund Freud*. Rio de Janeiro: Imago, v. 19, 1979, p. 303-330.

_____. *Briefe an Wilhelm Fliess* (1887-1904). Frankfurt: S. Fischer Verlag, 1986.

_____. "Esboço de psicanálise" (1938-1940). In: *Edição Standard brasileira das obras psicológicas completas de Sigmund Freud*. Rio de Janeiro: Imago, v. 23, 1979, p. 168-246.

_____. "Fetichismo" (1925). In: *Edição Standard brasileira das obras psicológicas completas de Sigmund Freud*. Rio de Janeiro: Imago, v. 21, 1979, p. 179-188.

_____. "Fragmento da análise de um caso de histeria" (1901-1905). In: *Edição Standard brasileira das obras psicológicas completas de Sigmund Freud*. Rio de Janeiro: Imago, *v. 7,* 1979, p. 5-119.

_____. "Inibições, sintomas e ansiedade" (1926). In*: Edição Standard brasileira das obras psicológicas completas de Sigmund Freud*. Rio de Janeiro: Imago, v. 20, 1979, p. 89-200.

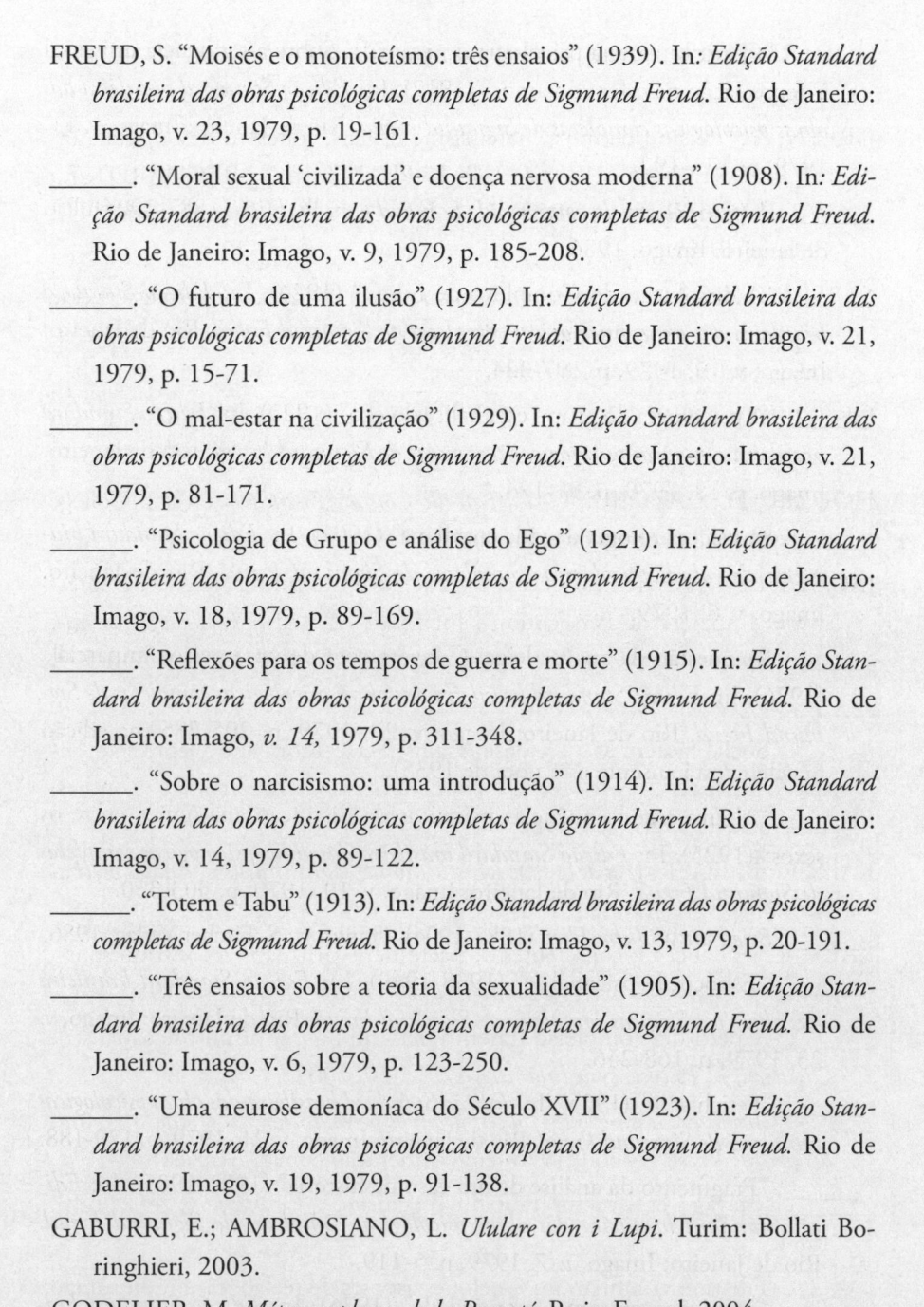

FREUD, S. "Moisés e o monoteísmo: três ensaios" (1939). In: *Edição Standard brasileira das obras psicológicas completas de Sigmund Freud*. Rio de Janeiro: Imago, v. 23, 1979, p. 19-161.

_____. "Moral sexual 'civilizada' e doença nervosa moderna" (1908). In: *Edição Standard brasileira das obras psicológicas completas de Sigmund Freud*. Rio de Janeiro: Imago, v. 9, 1979, p. 185-208.

_____. "O futuro de uma ilusão" (1927). In: *Edição Standard brasileira das obras psicológicas completas de Sigmund Freud*. Rio de Janeiro: Imago, v. 21, 1979, p. 15-71.

_____. "O mal-estar na civilização" (1929). In: *Edição Standard brasileira das obras psicológicas completas de Sigmund Freud*. Rio de Janeiro: Imago, v. 21, 1979, p. 81-171.

_____. "Psicologia de Grupo e análise do Ego" (1921). In: *Edição Standard brasileira das obras psicológicas completas de Sigmund Freud*. Rio de Janeiro: Imago, v. 18, 1979, p. 89-169.

_____. "Reflexões para os tempos de guerra e morte" (1915). In: *Edição Standard brasileira das obras psicológicas completas de Sigmund Freud*. Rio de Janeiro: Imago, *v. 14,* 1979, p. 311-348.

_____. "Sobre o narcisismo: uma introdução" (1914). In: *Edição Standard brasileira das obras psicológicas completas de Sigmund Freud*. Rio de Janeiro: Imago, v. 14, 1979, p. 89-122.

_____. "Totem e Tabu" (1913). In: *Edição Standard brasileira das obras psicológicas completas de Sigmund Freud*. Rio de Janeiro: Imago, v. 13, 1979, p. 20-191.

_____. "Três ensaios sobre a teoria da sexualidade" (1905). In: *Edição Standard brasileira das obras psicológicas completas de Sigmund Freud*. Rio de Janeiro: Imago, v. 6, 1979, p. 123-250.

_____. "Uma neurose demoníaca do Século XVII" (1923). In: *Edição Standard brasileira das obras psicológicas completas de Sigmund Freud*. Rio de Janeiro: Imago, v. 19, 1979, p. 91-138.

GABURRI, E.; AMBROSIANO, L. *Ululare con i Lupi*. Turim: Bollati Boringhieri, 2003.

GODELIER, M. *Métamorphoses de la Parenté*. Paris: Fayard, 2004.

GODFRIND J.; HABER, M. "L'amour de contra-transfert". *Topique,* 90: 43-56, 2005.

GODFRIND, J. "Le pacte noir". *Revue Française de Psychanalyse*, 58 (1): 135-146, 1994.

GREEN, A. "Pulsion de mort, narcissisme négatif, fonction désobjectalisante". In: GREEN, A.; IKONEN, P.; LAPLANCHE, J.; RECHARDT, E.; WIDLÖCHER, H.; YORKE, C. (eds.). *La Pulsion de Mort*. Paris: PUF, 1986, p. 49-59.

GUILLAUMIN, J. "Les contrabandiers du transfert ou le contre-transfert et le débordement du cadre par le réalité extérieure". *Revue Française de Psychanalyse*, 58 (5): 1482-1520, 1994.

HEUYER, G.; DUPOUY, V.; MONTASSUT, M.; AJURIAGUERRA, J. "Un cas de délire à cinq". *Annales Médico-psychologiques*, 93: 254-270, 1935.

HOUZEL, D.; CATOIRE; G. *La Famille Comme Instituition*. Paris: Collège de psychanalyse groupale et familiale, 1994.

JAQUES, E. "Des Systèmes Sociaux comme Défenses contre l'Anxiété Dépressive et l'Anxiété de Persécution". In: LÉVY, A. (ed.). *Psychologie sociale: textes fondamentaux anglais et américains*. Paris: Dunod, 1978, p. 546-565.

_____. *Psychologie Sociale*. Paris: Dunod, 1955.

_____. "Social System as a Defense Against Persecutory and Depressive Anxiety". In: JAQUES, E. (ed.). *New Directions in Psychoanalysis*. Londres: Tavistock, 1955, p. 478-498.

KAËS, R.; BLEGER, J. *et al* (eds.). *L'Institution et les Institutions. Études psychanalytiques*. Paris: Dunod, 1987.

KAËS, R. "Alliances inconscientes et pacte dénégatif dans les instituitions". *Revue de Psychothérapie Psychanalytique de Groupe*, 13: 27-38, 1989.

_____. "Aspetti del complesso fraterno del gruppo dei primi psicoanalisti". *Quaderni di Psicoterapia Infantile*, 47: 13-30, 2003.

_____. *Chronique d'un groupe: observation et présentation du groupe du 'Paradis perdu'*. Paris: Dunod, 1976 (em colaboração com D. Anzieu).

_____. "Étayage et structuration du psychisme". *Connexions*, 44: 11-48, 1984.

_____. "Filiation et affiliation. Quelques aspects de réélaboration du roman familial dans les familles adoptives, les grupes et les institutions". *Le Divan Familial*, 5: 61-78, 2000.

KAËS, R. "Filiation et affiliation. Quelques aspects de réélaboration du roman familial dans les familles adoptives, les grupes et les institutions". *Gruppo*, 1: 23-46, 1985.

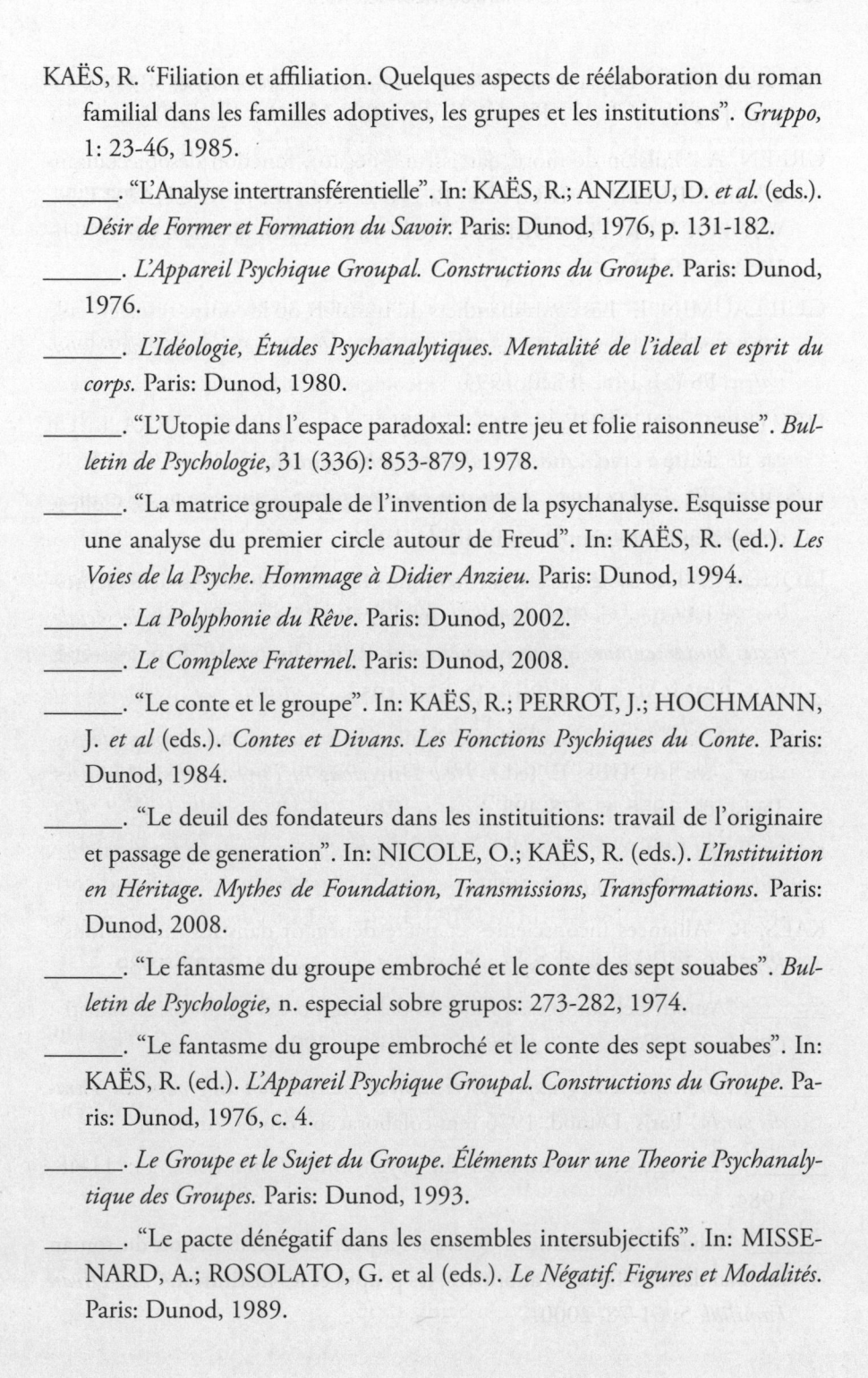

_____. "L'Analyse intertransférentielle". In: KAËS, R.; ANZIEU, D. *et al.* (eds.). *Désir de Former et Formation du Savoir*. Paris: Dunod, 1976, p. 131-182.

_____. *L'Appareil Psychique Groupal. Constructions du Groupe*. Paris: Dunod, 1976.

_____. *L'Idéologie, Études Psychanalytiques. Mentalité de l'ideal et esprit du corps*. Paris: Dunod, 1980.

_____. "L'Utopie dans l'espace paradoxal: entre jeu et folie raisonneuse". *Bulletin de Psychologie*, 31 (336): 853-879, 1978.

_____. "La matrice groupale de l'invention de la psychanalyse. Esquisse pour une analyse du premier circle autour de Freud". In: KAËS, R. (ed.). *Les Voies de la Psyche. Hommage à Didier Anzieu*. Paris: Dunod, 1994.

_____. *La Polyphonie du Rêve*. Paris: Dunod, 2002.

_____. *Le Complexe Fraternel*. Paris: Dunod, 2008.

_____. "Le conte et le groupe". In: KAËS, R.; PERROT, J.; HOCHMANN, J. *et al* (eds.). *Contes et Divans. Les Fonctions Psychiques du Conte*. Paris: Dunod, 1984.

_____. "Le deuil des fondateurs dans les instituitions: travail de l'originaire et passage de generation". In: NICOLE, O.; KAËS, R. (eds.). *L'Instituition en Héritage. Mythes de Foundation, Transmissions, Transformations*. Paris: Dunod, 2008.

_____. "Le fantasme du groupe embroché et le conte des sept souabes". *Bulletin de Psychologie,* n. especial sobre grupos: 273-282, 1974.

_____. "Le fantasme du groupe embroché et le conte des sept souabes". In: KAËS, R. (ed.). *L'Appareil Psychique Groupal. Constructions du Groupe*. Paris: Dunod, 1976, c. 4.

_____. *Le Groupe et le Sujet du Groupe. Éléments Pour une Theorie Psychanalytique des Groupes*. Paris: Dunod, 1993.

_____. "Le pacte dénégatif dans les ensembles intersubjectifs". In: MISSENARD, A.; ROSOLATO, G. et al (eds.). *Le Négatif. Figures et Modalités*. Paris: Dunod, 1989.

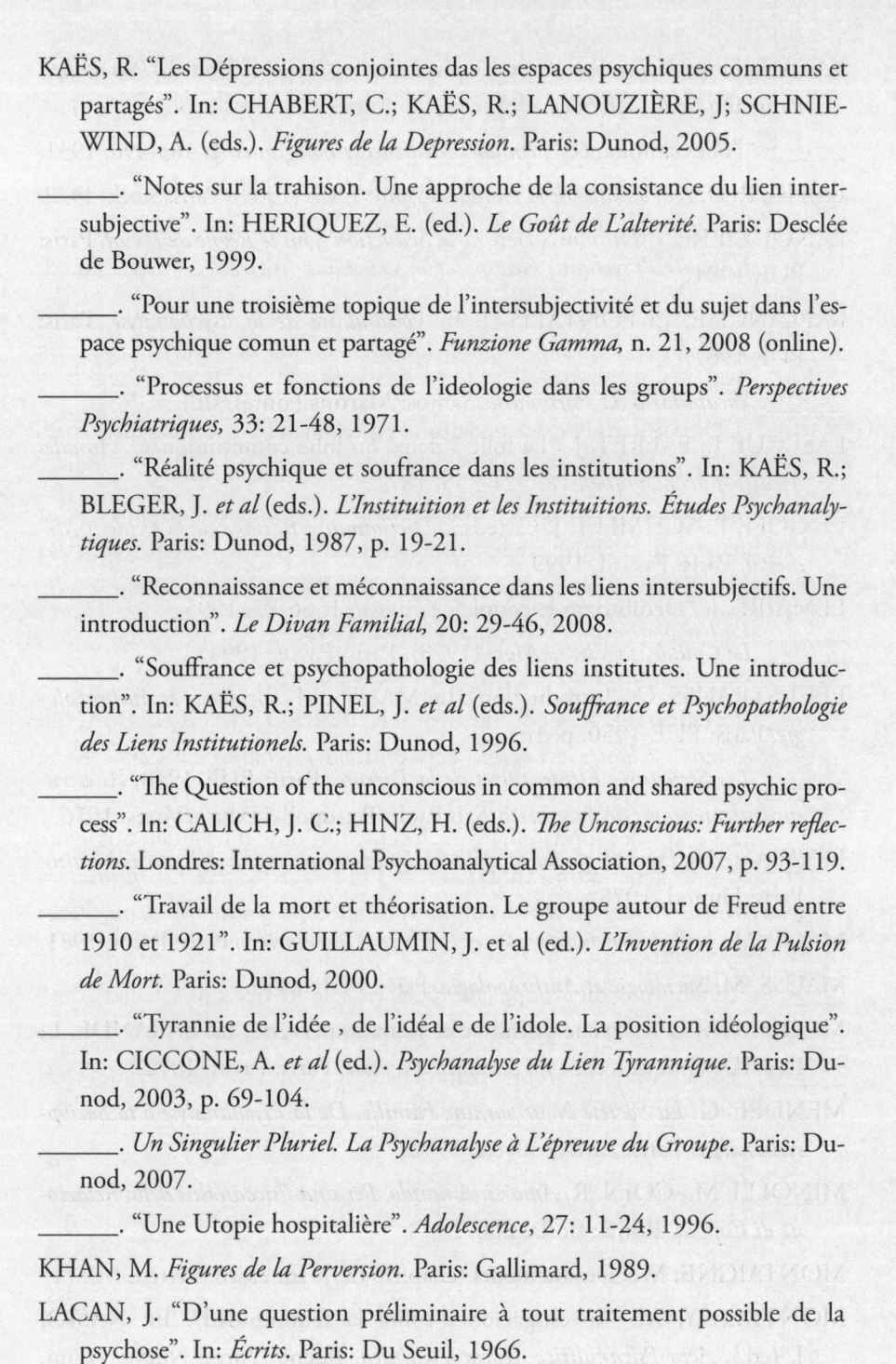

KAËS, R. "Les Dépressions conjointes das les espaces psychiques communs et partagés". In: CHABERT, C.; KAËS, R.; LANOUZIÈRE, J; SCHNIEWIND, A. (eds.). *Figures de la Depression*. Paris: Dunod, 2005.

_____. "Notes sur la trahison. Une approche de la consistance du lien intersubjective". In: HERIQUEZ, E. (ed.). *Le Goût de L'alterité*. Paris: Desclée de Bouwer, 1999.

_____. "Pour une troisième topique de l'intersubjectivité et du sujet dans l'espace psychique comun et partagé". *Funzione Gamma,* n. 21, 2008 (online).

_____. "Processus et fonctions de l'ideologie dans les groups". *Perspectives Psychiatriques,* 33: 21-48, 1971.

_____. "Réalité psychique et soufrance dans les institutions". In: KAËS, R.; BLEGER, J. *et al* (eds.). *L'Instituition et les Instituitions. Études Psychanalytiques.* Paris: Dunod, 1987, p. 19-21.

_____. "Reconnaissance et méconnaissance dans les liens intersubjectifs. Une introduction". *Le Divan Familial,* 20: 29-46, 2008.

_____. "Souffrance et psychopathologie des liens institutes. Une introduction". In: KAËS, R.; PINEL, J. *et al* (eds.). *Souffrance et Psychopathologie des Liens Institutionels.* Paris: Dunod, 1996.

_____. "The Question of the unconscious in common and shared psychic process". In: CALICH, J. C.; HINZ, H. (eds.). *The Unconscious: Further reflections.* Londres: International Psychoanalytical Association, 2007, p. 93-119.

_____. "Travail de la mort et théorisation. Le groupe autour de Freud entre 1910 et 1921". In: GUILLAUMIN, J. et al (ed.). *L'Invention de la Pulsion de Mort.* Paris: Dunod, 2000.

_____. "Tyrannie de l'idée , de l'idéal e de l'idole. La position idéologique". In: CICCONE, A. *et al* (ed.). *Psychanalyse du Lien Tyrannique.* Paris: Dunod, 2003, p. 69-104.

_____. *Un Singulier Pluriel. La Psychanalyse à L'épreuve du Groupe*. Paris: Dunod, 2007.

_____. "Une Utopie hospitalière". *Adolescence,* 27: 11-24, 1996.

KHAN, M. *Figures de la Perversion.* Paris: Gallimard, 1989.

LACAN, J. "D'une question préliminaire à tout traitement possible de la psychose". In: *Écrits*. Paris: Du Seuil, 1966.

LACAN, J. *De la Psychose Paranoïaque Dans ses Repports Avec la Personalité*. Paris: Du Seuil, 1975.

_____. "Folies simultanées". *Annales Médico-Psychologiques*, 1: 483-490, 1931.

LAING, R. D. *La Politique de la Famille et Autres Essais* (1969). Paris: Stock, 1972.

LANOUZIÈRE, J. *Histoire Secrete de la Séduction Sous le Règne de Freud*. Paris: PUF, 1991.

LAPLANCHE, J.; PONTALIS, J. B. *Vocabulaire de la Psychanalyse*. Paris: PUF, 1967.

_____. *Vocabulário da Psicanálise*. Santos: Martins Fontes, s/d.

LASÈGUE J.; FALRET, J. "La folie à deux, ou folie communiquée". *Annales Médico-psichologiques*, 18: 321-355, 1877.

LE GOFF, J.; SCHMITT, J. C. (eds.). *Dictionnaire Raisoné de l'Occident Médiéval*. Paris: Fayard, 1999.

LEMAIRE, J. "Deuils dans le couple". *Groupal*, 1: 66-77, 1995.

_____. *Le Couple, sa Vie, sa Mort* (1979). Paris: Payot, 1994.

LÉVI-STRAUSS, C. "Introduction". In: MAUSS, M. *Sociologie et Anthropologie*. Paris: PUF, 1950, p. 16.

_____. *Les Structures Élémentaires de la Parenté*. Paris: PUF, 1940; *As estruturas elementares de parentesco*. São Paulo/Petrópolis: Edusp/Vozes, 1976.

LÉVY, A. (ed.). *Psychologie Sociale: Textes Fondamentaux Anglais et Américains*. Paris: Dunod, 1978.

MALEVAL, J. C. *Folies Histériques et Psychoses Dissociatives*. Paris: Payot, 1981.

MAUSS, M. *Sociologie et Anthropologie*. Paris: PUF, 1950.

MCDOUGALL, J. "Scène primitive et scénario pervers". In: BARANDE, I.; DAVID, C. *et al* (eds.). *La Sexualité Perverse*. Paris: Payot, 1972.

MENDEL, G. *La Société N'est pas une Famille. De la Psychanalyse à la Sociopsychanalyse*. Paris: La Découvert, 1992.

MINOLLI, M.; COIN, R. *Amarsi, Amando. Per una Psicoanalisi della Relazione di Coppia*. Roma: Borla, 2007.

MONTAIGNE, M. "Des menteurs (chapitre IX)". In: *Essais*. Livre I.

MONTRELAY, M. "Investigaciones sobre la femininidad". In: NASIO, J. (ed.). *Acto Psicanalítico Teoria y Clínica*. Buenos Aires: Nueva Vision, 1979, p. 197-220.

NICOLÒ, A. M. "La folie à deux: hypotèse-modèle d'un fonctionnement interpersonnel". *Psicoanalisis y Intersubjetividad*, n. 1, 2006.

NOUSS, A. "Éloge de la trahison". *TTR - Traduction, Terminologie, Rédaction*, 14 (2): 167-179, 2001.

OROSE, P. *Histoire Contre les Païens*. Paris: Les belles lettres, v. 7, n. 40, t. 1, 1990.

ORTIGUES, E. *Le Discours et le Symbole*. Paris: Aubier-Montaigne, 1962, p. 210.

PASCHE, F. "L'Antinarcissisme". *Revue Française de Psychanalyse*, 29 (6-5): 503-518, 1964.

PENOT, B. *Figures du Déni. En Deçà du Négatif.* Paris: Dunod, 1989.

PINEL, J. P. "Enseigner et éduquer en instituition spécialisée: approche Clinique des liens d'équipe". *Connexions*, 75 (1): 141-152, 2001.

_____. *Les Adolescents sans limites, un paradigme pour la clinique institutionelle. Travail d'élaboration collective en établissements spécialisés est processus de subjectivation*. Mémoire d'habilitation à diriger des recherches. Nanterre: Université Paris X, 2006.

PORGE, E. "La folie à deux". *Littoral*, 3-4: 113-134, 1982.

PROKHORIS, S. *La Cuisine de la Sorcière*. Paris: Aubier, 1988.

PUGET, J.; BERENSTEIN, I. "Le socle inconscient du couple". *Gruppo*, 2: 83-98, 1986.

_____. "Le socle inconscient du couple". *Gruppo*, 3: 83-102, 1987.

RACAMIER, P. C. "Questions à Paul-Claude Racamier à propôs des processus de dueil et des résurgences familiales". *Groupal*, 1: 47-65, 1995.

REFABERT Ph.; SYLWAN, B. "Freud, Emma Eckstein, Fliess. L'invention de la psychanalyse en 1887". *Collectif Événements Psychanalyse*, 1983, p. 105-117.

RÉGIS, E. *La Folie à Deux ou Folie Simultannée*. Paris: J-B. Baillière, 1880.

RICHARD, F.; WAINRIB, S. *et al.* (eds.). *La Subjectivation*. Paris: Dunod, 2006.

RICOEUR, P. "Préface à Ph. Secretan". In: *Autorité, Pouvoir, Puissance*. Lausanne: Éditions L'Âge d'Homme, 1969.

ROSOLATO, G. "L'Axe narcissique des depressions". *Nouvelle Revue de Psychanalyse*, 11: 5-33, 1975.

_____. *Essais sur le Symbolique*. Paris: Gallimard, 1969.

ROSOLATO, G. "Le Négatif et son lexique". In: MISSENARD, A.; ROSOLATO, G. *et al* (eds.). *Le Négatif. Figures et Modalités.* Paris: Dunod, 1989.

_____. *Le Sacrifice. Repères Psychanalytiques.* Paris: PUF, 1987.

_____. "Les dépressions conjointes dans les espaces psychiques communs et partagés". In: CHABERT, C.; KAËS, R.; LANOUZIÈRE, J.; SCHNIEWIND, A. (eds.). *Figures de la Depression.* Paris: Dunod, 2005.

_____. "Paranoïa et scène primitive" (1963). In: ROSOLATO, G. (ed.). *Essais sur le Symbolique.* Paris: Gallimard, 1969.

_____. "Trois générations d'hommes dans le mythe religieux et dans la généalogie". *L'Inconscient,* 1: 71-118, 1967.

_____. "Trois générations d'hommes dans le mythe religieux et dans la généalogie" (1967). In: ROSOLATO, G. (ed.). *Essais sur le Symbolique.* Paris: Gallimard, 1969.

ROUCHY, J. C. "Un passé sous silence". *Études Freudiennes,* 13-14: 175-190, 1978.

ROUSSILON, R. *Agonie, Clivage et Symbolization.* Paris: PUF, 1999.

_____. "Espaces et pratiques institutionelles. Le débarras et l'interstice". In: KAËS, R.; BLEGER, J. *et al* (eds.). *L'Instituition et les Instituitions.* Paris: Dunod, 1987, p. 157-178.

RUFFIOT, A. "Le Couple et l'amour: de l'originaire au groupal". In: EIGUER, A.; RUFFIOT, A. *et al* (eds.). *La Théraphie Psychanalytique du Couple.* Paris: Dunod, 1984, p. 85-145.

SCHUR, M. "Some additional 'days residues' of 'The Specimen Dream of Psychoanalysis'". In: LŒWENSTEIN, R. (ed.). *Psychoanalysis: A General Psychology, Essays in Honor of Heinz Hartman.* Nova Iorque: International University Press, 1966, p. 45-85.

SECRETAN, Ph. *Autorité, Pouvoir, Puissance. Principes de philosophie politique réflexive.* Lausanne: L'Âge d'Homme, 1969.

SHAKESPEARE, W. *Le Marchand de Venise* (1596). Paris: Gallimard, 1950.

SIMON, H. *Aktivere Krankenbehandlung in der Irrenanstalt.* Leipzig: Verlag de Gruyter, 1929.

SPRINGMANN, R. "La fragmentation en tant que defense dans les grands groups". *L'Évolution Psychiatrique,* 41: 327-338, 1976.

STERN, D. *Le Monde Interpersonnel du nourrisson*. Paris: PUF, 1989.

STROEKEN, H. *En analyse avec Freud* (1985). Paris: Payot, 1987.

TALPIN, T. M. "Alice au pays des merveilles: Métaphore ou modèle psychanalitique de la lecture?". *Proceedings of the 12th International Conference on Literature and Psychoanalysis*. Instituto superior de psicologia aplicada, Lisboa, p. 36-37.

_____. "Le lecteur séduit: du pacte à la jouissance". *L'École des Lettres,* 14: 81-88, 1998.

TERNINCK, C. *L'Éprouve du Féminin à L'adolescence*. Paris: Dunod, 2000.

TISSERON, S. *Les Secrets de Famille. Mode d'Emploi*. Paris: Ramsay-Archibaud, 1996.

TOURAINE, A. *Sociologie de L'action*. Paris: Le Seuil, 1965.

_____. "Pyrotechnie ou la Commémoration". In: TOURNIER, M. (ed.). *La Médianoche Amoureux*. Paris: Gallimard, 1989.

TREMINE, T. "Folie à deux et fonction du délire pour l'autre". *L'Évolution Psychiatrique,* 48 (1): 115-127, 1983.

VACHERET, C. "*Le Roman Familial Narsissique*". In: BERGERET, J. (ed.). *La Pathologie Narcissique*. Paris: Dunod, 1996, p. 133-142.

VALLET, O. *Petite Grammaire de L'érotisme Divin*. Paris: Albin Michel, 2005, p. 68-69.

VIDAL, J. P. "Folie alliés (folie à deux, folie à plusieurs: folies simultanées, délires convergentes ou folies communiquée?)". Comunicação no Seminário do GAIRPS, jun. 1998.

VIGOUROUX, F. *Le Secret de Famille*. Paris: PUF, 1993.

WAINTRATER, R. *Sortir du Genocide. Témoigner Pour Réapprendre à Vivre*. Paris: Payot, 2003.

WILLI, J. *La Relation de Couple. Le Concept de Collusion*. Paris; Genebra: Delachaux et Niestlé, 1982.

WINNICOTT, D. W. "L'angoisse liée à l'insécurité" (1952). In: *De la Pédriatrie à la Psychanalyse*. Paris: Payot, 1969.

_____. "La crainte de l'effondrement". *Nouvelle Revue de Psychanalyse,* 11: 35-44, 1974.

YAMÉOGO, D. *Enjeux Culturells et Psychopathologiques de la Pratique de la Thérapie Mixte au Burkina Faso*. Tese (Doutorado em Psicologia). Lyon: Université Lumière Lyon-II, 2004.

ZWEIG, S. "Révélation inattendue d'un métier". In: *La Peur*. Paris: Grasset, 1934-1935.

Referências de obras culturais

ARCAND, D. *Les Invasions Barbares* (As invasões bárbaras), 2003.

BECKER, W. *Good Bye Lenin!*, 2003.

BEMBERG, M. L. *De Eso no se Habla* (Disso não se fala), 1992.

BERTUCELLI, J. *Depuis qu'Otar est Parti* (Desde que Otar partiu), 2003.

BOORMAN, J. *Deliverance*, 1972.

CAROLL, L. *Les aventures d'Alice aux Pays des Merveilles* (As aventuras de Alice no país das maravilhas), 1865.

MAURIAC, F. *Thérèse Desqueyroux*, 1927.

MEIRELLES, F. *The Constant Gardner* (O jardineiro fiel), 2005.

MILLER, A. *Mort d'un commis voyageur* (A morte do caixeiro viajante), 1949.

NICCOL, A. *Lord of the War* (O senhor das armas), 2006.

PUENZO, L. *La Historia Oficial* (A história oficial), 1985.

RIPSTEIN, A. *Principio y fin* (Princípio e fim), 1993.

SHAKESPEARE, W. *The Merchant of Venice* (O mercador de Veneza), 1594-1597.

TOURNIER, M. *Pyrotechnie ou la Commémoration* (Pirotecnia ou a comemoração), 1989.

ZWEIG, S. *Révélation inattendue d'un métier*, 1934-1935.

Índice dos conceitos

A

(Com a) autoridade – 129
(De) amor – 25, 62-65, 76, 99, 109, 191, 214-215, 221, 228, 269-271
(De) aniquilação – 45, 146, 249
(Defensiva, contra os fantasmas do) assassinato entre irmãos – 112
Acordo – 9, 12, 26, 30, 32n, 37-38, 52, 57, 66, 69, 97-98, 101n, 105, 110, 115, 118, 140, 158-159, 171, 180, 184, 200, 214, 219, 221, 227, 234, 240, 242, 245, 251, 258, 263, 270, 274, 277, 295
Adaptação a qualquer coisa – 185, 262-263
Afinação (Stern) – 62-64, 66, 68-69, 75, 142, 214, 231
Alcance da – 80-81, 85, 175, 276n, 284
Alianças inconscientes – 7, 11, 15-19, 45-47, 49-53, 57-59, 61-67, 68-70, 73, 77, 103, 111, 131, 135, 136-137, 149-150, 156, 158, 160-161, 163, 167, 169, 174, 184, 186-187, 189-190, 207-208, 222, 225-228, 237-239, 240n, 242, 245-246, 247, 248, 289-295
Alienação – 26, 94, 167-169, 172, 181-182, 204, 211, 217, 227
Alienante – 11, 42, 45-46, 57, 63, 67, 70, 76, 79, 81-83, 86, 90-91, 132, 136-138, 158, 162, 167-70, 172, 182-184, 191, 199, 203, 210-212, 238, 244, 275
Amoroso – 86, 203, 214-215, 222n, 269, 277
Análise quatrième – 68, 270n, 280
Análise e anulação – 176
Angústias – 133, 144, 146, 155, 160, 179, 181, 198, 212, 229-230, 234
Antinarcisismo – 84
Aparelho psíquico grupal – 225, 227
Arcaicas – 66, 133, 160, 187, 212, 228
Arcaica (pré-individual) – 220
Assassinato – 33, 73, 83, 95-96, 98, 103-109, 112-113, 115, 117, 140, 182, 206, 253
Assimétrica e heterogênea – 63, 64, 71, 90-91, 170, 268
Autoconservação – 76, 80, 87, 96-97, 101
Autobiográfico – 28
Atuação (acting out) – 151-152, 156, 227, 268, 273, 284, 289-290
Avalista – 29, 31, 38, 40-41, 44-45, 84-86, 94, 104-105, 119, 131-132, 151, 159, 173-176, 183, 213, 245, 248-250, 253, 268

C

(Da) cultura – 9, 31, 85, 96, 104, 108-109, 119, 122-125, 127-129, 131, 141, 222, 250
(De) casal – 31, 189, 192, 214-216, 218, 235
(No) casal – 215-219, 294
(Mudança) catastrófica – 233, 236
Caracteres gerais – 171
Carta (s) – 140, 255-256, 271
Catástrofe – 16, 27n, 45-46, 48, 154-155,
Categoria do – 135, 161
Cena primitiva – 155, 235
Cesura – 230
Citação (jurídico) – 92
Colusão, conluio – 15n, 182, 217n
Complexo de Édipo – 105, 129, 141
Complexo fraterno – 104n, 111-114, 225n
Comum e compartilhado – 17, 140, 225, 227, 248
Comum na perda – 45, 98-99, 147, 174, 180, 201, 203, 233, 259, 284
Comum e compartilhada – 15, 104, 286
Comunidade – 09-10, 17, 27n, 37, 46, 52, 57, 104-105, 110, 119, 121-122, 126, 128-129, 140-141, 157, 172-173, 181n, 252, 286
Conceito – 13, 15, 18, 26, 38, 53, 56-57, 60, 75-76, 79-80, 82-83, 96, 99-100, 102, 142n, 148-150, 157, 164, 166-169, 184, 203, 206-207, 217n, 218, 231, 237, 247-248, 258, 263
Condições intersubjetivas do – 291
Configuração de relação – 248
Contrato de – 30, 41, 62, 65, 71, 81-83, 103, 105, 119, 126, 128, 130-132, 136, 141, 200, 248
Contra o luto – 221
Conjuração, liga, coalizão, seita – 35
Contrapartida (resposta ao dom) – 10-11, 27, 40-41, 70, 81, 88, 102, 107, 122, 125, 194
Contrato – 10-12, 23, 26, 28, 30, 32n, 36-38, 41-44, 62, 65-67, 71, 73, 75, 79-92, 94-105, 107-109, 112, 119, 125-126, 128-133, 136-137, 141-142, 156-157, 159, 163, 175-178, 191, 199-200, 205, 208, 231-232, 239, 241-243, 248-250, 268, 287, 290, 295
Contrato de renúncia – 62, 65, 71, 103, 105, 119, 126, 128, 130-132, 136, 141, 248
Contrato narcísico – 43, 62, 65-66, 73, 75-77, 79-91, 94-103, 128, 136, 142, 156-157, 177, 191, 199, 203, 205, 208, 227, 231-232, 239, 241, 243, 248-50
Contratransferência – 150, 267, 269-271, 276, 278, 281, 284-285, 292-293
Clivagem – 18, 56, 103, 133, 152, 154-155, 158, 178, 217, 226

D

(Análise de) Dora – 59, 270-271, 275, 277, 287, 291
(Das pequenas) diferenças – 19
(De) direito – 119, 126, 129
(De) dissolução – 229
Defensivo – 58, 75, 140, 212-213, 219, 233, 239, 285, 288
Denegativa – 57, 67, 163, 170, 200-201

Depressão – 98-99, 212, 243, 285
Derivadas patológicas – 203
Desacordo – 37-38, 233-234, 245, 258, 263, 273
Desaprovação – 55, 56, 62, 67, 71, 133, 138, 149, 158-159, 161, 163, 169, 226, 275
Desconhecimento – 28, 159, 169, 172, 221, 262, 271-272, 274, 279-280, 286-287
Desenlace (anulação) das alianças – 281
Dívida – 38, 40-43, 85, 96
Dom – 21, 27, 33-34, 93, 218
Dupla face do – 37, 70, 158

E

(No) espaço psicanalítico – 15n, 237, 265
Eixo geracional – 70
Eixo sincrônico – 19, 50, 70
Endividamento – 21, 40-43
Enquadre do trabalho – 292
Escolha de objeto – 76n, 78, 215, 220
Espaço psíquico – 10, 16, 55, 60, 62, 73, 126, 140, 142, 212-213, 219, 225-227, 232, 240, 248, 268, 291
Estado nascente dos grupos analíticos – 228
Exigências do trabalho psíquico – 61, 295
Experiência – 11, 28, 40, 51, 54-55, 60, 63-64, 75, 85, 98-100, 111, 128, 135, 142-149, 152, 154, 157, 169, 174, 179, 182, 191, 215, 219-221, 226, 228-231, 235, 239, 241, 265, 269, 284-285, 292

F

(Grupal em comum) Familiar – 25, 31, 59, 77n, 81, 83, 89, 92, 94-95, 100n, 125, 164, 173-174, 177, 179, 184, 187, 189-192, 204, 210, 212-214, 255, 263, 288
Filiação – 26, 31-32, 80, 82-83, 85, 91, 94, 104, 124, 126, 169n, 182, 187, 192, 199, 202-206
Ferida narcísica – 89, 95
Figuras e modalidades – 52n, 135, 149, 280
Forclusão – 55-58, 133, 135, 163, 169, 261
Fundamentais – 31, 49, 54, 65, 73, 95, 103, 108, 128, 245, 248, 249, 268
Fundada sobre o corpo a corpo – 130, 132, 206, 227
Função alfa (Bion) – 64, 130
Função da palavra – 132
Função simbólica – 38, 40, 131
Funções fóricas – 211
Fracasso – 81, 90, 95, 98, 100, 106, 121, 131, 135, 142, 152-153, 155, 157, 171, 173, 175, 177, 183, 221, 240, 243, 245, 249, 278
Fraterna (l) – 65, 69, 108, 110, 112, 117, 236, 275

G

(De) grupo – 17-19, 59, 63, 67, 81, 135, 140n, 149, 160, 175, 178, 187, 226, 228-229, 232-239, 241
(Nos) grupos – 83, 111, 135, 151n, 158, 178, 187, 225-228, 233-235, 237, 286, 293

Garante (Avalista) – 86
Grupal (em comum) – 18, 92, 111, 143, 147-148, 150, 155-156, 181, 225-233, 235, 245-246, 292-294
Grupo – 7, 9,12-14, 16-19, 21, 23, 31-32, 42, 44, 50n, 52, 57, 59, 63, 65-67, 68n, 69-70, 73, 78-88, 91-92, 95-98, 101-102, 106, 108, 109-111, 114, 116-18, 121-122, 124, 126, 131, 135, 139-140, 147-158, 160-163, 166, 174-175, 177-178, 180-183, 185, 187, 191, 208, 210, 212-214, 225-239, 241, 245-246, 248, 251-252, 258, 262, 267, 280-281, 283, 286, 288-289, 291-295

H

(Da) história – 16, 18, 21, 23, 48, 90, 98, 100, 171, 208, 253-256, 258, 260
Histérica – 139-140, 172, 272

I

(Do) Inconsciente – 11, 13, 15-16, 19, 20-21, 49-50, 52-53, 59-62, 64, 68, 86, 88, 104, 141, 149-150, 159-160, 167, 200, 203, 207, 226-227, 229, 240, 253, 265, 268, 283, 288, 291-292, 295-296
(Dos) Irmãos – 73, 103-111, 113, 117, 132, 141, 146, 225n
(Modelos de) identificação – 9, 39, 47, 51, 57, 59, 82, 85, 101, 106-107, 129, 131, 139-140, 148, 168, 172-173, 200, 206, 217, 221, 242, 275, 278n, 291

(Na) instituição – 179-180, 239-240, 281
(Nas) instituições – 98n, 136, 158, 178, 225, 237-239, 242, 245n, 249, 294
(No) inconsciente – 21, 54-55, 136
Idealização - 99n, 152, 155, 168, 195, 217, 269
Identificação – 9, 39, 47, 51, 57, 59, 82, 85, 101, 106-107, 129, 131, 139-140, 148, 168, 172-173, 200, 206, 217, 221, 242, 275, 278n, 291
Ilusão grupal – 111, 143, 147-148, 150, 156, 231-233, 292
Ilusório – 136, 147, 232
Internas – 7, 13, 18, 27, 50, 54, 92, 94, 148, 181
Induzido pela relação – 162
Inconsciente sobre o inconsciente – 159
Imaginária – 18, 56, 60, 79, 82, 85, 99, 103, 109-110, 140, 148, 168, 212, 236
Imago parental arcaico – 155
Incesto (incestualidade) – 31, 73, 80-81, 103, 107, 109, 123, 140, 182, 213
Interdito do incesto – 59, 64, 85
Interditos – 33, 60,64-64, 69, 73, 78, 103, 105, 107-108, 132,133, 171-172, 191, 239, 245, 248-249, 268
Institucional – 164n, 179, 183, 237, 239, 245-246, 280
Intersubjetivo – 20, 60, 66, 76, 78-79, 99, 133, 235, 284, 286-287, 289, 292
Intrapsíquico – 7, 16, 18, 20, 54, 61, 76, 138, 149, 207, 226-227, 289, 291
Investimentos pulsionais – 58, 64, 69, 87
Instrumento de controle ou supervisão – 68

J

Juramento – 23, 24, 26, 32n, 35-36, 38-39, 43-45, 222

L

(De) luto – 98, 173
Lei comum (comunitária) – 37, 81, 104, 146
Limites do Ego – 139
Loucura a dois – 164
Luto originário – 99

M

(Da) morte – 7, 17, 19, 50, 92n, 97-98, 124, 135, 147-148, 174, 183, 197-199, 210, 246, 252, 285, 294
Metapsíquicos – 45, 97, 188, 245, 248-250
Metassociais – 44, 85, 188, 190, 245, 248-250
Matrimonial – 23, 25, 31
Metadefesa – 14, 16, 160, 219, 286
Metadefensivas – 66-67, 133, 160, 239
Metassociais – 44-45, 85, 188, 190, 245, 248-250
Mística – 45
Mito da horda primitiva – 104, 106
Modalidades do – 52, 75, 135, 137, 144, 149, 157, 290-291, 293n

N

(Da) negatividade radical – 69, 137, 143-149, 161, 169, 233
(Do contrato) narcísico – 43, 65, 69, 73, 75-77, 79-91, 94-103, 128, 136, 205, 208, 227, 231-232, 239, 241, 243, 248-250
(No) campo social – 79, 101, 184, 188, 189, 247
Narcísica – 9, 18, 60, 65, 76-80, 82, 84-85, 87-89, 91-95, 97-99, 102, 127, 135n, 155, 157, 173, 187, 191, 201, 207, 212, 216, 221, 230, 236, 243, 280, 294n
Não-representado – 273-274, 283, 286-287, 289
Negro – 139, 147, 152, 169n, 201, 203-204, 273
Negação – 16, 18, 46, 48n, 53, 55-57, 61, 64, 66-67, 71, 90-91, 109, 122, 130, 133, 136, 138-139, 141,
Da) obrigação – 137-141
(De) ódio – 62, 64-65, 112-113, 170n, 191, 228, 270
(De) origem social – 120
Objetos de – 57, 111, 137, 215, 228
Objetos – 7, 9, 12-13, 40, 54, 57, 65, 68-69, 76, 87, 101, 111, 113, 118, 131, 137, 145-146, 155, 158, 187, 207, 210, 215, 228, 242, 256, 290, 295
Obstáculos para pensar o – 136
Ofensiva – 62, 67, 156, 183, 239
144-145, 147, 149, 153-156, 158-159, 161, 163, 169-174, 177-180, 182-184, 197-198, 200, 211, 213, 245, 252, 254-259, 261-263, 267, 272-275, 279-280, 283, 285, 289, 295
Negação-desaprovação – 55
Negação-recusa (denegação) – 91, 109, 136, 149, 200, 211, 240, 272
Negacionismo – 45-48, 175, 253n, 263
Negativo (s) – 35, 37-38, 41, 52, 57, 62, 67, 70-71, 75, 78, 87, 91, 110-11, 133, 135-137, 140-144, 148-149,

156-162, 170, 174, 177-178, 184-185, 191, 196, 198-200, 202, 203, 207, 213, 221-222, 225, 227-228, 233-236, 239, 243, 253, 259, 263, 267, 270-271, 273-275, 279-281, 285, 289, 291, 193
Negatividade – 69, 135-149, 161-162, 169, 173, 230, 233, 291, 295

O

(À satisfação imediata dos) objetivos pulsionais – 62, 65, 73, 103, 108, 119-120, 126, 128, 132, 137, 140-141, 158, 227, 239, 245, 248, 273
(Das) origens – 28, 131
Originária – 53, 144, 169n, 192, 199-200, 202-203, 205-207, 230-231, 235
Origens freudianas – 76
Originário – 53n, 57, 82-83, 92, 96, 99, 200, 230, 236, 241, 243
Originária de filiação – 192, 202-203, 205
Originária entre mãe e filha – 199
Organizadores – 47, 83-84, 182

P

(O que se deve perder para o) prazer – 125
(Origem da) psique – 137
(Com o) Pai – 62, 65, 69, 71, 73, 103-108, 119, 132, 136, 141, 206
(Grupo do) Paraíso Perdido – 161, 178, 232
(De) pacto denegativo – 14, 28n, 41, 62, 71, 111, 133, 135, 148-149, 156-161, 170, 174, 177, 184, 191, 198-200, 203, 213, 221-222, 225, 227-228, 233-236, 239, 243, 253, 259, 263, 270-271, 273-275, 279-281, 285, 291, 293
(De) palavra – 24, 111n
(De) prazer-desprazer compartilhado – 64
(Dos) primeiros psicanalistas – 245-246, 265, 280
(Na) psicose – 56, 171
Pai – 28, 33, 46n, 55-56, 62, 64-65, 67, 69-73, 77-79, 81-82, 84, 87, 89-91, 94, 96, 101-113, 115-119, 121, 132, 136, 141-142, 171-172, 174, 177-179, 181, 190-195, 197-199, 202, 205-206, 208-211, 213, 231, 235, 257, 270, 276-278
Pacto com o diabo – 26, 50
Pacto narcísico – 75, 91-95, 159, 163, 77, 198, 203, 205, 208, 210, 212-214, 240, 242
Palavras – 24-25, 38, 101, 172, 195, 208, 288
Paranoides – 155
Passagem da pluralidade ao agrupamento – 108
Perversa – 43, 76, 86, 92, 104, 132, 175-176, 178, 182, 184, 227, 245
Perverso – 10, 57, 67, 71, 71, 92-94, 133, 163, 175-178, 181-184, 290
Perverso nos grupos e instituições – 178
Pós-modernidade – 110
Posição ideológica – 17, 149-150, 154-157
Primário – 31, 53n, 54, 63, 65, 76, 77n, 78, 82-84, 92, 147, 200-202
Processo de simbolização – 86, 130, 173
Processo psicanalítico grupal – 227, 268, 286

Projetiva – 9, 57, 131, 140, 148, 172-173, 200, 221
Psíquico contemporâneo – 131
Psicanalítica fundamental – 68
Psicopática – 62, 67, 133, 163, 183

R

(De) realização de desejos – 60, 69, 75, 133
(Fracasso da) repressão – 14, 56-57, 73, 122n, 124, 127-128, 133, 138-141, 154, 158-159, 161, 169-172, 186, 191, 201, 220, 228, 235, 243, 245, 261, 273-274, 279, 281, 283, 290-291, 295
Radical – 10, 69, 110, 132, 137, 143-149, 161, 163, 169, 177, 196, 233, 263
Real – 7, 56, 108, 137, 142, 154, 160-161, 176, 212-213, 255, 259, 274
Realidade psíquica – 7, 15-16, 50, 52, 56n, 59-60, 73, 115, 142, 160, 182, 187, 190, 215, 219, 225-226, 237-239, 288-289, 294
Recalque – 45, 54, 57-58, 62, 66-67, 71, 90, 229
Recusa (ver também, negação, denegação) – 30, 37-38, 41, 43, 55-57, 61-62, 67, 70, 78, 90-91, 113, 119, 122n, 123, 169, 197, 206, 209, 244, 252-254, 268, 272-274
Resposta à catástrofe – 259
Relativa – 137, 142-144, 147-149, 161-162, 169, 233
Relação de casal – 214-216, 219-220
Repressão (recalque ou recalcamento) – 14, 56-57, 73, 122n, 124, 127-128, 138-141, 154, 158-159, 169-172, 186, 191, 201, 220, 228, 235, 243, 245, 261, 273-274, 279, 281, 283, 290-291, 295
Relação – 7, 9-12, 15-17, 21, 24-25, 28, 30-33, 35-43, 46, 48, 50, 52, 54-55, 57-64, 66-71, 75, 79-81, 84, 86-88, 90-92, 95-98, 102-110, 113, 116, 120, 124-125, 128-133, 135-142, 144-150, 153, 155, 157-162, 166, 168-179, 181, 185, 187, 189-192, 194-196, 199-200, 202-205, 207-208, 211-222, 226-231, 234, 236, 242n, 248, 250, 253-254, 259-262, 268-275, 277-279, 285-296
Religião – 130,181
Religiosas – 12-13, 44, 47, 179-181, 245n
Remanejamento do – 88
Renúncia – 10, 34, 37, 40, 48, 62, 65, 71, 73, 92, 96, 103, 105, 108-109, 116, 118-120, 122-132, 136-137, 139-141, 146, 158, 161, 172, 196, 210, 227, 234, 239, 245, 248, 268, 273, 277-278
Retorno do recalcado – 88, 95, 138, 235, 291
Retorno dos conteúdos – 150, 161, 290-292
Rejeição – 16, 55-57, 64, 67, 117, 33, 138-141, 149, 158-159, 163, 169, 179, 200, 220, 226, 230, 239, 275
Rejeição-forclusão – 55
Ruptura do – 95, 98

S

(Pelo) sintoma – 59, 140, 286
Secundário – 82-83, 92, 110, 235

Sentimento de culpa – 128
Separação de uma figura fundadora – 242
Separação – 25, 32, 42, 99, 144, 148, 152, 161, 165, 172-174, 176, 200, 205, 210, 212-213, 215-216, 221, 230, 235, 275
Simbólico(s) – 12, 38, 39n, 40, 42, 82-83, 85-86, 98, 104-105, 108-109, 115, 132
Simétrica e homogênea – 71, 216
Sintoma compartilhado – 11, 291
Situação psicanalítica – 226, 228-229, 267-268, 279, 283-284
Sobre o corpo – 21, 41-42, 181, 273
Social – 13, 17, 21, 23, 26, 31-32, 35-37, 39-40, 43-46, 66, 78-79, 82, 86, 88, 91, 97, 100-101, 104, 107, 120, 126, 132, 141, 160n, 169, 175, 184-186, 188-189, 238, 245, 247-250, 257, 259, 263n, 288
Sofrimento – 63, 87, 89, 100, 120-121, 131, 133, 142, 192, 217-219, 224, 238, 242
Sublimação – 65-66, 73, 120, 124-125, 128, 130
Sujeito do inconsciente – 15-16, 19, 59-61, 104, 296
Sujeito singular-plural – 8, 16, 211, 291, 295

T

Tabu – 104, 106n, 107-109, 123-124, 132, 140, 146, 247
Teologia negativa – 145
Terceira tópica – 296
Tirânico – 91, 106, 110, 124

Tipos – 12, 16, 31-32, 53, 62-64, 73, 82-83, 85-86, 96, 136, 141, 148, 156, 174, 183-184, 215-216, 237
Totêmico – 104, 107-109, 146
Tópico – 57, 71, 85, 87
Trabalho (s) – 15n, 18-19, 21, 33, 38, 53, 59, 61, 66-68, 97-98, 102, 108, 111, 119-120, 123-124, 127-128, 130-131, 137, 141, 146, 149, 154, 159, 162-165, 167, 171, 178, 183n, 187, 191-193, 202, 210, 213, 218-219, 221, 225, 227, 233-234, 237-240, 242-243, 245-247, 250, 260, 267-268, 279, 281, 292, 294-296
Traição – 21, 23, 30, 36, 38, 42-44, 98-99, 178, 209, 275
Transmissão – 19, 31, 43, 50, 66, 85-86, 92n, 96-97, 101, 110, 119, 166, 171-172, 203, 206-207, 210-211, 236-237, 249-250, 294
Transgeracional – 94, 96, 207-208
Traumática – 96-97, 174, 182, 202, 243, 262

V

(À) violência – 34-35, 80-81, 83, 87, 91-92, 97, 105, 113, 117, 124, 126, 131, 146, 148, 156, 182, 186, 194-195, 204-205, 211-213, 222, 229, 235, 251, 253, 262
(Da) vida e da morte psíquicas entre gerações – 9, 11, 16, 18-20, 43, 45, 49-50, 52, 63, 76, 79, 84-85, 110, 144-146, 182, 206-207, 223, 230, 247-248, 294
Violência familiar – 212

Índice dos exemplos clínicos

A
Aliança de Freud e de Fliess a propósito de Emma Eckstein – 271.

C
Casal Jeanne e Marc – 219.

D
Doentes ancestrais num hospital ou clínica em tempo parcial – 241.

F
Funcionamento perverso de um instituto médico-pedagógico – 178.

G
Grupo Paraíso Perdido – 154, 178, 225, 248.

P
Pacto denegativo no tratamento de Dora – 275.
Pacto denegativo num grupo de universitários – 13.
Pacto denegativo num lar-casa de acolhida de adolescentes – 243.
Psicanalistas acasalados – 178.
Psicodrama de grupo e aliança fraterna – 110.
Psicoterapia de Martine – 95.

T
Tratamento de Céline – 93.
Tratamento de Dona Lucie – 196.
Tratamento de Dona Milagro – 208.

Índice dos nomes

A

Aarão – 34
Abimelek – 32n
Abraão – 32-33
Abrão – 33n
Abraham, N. – 191
Alarico – 46
Almodovar – 222n
Amati-Sas, S. – 184, 263
Ambrosiano, L. – 220
André, F. – 89, 217
Anzieu, D. – 19n, 135n, 139n, 143-144, 147, 149-157, 178n, 212n, 221, 231-232, 234n, 235n, 246n, 271n, 273n
Arcand, D. – 258
Aulagnier, P. – 65, 68n, 79-80, 81n, 83, 88-89, 128, 168-169, 171, 176

B

Barannes, J. J. – 144
Becker, W. – 257
Bemberg, M. L. – 90
Berenstein, I. – 175n, 216, 217n
Berger, M. – 174n
Bergeret, J. – 87, 94
Bergman, I. – 222n
Bertucelli, J. – 255, 257
Bion. W. R. – 56n, 130, 148n, 230
Bleger, J. – 158n, 185, 240n, 243n
Bonnet, M. – 280
Boorman, J. – 250, 252, 255
Boudhol, P. – 25n, 27n
Boyer, Ch. – 164n
Braunschweig, D. – 172n

C

Cahn, R. – 82n
Caroll, L. – 28n
Casanova – 176n
Castoridis-Aulagnier, P. – 65
Catilina – 35n-36n
Catoire, G. – 164n
Chabert, C. – 82n, 99n, 245n
Chamcham, R. – 26n
Chouvier, B. – 181n
Ciambelli, M. – 191n
Clavreul, J. – 175, 176, 177n
Clérambault (de) – 166
Clerget, J. – 205n
Cochet, E. – 163n
Coin, R. – 218
Coquio, C. – 253n
Corneille – 29n

Couchoud, M. Th. – 70, 170n, 171n, 172, 203

D

Dabezies, A. – 27n
Davi – 34
David, J. L. – 29n, 30n, 175
Delay, J. – 164n, 166n
Deus – 25, 27n, 29, 32-34, 39, 44, 145
Diet, E. – 182
Don Juan – 43
Dora – 59
Douville, O. – 101n
Duby, G. – 29n
Dumèzil, G. – 38
Durkheim, E. – 37

E

Eckstein, E. – 41-42, 139, 270-271
Eiguer, A. – 175n, 216, 217n, 218n
Enriquez, M. – 269

F

Fain, M. – 172-173
Falret, J. – 163, 164n, 166-167
Fausto – 27n, 42, 119n,
Fellini, F. – 176n
Ferenczi, S. – 56, 275
Festinger, L. – 258n
Fliess, W. – 41-42, 139, 270-275, 279, 284, 286, 288, 290,
Foulkes, S. H. – 230
Freud, S. – 10, 13-14, 18n, 19n, 27-28, 41-42, 48n 49-50, 53-56, 59, 65, 68, 76-77, 78n, 80-82, 87-89, 102-107, 109, 110n, 111, 115, 119-131, 135-136, 140-141, 147, 156, 206, 215, 216n, 217, 230, 232, 237, 238n, 246-247, 269-279, 284, 286, 287, 291-293, 295-296
Freyburger, G. – 38

G

Gaburri, E. – 220
Gaia – 105
Ganelon – 44
Godelier, M. – 31
Godfrind, J. – 169n, 201, 203-205, 269
Goethe, J. W. – 102
Gomes, I. C. – 213n
Gonegaï, A. – 26n
Gracchus Babeuf – 36n
Green, A. – 56n, 88n
Guillaumin – 19n, 246n, 284n

H

Haber, M. – 82n, 99n, 245n, 269
Haitzman, C. – 27
Hamon – 166
Hamzat, M. – 26n
Hegel, G. W. – 167
Hermann, I. – 164n, 230
Hesíodo – 105
Heuyer, G. – 164n, 166n
Hitchcock, A. – 222n
Hitler, A. – 30
Hobbes, T. – 13, 36-37,
Horácio – 29
Houzel, D. – 164n

I

Isaque – 34

J

Jacó – 34
Jaques, E. – 66, 160
Jesus – 34, 180
Jung, C. G. – 275

K

Kaës, R. – 15, 17-19, 24, 32, 42, 61, 67, 78, 82-83, 94, 98-99, 108, 111, 114, 139, 143, 148, 150, 158, 178, 181, 184-186, 205, 212, 226, 233, 235, 238, 240, 243, 245-246, 263, 269, 271, 284, 296
Khan, M. – 175n
Klein, M. – 56n
Kraepelin, E. – 166
Kubrick, S. – 222n

L

Lacan, J. – 56n, 57, 111, 143, 164n, 166-168, 206
Laing, D. – 92, 212,
Laplanche, J. – 56, 88n, 111
Lasègue, K. – 163-167
Le Goff, J. – 29n
Lejeune, Ph. – 28
Lemaire, J. – 217, 221n,
Lévi-Strauss, C. – 13, 31, 39n, 40
Luis XVI – 30

M

Mac Dougall, J. – 178n
Mack Brunswick, R. – 276
Maleval, J. C. – 163
Marx, K. – 167
Mauriac, F. – 222-224
Mauss, M. – 39n-40
Mefistófeles – 27n
Meirelles, F. – 262
Mendel, G. – 237
Miller, A. – 91
Minkowski, E. – 166n
Minolli, M. – 218-219
Moisés – 34, 53n, 120, 123, 140
Montaigne, M. (de) – 39
Montrelay, M. – 201n

N

Nathan, T. – 241n
Niccol, A. – 262
Nicolò, A. M. – 164n
Noé – 33-35
Nouss, A. – 42n,

O

Orose, P. – 46-47
Ortigues, E. – 38-40
Orwell, G. – 258

P

Palos, G. – 275
Pasche, F. – 84
Penot, B. – 174

Pinel, J. P. – 67, 183-184, 238n
Pompeu – 35n
Pontalis, J. B. – 56
Porge, E. – 164n
Porot, D. – 166
Prokhoris, S. – 28n
Puenzo, L. – 253, 288
Puget, J. – 175n, 185n, 216, 217n

R

Racamier, P. C. – 64, 82, 173, 174n
Refabert, Ph. – 271n
Régis, E. – 165
Reik, T. – 13-14, 49-50, 54, 58, 159, 228
Richard, F. – 82n
Ricoeur, P. – 37
Ripstein, A. – 177
Róheim, G. – 230
Rosolato, G. – 18n, 34n, 56, 57n, 70, 99n, 139n, 144n, 148n, 178n, 206, 271n
Rouchy, J. C. – 238n
Rousseau, J. J. – 13, 36-37
Roussillon, R. – 82
Ruffiot, A. – 216n, 217, 218n

S

Sade, Marquês de – 176n
Salomão – 34
Salústio – 35n
Santo Agostinho – 46
São Jerônimo – 46
Satã – 27n, 33
Schmitt, J. C. – 29n
Schur, M. – 271n

Secretan, Ph. – 37n, 86n
Shakespeare, W. – 41, 116
Shylock – 41
Simon, H. – 164
Souza Campos Paiva, M. L. (de) – 213n
Spielrein, S. – 275
Stern, D. – 63n
Stroeken, H. – 277-278
Sylwan, B. – 271n

T

Talpin, J. M. – 28
Terninck, C. – 192n, 199-200, 201n, 202, 205
Tisseron, S. – 191n
Torok, M. – 191n
Touraine, A. – 44
Tournier, M. – 259, 261
Tremine, T. – 164n
Truffaut, F. – 222n

V

Vacheret, C. – 94
Vallet, O. – 25n
Vidal, J. P. – 164n
Vigouroux, F. – 191n

W

Wainrib, S. – 82n
Waintrater, R. – 28
Wallace, L. – 13
Walsh, M. E. – 253
Weiss, E. – 56n
Willi, J. – 217n

Winnicott, D. W. – 77n, 79, 143, 144n, 156, 231-232, 270

Y

Yaméogo, D. – 95-96, 249

Z

Zweig, S. – 51

Esta obra foi composta em sistema CTcP
Capa: Supremo 250 g – Miolo: Pólen Soft 70 g
Impressão e acabamento
Gráfica e Editora Santuário